高中数学新思考

GAOZHONG SHUXUE JIAOXUE XIN SIKAO

任伟芳 吕增锋 毛浙东 著

ZHEJIANG UNIVERSITY PRESS
浙江大学出版社

图书在版编目(CIP)数据

高中数学教学新思考 / 任伟芳，吕增锋，毛浙东著
．—杭州：浙江大学出版社，2021.4(2021.6 重印)
ISBN 978-7-308-21139-0

Ⅰ．①高… Ⅱ．①任… ②吕… ③毛… Ⅲ．①中学数学课－教学研究－高中 Ⅳ．①G633.602

中国版本图书馆 CIP 数据核字(2021)第 039216 号

高中数学教学新思考

任伟芳　吕增锋　毛浙东　著

责任编辑　董　文
责任校对　汪淑芳
封面设计　林智广告
出版发行　浙江大学出版社
（杭州市天目山路 148 号　邮政编码 310007）
（网址：http://www.zjupress.com）
排　　版　杭州朝曦图文设计有限公司
印　　刷　广东虎彩云印刷有限公司绍兴分公司
开　　本　787mm×1092mm　1/16
印　　张　16.5
字　　数　269 千
版 印 次　2021 年 4 月第 1 版　2021 年 6 月第 2 次印刷
书　　号　ISBN 978-7-308-21139-0
定　　价　60.00 元

核心素养导向的课程改革注重发挥学科的独特育人功能。数学课程教学在形成人的理性思维、科学精神，促进个人智力发展的过程中发挥着不可替代的作用。数学课程蕴含的理性思维、科学精神是在数学发展的历史中长期积淀的结晶，需要教师潜心挖掘。本书基于作者的长期研究与实践，对数学史融入数学教育教学的方式方法给出了较为全面的解读，这正是潜心努力而取得的成果。书中给出的大量基于实践检验的案例对数学史融入数学教学具有示范性和可借鉴性。相信本书会给你的数学教育研究和教学实践带来启发，为提升你的课堂教学品味助力！

章建跃

HPM(数学史与数学教育)是数学教育的重要研究领域,致力于从数学的历史发展规律出发探讨数学教育教学的方法,在历史和现实、数学与人文之间各架起一座美丽的桥梁。长期以来,本书作者任伟芳老师及其团队致力于在高中数学教学实践中实施人文教育的探索,成果丰硕而有特色。本书通过丰富的教学案例,展现了数学史在构建知识之谐、彰显方法之美、营造探究之乐、实现能力之助、展示文化之魅、达成德育之效等方面的教育价值,丰富了我国 HPM 领域的理论和实践研究,为在数学教学中落实立德树人提供了十分有意义的参考,无疑是 HPM 领域的一部佳作。

国内研究 HPM 的学者不在少数，基于 HPM 开发的课例也不在少数，但像本书一样把 HPM 与微专题设计、微课开发、高考命题、论文写作等多个领域关联在一起进行立体式的解读却不多见，这将有助于广大教师更加深入地认识 HPM 以及蕴藏在其背后的教育价值。

浙江省效实中学高中数学正高、特级教师
胡建军

随着新课程、新教材、新高考改革的不断深入，数学文化在教育中的重要性日益凸显，受到一线老师的普遍关注。有这样一批先行者，他们站在文化的高度，重新审视数学教育，并进行了大胆的创新。他们将数学文化与微课进行了完美的融合，开发了一系列 HPM 精品课例，并将实践中积累的宝贵经验撰写成书，让我们看到了数学文化的无穷魅力！

浙江省北仑中学高中数学特级教师
吴文尧

序

21 世纪以来的数学课程改革给予数学文化充分的重视，数学哲学、数学文化学等领域的研究也深刻地揭示了数学文化的育人价值。数学史作为数学文化的重要组成部分，在教育领域引人关注，数学史与数学教育（HPM）已成为当前国际数学教育界的热门研究领域。然而从实践层面来看，数学史在数学基础教育教学中还存在比较明显的“高评价低应用”现象，即中小学数学教师普遍认识到数学史所具有的教育价值，然而对于“如何有效地将数学史融入数学教学中”“如何让数学史真正成为学生素养发展的有效载体”等问题的认识并不深入。正因为如此，由宁波市教育局教研室任伟芳老师组织团队进行的全国教育科学“十三五”规划教育部重点课题“基于 HPM 视角下的高中数学系列微课开发研究”，以及在该课题基础上开展的“HPM 视角下的数学教学改革实践探索”，都是具有重要现实意义的。

事实上，对 HPM 的研究并不鲜见。华东师范大学汪晓勤教授领衔的 HPM 研究团队，在理论与实践上都进行了深入而具有开创性的探索。而任老师这个团队则创造性地利用信息技术，进一步使 HPM 的教育价值得以充分实现。首先，微课为数学史融入数学教育提供了新的载体，并很好地拓展了学生接触数学史的渠道。其次，微课中所利用的视频、图片、资源索引等多种素材极大地丰富了中学数学教学中数学史的内容与呈现形式。再次，该团队还创造性地将他们最新的研究成果，以公益微课的形式在微信公众号“告众数学”上进行推送。目前，公众号内已经拥有六百余节原创的 HPM 微课以及大量的原创论文，点击量达数十万人次，公众号里的内容还被“学习强国”等具有重要影响力的媒体平台转载。

本书是作者团队对近年来有关 HPM 与数学教学改革研究成果的系统总结，凝聚了团队的集体智慧，呈现了他们在 HPM 视角下审视数学教学的理论观点，以及在丰富而深入的实践探索中所积累的宝贵经验和优质资源。

全书从不同的视角向读者呈现了 HPM 在人文课堂构建、数学概念理解、微专题研究、数学问题命制等数学教学热点问题中的价值及应用途径，其中既有深刻的理论思考，又有丰富、鲜活的实践案例，展现了"对为什么需要 HPM""如何应用 HPM""HPM 何以有用"等系列性问题的回答。因此，无论是刚入职的新手教师，还是崭露头角的教坛新秀，或者是经验丰富的教学名师，都能在本书中得到启发与感悟。

本书的形成过程反映了作者团队的研究过程，也是该团队自身快速成长的过程。"善于积累、乐于反思""笔耕不辍、且行且思"也许就是对这个优秀团队最好的注解。本书第五章以"漫谈"的形式将该团队开展教学研究的心路历程呈现于读者面前，从中能感受到三位名师的成长轨迹及其背景，这对于其他教师而言是很有启发的。愿同为数学教育工作者的我们，能像他们一样，不忘初心、脚踏实地，在不断实践、不断反思的过程中不断创新、不断前行。

浙江师范大学教育与人类发展学院课程与教学系主任、教育学博士后

浙江省基础教育课程改革指导委员会委员

唐恒钧

前　言

本书是全国教育科学“十三五”规划2018年度教育部重点课题“基于HPM视角下的高中数学系列微课开发研究”(课题批准号:DCA180419)的独家创新研究成果。在几年的课题研究中,数十位课题组成员克服重重困难,完成了对高中数学主要内容的历史溯源,将其制作成精美的微课。目前,已成功制作了六百余节基于HPM的原创精品微课,并在课题专设公众号“告众数学”中进行推送。在数学史的溯源、微课的制作、HPM微课融入课堂教学等一系列实践过程中,每一个课题组成员都有所思、有所想、有所悟,可以说是收获满满。这促使我们萌生了将课题研究中的那些好想法、好做法、好经验写下来的念头,这正是我们撰写本书的缘由。

徐利治教授认为,教师要从文化的角度和高度,引导学生亲近数学、理解数学、赏玩数学,领略数学的魅力。众所周知,每个数学知识点的背后都蕴含着丰富而曲折的知识“进化史”,研究数学知识产生的历史背景,可以让教师站位更高,这对教师整体把握教学内容有极大的帮助。教师应站在历史的高度去领悟每个数学知识点产生的必要性,弄清楚它们的来龙去脉,这样才能对其有更全面、更深刻的理解。因此,研究基于HPM的数学教学,是非常有价值的,这也响应了最新的课程标准提出的“数学文化要贯穿课程始终”的号召。

微课是一种学生喜闻乐见的数字化学习资源,利用微课技术辅助课堂教学,可以激发学生的学习兴趣,拓展学生的知识视野,揭示数学的本质,达成立德树人的教育目标。近年来,课题组成员大胆探索,深入研究,敢于人先,不断创新,将数学文化与微课进行了巧妙的融合。在开发基于HPM的微课的过程中,我们积累了大量宝贵的一手素材，形成了独特的教学理论见解，总结了很多宝贵的经验。微课中呈现的鲜活史料、精美动画、真挚情感，源于一线课题组成员在教学实践中的大胆探索创新，更源于同行之间思维火花的碰撞。

教学实践和反思研究是数学教师接受优秀教学思想、不断提高教学能力、掌握信息辅助技术等自我成长的一条必由之路。作为教师，我们每天都在教学实践，但我们是否每天都能进行反思研究？教学实践是“行”，反思研究则是“知”，教不研则浅，研不教则空，做到“知行合一”，教育才会焕发出勃勃生机。正如苏霍姆林斯基所言：“如果你想让教师的劳动能够给教师带来乐趣，使每天的上课不至于变成一种单调乏味的义务，那你就应当引导每一位教师走到从事研究这条幸福的道路上来。”我们希望以书为媒，和广大读者一起，来一次“知行合一”的教研探路之旅。相信您通过阅读本书，一定会对数学教育产生全新的认识。

本书收集了课题组核心成员关于 HPM 系列微课教学探索的原创论文，以及课堂实践反思等方面的一大批最新研究成果。全书共分为五章，分别从“HPM 视角与数学文化”“HPM 微课与微专题教学”“HPM 实践与创新命题研究”“数学概念理解与 HPM 教学案例”“漫谈 HPM 教学论文的写作”视角展开。每章都设置了导语，对全章内容进行提纲挈领式的介绍。每章都力求做到表达的观点新、理论新、方法新，并且融入丰富、鲜活的案例支持论点。“HPM 视角与数学文化”一章，呈现了数学文化、数学史等融入数学课堂教学的操作方法以及典型的实践案例，构建了 HPM 视角下的人文课堂和微课开发的理论体系；“HPM 微课与微专题教学”一章，包含了数学史与微课整合的方式、HPM 微课给数学课堂教学带来的变革，以及基于先进理念的微专题设计的诸多策略；“HPM 实践与创新命题研究”一章，主要介绍了 HPM 系列微课融入数学课堂教学的实践经验，从新高考的视角研究试题的本源，研究试题命制的来龙去脉，研究试题的创新命制方式等；“数学概念理解与 HPM 教学案例”一章，囊括了一系列基于数学概念深度理解的问题设计及 HPM 视角下的创新教学设计案例；“漫谈 HPM 教学论文的写作”一章，凝聚了本书三位作者及其团队成员近年来发表的约三百篇论文之精华，通过再现作者在论文写作时的一段段心路历程，对写作时的灵感捕捉、行文技巧、打磨方法等进行了全方位的阐述。这五章，既相互独立，又浑然一体，展现了一幅幅优美的 HPM 画卷。

创新是教育的灵魂，只有不断创新，教育才能进步。当下正逢教育改革之时，本书就是在新课程、新教材、新高考的背景下的创新尝试。我们希望本书中的创新做法能进入课堂，取得实效，让更多的学生受益，有效提升学生的数学核心素养，实现立德树人的育人目标。我们始终相信“星星之火，可以燎原”。愿本书中提出的各种观点能点燃广大一线数学教师的思维火花，让更多的教师成为教学的创新者、教育的研究者，从而推动数学课堂教学育人方式的改革。尽管我们在本书的成稿过程中追求尽善尽美，但书中难免存在不足之处，衷心希望同仁们多多批评指正，相互切磋，共同进步。最后，感谢为本书的出版给予大力支持的每一位朋友，同时也特别感谢亲爱的读者，感谢您对本书的厚爱，正因为有了您的支持，本书才有了意义与价值。

任伟芳　吕增锋　毛浙东

目　录

第一章　HPM 视角与数学文化 ………………………………………… 001

1.1　基于 HPM 视角下的高中数学系列微课开发研究 ……………… 003

1.2　基于 HPM 视角的人文课堂构建与实践 ………………………… 031

1.3　HPM 视角下的数学单元教学设计……………………………… 037

1.4　文化视角下的微专题问题链设计 ……………………………… 043

1.5　直角坐标系:源于定位高于定位………………………………… 051

1.6　诗歌渗透数学教学的尝试 ……………………………………… 057

1.7　无用之用的数学文化 …………………………………………… 064

第二章　HPM 微课与微专题教学 …………………………………… 067

2.1　数学史与微课整合的三大原则 ………………………………… 069

2.2　微课引发高中数学课堂教学的变革 …………………………… 074

2.3　善用微课打造高效课堂 ………………………………………… 078

2.4　数学“微专题”设计“三要素” ………………………………… 082

2.5　崇尚自然解法的一题一课微专题复习 ………………………… 089

2.6　基于问题链的数学微专题设计 ………………………………… 098

2.7　基于“稚化思维”理念的数学“微专题”设计 ………………… 103

第三章 HPM 实践与创新命题研究 ………………………… 109

3.1 HPM 微课融入课堂各环节重构教学的尝试………………………… 111
3.2 HPM 实践让学生在历史重现中感悟数学的魅力………………………… 118
3.3 将“真、善、美”的人文元素融入课堂 ………………………… 122
3.4 HPM 视角下数学教学的“理性重构”………………………… 131
3.5 新高考背景下创新试题的命制历程 ………………………… 137
3.6 直线分三角形面积之比问题的研究 ………………………… 147
3.7 基于核心素养的问题设计的三个原则 ………………………… 151

第四章 数学概念理解与 HPM 教学案例 ………………………… 157

4.1 “工具性理解”“关系性理解”和“创新性理解” ………………………… 159
4.2 基于“理解”观点的数学概念教学 ………………………… 171
4.3 韬尔的三个世界学说与向量概念教学认知层次 ………………………… 175
4.4 基于系统观理念的周期函数概念的教学设计 ………………………… 178
4.5 基于 HPM 视角欣赏三角函数波浪起伏的和谐美 ………………………… 186
4.6 基于思维培养的课堂“引导式”提问的若干原则 ………………………… 195
4.7 基于教学公平的课堂问题链设计 ………………………… 202

第五章 漫谈 HPM 教学论文的写作 ………………………… 207

5.1 善于积累,乐于反思………………………… 209
5.2 笔耕不辍,且行且思………………………… 215
5.3 漫谈数学论文的写作“攻略” ………………………… 220
5.4 漫谈数学教学论文写作之“灵感” ………………………… 225
5.5 数学论文写作不妨追求“一菜多吃” ………………………… 230
5.6 从听课者到反思者的嬗变 ………………………… 236
5.7 从解题者到教学设计者的嬗变 ………………………… 241

参考文献 ………………………… 246

第一章　HPM 视角与数学文化

1972 年，在英国埃克塞特(Exeter)召开的第二届国际数学教育大会上，数学史与数学教学关系国际研究小组(International Study Group on the Relations between History and Pedagogy of Mathematics)成立了。通常人们把数学史与数学教育(History and Pedagogy of Mathematics)统称为 HPM。早在 19 世纪，HPM 就受到欧美数学家和数学教育专家的关注；20 世纪后半期，HPM 已成为数学教育研究的一个重要课题。我国对 HPM 的普遍关注则是在 21 世纪初，华东师范大学汪晓勤教授领衔的 HPM 团队，在理论与实践上进行了深入而具有开创性的探索。

HPM 属于数学文化的范畴。每个民族都有自己的文化，也就一定有属于这个文化的数学。站在数学文化的高度，可以让你看得更远。丘成桐曾说："我把《史记》当作歌剧来欣赏。""由于我重视历史，而历史是宏观的，所以我在看数学问题时常常采取宏观的观点，和别人的看法不一样。"优秀的数学文化，是美丽动人的皇后、得心应手的仆人、聪明伶俐的精灵。伴随着 HPM 研究的深入与信息技术的发展，数学文化与教学的结合会更加紧密，课堂教学定会呈现出一片生机盎然的景象。

1.1　基于 HPM 视角下的高中数学系列微课开发研究

第一部分　简介部分

数学文化是什么?《普通高中数学课程标准(2017 年版 2020 年修订)》(简称《标准》)提出:数学文化是指数学的思想、精神、语言、方法、观点以及它们的形成和发展,还包括数学在人类生活、科学技术、社会发展中的贡献和意义,以及与数学相关的人文活动。

新课标、新教材十分重视数学文化在数学教学中的渗透。有着丰富内涵和宽泛外延的数学文化融入数学教学,有助于学生理解数学,能帮助师生树立正确的数学观。其中,数学史融入数学教学是数学文化融入数学教学的重要部分。

数学史对教学的价值,已得到理论和实践的双重证明。数学史具有激发学生学习数学的兴趣,帮助学生深层次理解数学本质,培养学生勇于求真的理性精神等重要的教育价值。但目前的数学教育,大多只关注数学内容本身,缺乏与其紧密关联的人文元素,因此数学教育多了“冰冷的美丽”,却少了“火热的情感”,这正体现了数学文化在数学教学中的缺失。新课标在教学建议中明确指出,要充分发挥信息技术的辅助作用,微课技术辅助教学则是优化课堂教学效率的有效途径。然而,当前微课的开发研究普遍存在单打独斗、效率低下等缺点。因此,需要借助先进的研发理念与技术,构建科学、高效的制作流程,开发一条创新微课的研究路径,完成新时代、新课标所赋予的立德树人之历史使命。

对于微课的认识,微课首先是“课”,其次是“微”,意味着短小精炼的课程。既然是“课”,那么其教学设计就应该处于核心地位。以 HPM 为内容,借助微课的形式,进行系统化的教学设计,再加上系列化的课程规划,能够促进学生真正理解数学知识与思想方法的丰富内涵。

鉴于以上原因，本课题组开展“基于HPM视角下的高中数学系列微课开发研究”，其具体研究工作有以下几方面特色。

一、过程性的管理

针对本课题出现的“研究问题复杂”“调研工作繁重”“研究难度大”等实际问题，课题组招募了五十余位优秀的数学骨干教师，共同参与本课题研究，投入HPM系列微课的开发。

课题组实施内部考评制度。课题组成立伊始，课题领导小组下设四个子课题组，此外还成立了技术组、考评组、竞赛组与实践学校组，任命责任心强、善于创新的老师担任负责人或组长。其中，考评组的成立，使课题组成员活动的评价机制落到了实处，并在实践中不断完善，逐步形成相对严格的三层考评机制，分别是：课题理论和实践探究能力考评、HPM微课开发研究考评、参加培训活动考评。课题组成立初期，有52位教师参与；2019年6月，在考评组进行认真考评后，进一步精简了人员，留下骨干力量，避免课题组机构臃肿、效率低下。经过层层选拔，课题组最终确定下36位精兵强将，这为进一步开发与新课标、新教材同步的HPM系列精品微课提供了有效的人员保障。课题领导小组内部分工明确，任务落实到人，对课题从理论研究、实践实施两个层面进行统筹管理，确保不会因为人员的变动而影响课题的进一步开展。每一项计划内容均由子课题组负责人来负责其小组成员的分工，统一在课题领导小组的管理下按需执行任务。HPM微课开发研究与课堂教学实践随着课题计划的深入而不断调整、完善。这样层层管理、分工明确，全体课题组成员在内容选择、开发研究等方面有了更明确的导向和整体化的运筹。值得推广的做法是：研究计划实施前都要经过课题领导小组的讨论，只有被理解的事情才会执行得更加到位；四个子课题组负责人每月初都要进行上个月的工作总结，对下个月的工作规划进行研讨，做可行性分析。综上可见，课题组的工作效率较高，基本上能按计划、高质量地完成各项课题任务。

二、创新性的课题

本课题具有一定的开创性、新颖性，提出了新的教育理论观点，丰富与发展了 HPM 教育理论;比较成功地运用了系列微课技术;获得了大量的第一手资料和经验;形成了新颖的教育成果。每节微课都要经历素材选择、内容设计、开发研讨、后期完善等多个环节,做到精雕细琢。经过近三年的实践,课题组在理论和实践上都取得了突破性进展,形成了基于 HPM 视角的高中数学微课开发指导原则,提炼出“H 微”制作指导框架,以及“四驱三级六维”HPM 微课系列化策略,制订了基于 HPM 视角的高中数学系列微课课程规划,研创了系列微课制作与开发新模式,开辟了微课融入数学教学的人文课堂教学新范式,构建了 HPM 微课评价体系。

三、前沿性的研究

在实践层面,课题组近三年在 8 所课题实践学校以一系列 HPM 微课为抓手,利用 HPM 微课教学资源共享、教学手段灵活的优势,开发出了与高中数学知识相关的系统化的 HPM 系列微课,开拓了一条 HPM 教学的创新之路。针对不同的教学内容,设计了微课前置、微课中置、微课后置环节,以达到多维度的教学目标和效果。同时,课题组定期进行高质量教学实践、课题研讨活动,为论证系列微课的有效性与后期完善微课提供了不可或缺的保障。在课题实施过程中,多所实践学校的教师们基于优质的系列微课资源,结合本校特色,形成合力,积极开发校本精品课程系列微课,这与当前教学改革的方向一致,因此具有前沿性和导向性。

四、系统性的开发

本课题研究体系比较完整,有一定的系统性,研究设计与实施比较规范、严格。在课题组成员和 8 所实践学校教师的带动下,共开发了 618 个必修和 60 个选修课程视频,开发的 HPM 系列微课有内容全、设计优、技术精等特点。

内容全,是指 HPM 系列微课基本上涵盖了新课标所要求的必修第一、二册和选择性必修第一、二、三册的内容,并且编制了相应的目录,便于搜索。此外,还有“经典公式之最”“诗情数意”等省级精品校本课程微课视频。可见,HPM 系列微课体系的内容具有相对完整的系统性。

设计优,是指微课设计规范、严格,有一定的设计模式,在设计模式基本统一的情况下不断地创新,并且以三个(或以上)微课为一组,从溯源、现状、发展等方面把微课系列化,把数学知识的前世今生阐述清楚,凸显 HPM 特色。

技术精,是指不断运用微课制作的新技术,注重画面精美、声音清楚、操作简便等特点,使要学习微课制作技术的老师能够很快学会,便于推广。10 余篇微课录制技术和微课融入课堂教学方面的论文在全国各类专业期刊上发表。

五、辐射性的成果

课题组已经完成对高中所有教学主干内容的系列微课开发,在实践中不断总结经验。课题组 2018 年 8 月 10 日建立微信公众号"告众数学",每天一节 HPM 微课,至今已达 600 余节,受到专家和社会大众的广泛好评。公众号中数学史故事资料等文字共计约 45 万字,点击量达 32 万余次,粉丝达 3 万余人。更值得骄傲的是,课题组成员制作开发的几十个 HPM 微课视频被"学习强国"等媒体发布转载。课题研究成果《每周一讲 · 新课标高中数学(必修第一册)》于 2020 年 5 月由浙江大学出版社出版。课题组成员还在全国各地举办了数十场次的讲座与示范课,课题成果不断向全国各学校教师进行辐射推广。此外,以课题组成员及 8 所实践学校的教师为核心,带动近百所高中的数学教师参与设计、开发 HPM 系列微课,并在实践中应用,此举受到师生的广泛欢迎。

第二部分　主体部分

一、研究问题

(一)研究目的

1. 对接教材体系,构建系列化微课

微课作为一种技术应用手段,它的各种教与学的效果不是自然发生的,而是"以系统的认知为支撑"。从这一意义上讲,单个、孤立的微课难以避免地会造成"认知孤岛",无法达到知识连通、融合创新的目的,也就难以促进学生认知结构的发展。鉴于此,本课题试图以"系列微课"来弥补微课"片段化"的短板,即立足学生已有认知结构与不同层次学生的需求,按照一定的顺序和原则,将高中数学新老教材中的内容、专题相关的知识体系依次罗列,围绕所有知识点开发出一套完整的系列微课,从而将孤立的微课关联化和体系化。

2. 深化数学"溯源",打造特色化微课

通过对数学史的研究,厘清数学知识的来龙去脉,在微课中把数学知识以更加符合认知规律的方式呈现出来,借助数学史进行微课的教学设计,帮助学生更深层地理解数学,打造特色化微课,促进 HPM 与信息技术的融合,提升微课的质量,实现教材重构与感受 HPM 基本思想方法的"双向"教学效应。

(二)研究意义

虽然国内关于"微课"的研究不在少数,但多集中在其概念、特点、设计开发、教学模式建构等理论层面,介绍性内容较多,没有形成成熟的理论框架与开发模式。原因有三。首先,目前微课处于初步发展阶段,虽然利用区域评比和大型比赛方式,能让更多的中小学教师参与进来,但对推动微课资源的建设只有有限的作用。从长远来看,教师的微课开发还处于"单打独斗"的状态,很难形成气候。其次,微课的应用环节受到两大因素的制约:一方面,微课的制作技术是一个门槛,很多教师难以制作出令人满意的高质量微课,应用环节不可避免地受到了影响;另一方面,部分基础教育阶段的老教师拒绝学习更先进的多媒体新技术,不愿接触新科技,这也阻碍了微课的发展应用。最后,虽然国内在微课方面的研究取得了比较大的进展,但与国外相比还存在着较大的差距。本课题以 HPM 视角重新审视微课的设计与制作过程,从而突破微课开发的瓶颈,而这些突破正是本课题的研究意义所在。本课题的研究意义概括如下。

1. 系列开发,提供素材

通过系列化的 HPM 微课开发,为学生学习与教师教学提供系统性的 HPM 素材。课题组开发的是一个知识体系完备、教学维度多样的庞大且系列化的 HPM 微课群,能为教师的日常教学提供丰富的数学教学素材,既有学习意义,也有工具意义。

2. 集中资源,惠及师生

利用微课在共享、集中优质资源等方面的优势,为学生提供具有灵活、分层等优点的学习方式。课题组集中区域内的优质师资精心打造 HPM 微课,使得学生能共享优质师资的合力。同时,主打线上模式的教学使学习方式变得更多元化。

3. 以人为本,渗透课堂

通过 HPM 微课的教学与推广,促进高中数学课堂人文与创新元素的渗透。数学史的核心教育价值在于数学文化的渗透,文化的渗透带来的是和谐、共情、以人为本,这就构建起了高中数学的人文课堂。

4. 多维开发,培育素养

以多维度开发数学史教学的视角,达成数学核心素养的有效培育。素养的达成是教育的最终指向,HPM 微课的开发同样需要指向核心素养的有效培育。数学史的多维度开发,使得数学素养的培育呈现出以数学抽象为主、其他素养全面发展的局面。

5. 渗透历史,增强自信

通过在高中数学课堂中渗透我国数学史元素,增强高中生的民族文化自信。文化自信是一种深沉、持久的力量,培养学生的文化自信是教育者应肩负起的历史使命。HPM 微课通过渗透中国数学史上的璀璨篇章,在学生心中播下文化自信的种子。

(三)研究预期目标

1. 形成基于 HPM 视角的高中数学微课开发指导原则

从“HPM 重构”“微课制作”“‘H 微’融合”三个方面入手,构建“H 微”开发原则的指导理论,为高中阶段 HPM 系列微课开发提供一定的理论支撑。原本“HPM”与“微课”是两个独立的概念,现在需要将它们融合在一起,不仅要针对两者的实施制定各自独立的操作原则,同时还需要对它们的融合构建符合课题主旨的规则,使 HMP 微课的开发有具体的指导理论可以依循。

2. 构建基于 HPM 视角的高中数学系列微课课程规划

为凸显微课的“系列化”与“应用性”,从“知识系统”“微课结构”“课程实施”三个维度来构建其课程规划,实现其“课程化”,解决系列微课知识体系构建和教学应用“落地”的问题。用于实际教学的教学行为才具有生命力,付诸教学实践的 HPM 微课才是真正意义上的“课”。因此,HPM 系列微课的研究必须被架构在切实可行的课程规划中,取其优势,去其短板,发挥其应有的数学教育功能。

3. 研创系列微课制作与开发新模式

从微课研发的步骤、方式及微课课型等几方面入手，研创较为成熟的系列微课制作模式。系列微课开发贵在“系列化”，这是改变微课“零碎化”现状的根本所在，也是使其具有完备的教学价值而不是“教学花瓶”的关键之处。“系列化”，首先指知识系统的系列化，微课内容将涵盖高中数学的所有知识点以及与其相关的数学思想方法，这其中也包括题目教学的相关思想方法，可谓包罗高中数学之万象；其次指制作维度的系列化，针对某个知识点，制作方案要体现“一点多象”，维度不能单一，要从知识层面、文化层面等多个视角来制作围绕这个知识点的一系列微课。

4. 打造基于 HPM 视角的高中数学人文课堂

通过对微课的教学应用实证研究，以课题相关实践学校为落脚点，探索基于 HPM 视角的高中数学课堂的实施策略及人文价值。HPM 的最大教育价值就是它所蕴含的文化价值。在数学起源、发展、完善和应用过程中体现出来的对于人类发展具有重大影响的方面，既包括对于人的观念、思想和思维方式的潜移默化的作用，也包括在人类认识和发展数学过程中的探索、进取精神和所能达到的崇高境界等。可以看出，数学文化除了其广泛的外延之外，更强调由数学思维方式形成的精神支配力，即一种植根于脑中的思维能力与习惯，这正是核心素养的体现。而这种文化价值的实现正是 HPM 课堂的价值指向！

（四）概念界定

1. HPM

数学史与数学教育（History and Pedagogy of Mathematics，简称 HPM）是数学教育的重要学术研究领域之一。早在 19 世纪，HPM 已经受到欧美数学家与数学教育家的积极关注。1972 年，在英国举行的第二届国际数学教育大会上，“数学史与数学教学关系国际研究小组”成立了。1976 年，在第三届国际数学教育大会上，“数学史与数学教学关系国际研究小组”正式隶属于国际数学教育委员会（ICME），标志着 HPM 正式成为国际数学教育的一个学术领域。HPM 视角下的高中数学教学具有对数学知识溯源和营造人文课堂的意义，是数学教育的重要研究领域，是“有温度的数学教学”。

2. HPM 微课

HPM 微课，是指基于 HPM 视角的片段化视频数学教学课程。它基于对数学史与数学教学关系的研究，落脚于数学史重构与剖析、数学文化欣赏与渗透、数学思想溯源与应用等几个方面，立足于片段化知识的视频教学传播，应用于国家课程、选修课程、网络课程等多维度教学平台。

3. 系列微课

微课(Microlecture)，是指运用信息技术，按照认知规律，呈现碎片化学习内容、过程及扩展素材的结构化数字资源。系列微课是指按既定课程规划，把碎片化的微课以一定的知识体系进行连通，最终形成具有一定规模的微课群。

二、研究背景和理论依据

(一)研究背景

1. 数学教学少重构，缺乏有效媒介

新课标改革以来，人们越来越重视数学文化在教材中的渗透。有着丰富内涵和宽泛外延的数学文化渗入教材有助于学生理解数学，有助于师生树立正确的数学观。数学文化渗透的一个重要组成部分就是数学史的渗透，在人教 A 版高中数学新教材中不乏数学史素材，如必修第一册第 15 页的"集合中元素的个数"、第 75 页的"函数概念的发展历程"、第 128 页的"对数的发明"、第 147 页的"中外历史上的方程求解"、第 186 页的"三角学与天文学"等。

数学史对教学的价值，已经得到了理论和实践的双重证明，它具有激发学生学习数学的兴趣、帮助学生深层次理解数学本质、培养学生对数学研究的求真精神的作用。然而，实际上，数学史在教学中的应用往往是评价高、利用率低，原因有二：其一，在专业上挖掘数学史有很高的难度；其二，现行的教材在数学史渗透的安排上与课程内容的教学融合度不高。如何使数学史与数学教学主题、内容有机"融合"，发挥数学史真正的文化作用，这是近年来国内外数学教育研究者关心的问题。比如，浙师大陈碧芬撰文《数学史"重构式"融入小学数学教学的研究——以"认识厘米"为例》，阐述了数学史"重构式"融入课堂的策略与重要性；又比如，蒲淑萍、汪晓勤撰文《数学史怎样融入数学教材：以中、法初中数学教材为例》，系统分析了中国与其他国家在初中数学教学中数学史渗透与融合的现状及方法，同时又以初中数学教材为例，更深入地分析了哪些内容需要“历史重构”、以何种方式进行“历史重构”等实际问题。而课题组也正是基于此目的，寻找了一条能使HPM发挥其最佳教学效能的途径——HPM系列微课。

2. 微课开发零碎化，缺乏系列课程

随着社会的发展与科技的进步，互联网时代到来，“互联网＋教育”使得各种优质教育资源需要逐步实现数字化和网络共享，其中慕课(MOOC)、微课就成为众多优质教育资源中非常重要的成员。微课以其“短小精悍”的特点、简易的制作流程和全新的学习方式很快在信息教育领域占据了一席之地。然而，在高中数学的教学实践中，微课的存在，如同“鸡肋”一般。具体来说，原因有以下两点。

其一，量多而未质变。如果去各类信息化教育平台搜索微课，就会有成千上万的微课映入眼帘，而且，微课的量随时都在增加。但这仅仅是“量”的增加，无论其如何增加，都难以实现“质”的改变。这就需要追溯制作微课的本意。虽然不乏为了提高教学效率而制作微课的典例，然而，对于大多数高中数学教师而言，做微课更多是为了应付学校的定量要求和各级相关比赛，真正以课堂教学为初衷的很少。课堂教学是学校教育的根本，脱离实际教学的任何教学行为都是缺乏灵魂的，注定没有生命力，微课亦是如此。因此，需要在微课与实际教学的融合上开辟一条新的道路。

其二，有量而“无市”。高中数学因其特有的历史使命，知识点在横向难度上具有大范围的扩充，进而使教学者的教学重心聚焦于知识点的深度挖掘，而无暇顾及对新的教学形式的尝试与研究。即使新的教学形式有所应用，基本上也是出现在评比课中，选手为了课堂形式丰富一点而插入微课。然而，很多时候，生硬地插入微课，效果适得其反。这也说明，微课的内容、形式、学习方式需要进一步完善。

(二)理论依据

1. 认知主义理论

作为一种学习理论，认知主义理论对目前的教学有着重大的影响。认知主义认为，学习是学习者有选择地、主动地在一定的情境中通过内心组织形成认知结构的过程。认知心理学把学习看作一个主动接受信息的思维过程。认知主义理论强调认知结构优于零散的知识，该理论认为学习是依靠主观的构造形成认知结构，在学习中，主体有选择地获取、解释、加工，从而扩大知识的积累。认知主义注重对学习的内部过程与内部条件的性质及其活动方式的研究，如知觉、思维等。布鲁纳认为教学活动取决于学生的认知结构，他的“发现学习”强调：在学习过程中，学习者是积极的探究者，直觉思维采取越级的方式来进行，内在动机是学习的驱动力，信息提取是记忆的首要问题。皮亚杰指出：认知结构是学习者头脑里的知识结构；学习由一系列过程组成，是新旧材料和经验通过学习融为一体的过程。奥苏伯尔研究了课堂教学的规律，重视知识与经验的作用，他强调：学习的实质是学习者头脑中新旧知识的相互作用；有意义的学习是接受新知识并将其同化为新意义的过程。加涅认为：学习是学习者神经系统中发生的将外部信息转换为记忆以及信息输出的复合过程。

2. 建构主义理论

建构主义理论认为学习是学习者建构知识意义的过程。学习是与一定的“情境”相联系的，是通过同化、顺化、平衡这三个基本过程建构新知识意义的。学习过程是对新经验的建构和对原有经验的重组和改造。学习是学习者在已有知识经验的基础上，认识和编码新信息，调整和改变原有的知识经验，建构自己的知识经验体系。建构主义关注用原有的经验、信念建构知识，其主要观点有：学习的核心目标是意义建构；学习的能力取决于学习者建构知识意义的能力；教学中，以学生为中心，教师为主导；学习不是教师灌输的，是由学生自己建构的，是主动进行的，是他人无法代替的；意义建构是在原有知识经验的基础上进行的；学习是新旧知识经验发生冲突、相互作用的过程；教学不能填灌，应引导；强调教师的作用。

3. 重现法则

在数学教育中，重现法则表明人类学习数学的过程在很大程度上是重现前人探索数学的历程。数学家庞加莱甚至说：“动物学家认为动物胚胎在发育的短暂时期内，历经了其祖先进化的一切关键年代，人类思维的发展也是这样。”因此，教育的职责就是创造条件让学生的思维过程历经人类祖先所经历的过程，而不跳过任何阶段，教育的指南是科学史。教学实践表明，数学教育的过程越是客观重现数学知识的发生过程，学生的理解和认识就越深刻。

4. 创生原理

创生原理与重现法则有紧密的联系，表现在以下几方面：首先，数学的学习过程在一定意义上要再现数学知识的发生历程；其次，数学的学习过程，并不是将系统的、有逻辑的知识灌输给学生的过程，而是自然而然的创生过程。只有这样，数学才能转化为学生素质的组成部分。创生原理认为，人类都有着类似的思维结构，此结构是人类思考和认识的物质基础，与前人根本不存在大的差异。因此，必然要通过重复前人的方法和方式来学习前人所发现的数学知识。

历史是人类最宝贵的精神财富，“以史为鉴，可以明得失”，以数学史为鉴，可以读懂数学。数学史丰富了数学的“人文性”，帮助学生理解、欣赏数学；微课可以提供丰富、生动的场景，有利于学生主动接受信息，对知识进行建构。HPM 与微课的融合能够在真实的情景中，让学生经历历史上数学家所遭遇的困难和挫折，体验数学知识发现、发展、完善的过程，增强数学学习的信心，培养执着追求的精神，在主动地获取刺激、解释刺激、加工刺激的过程中进行有意义的学习与新知识的构建。

三、课题研究程序

（一）研究框架设计

课题组通过大量的文献研究，寻找相关的理论依据，明确研究方向。通过教材研读，实现教学内容分解。对课题组成员进行微课开发的技术培训，并将成员分为 4 个小组，每个小组都设立科学的分工、审核制度，严格把控每节微课的质量。通过大量的微课开发，形成典型的案例。通过经验总结和实证研究，提炼出有价值的经验结论，从而构建起完整的 HPM 微课体系。研究总框架见图 1，顶层设计见图 2。

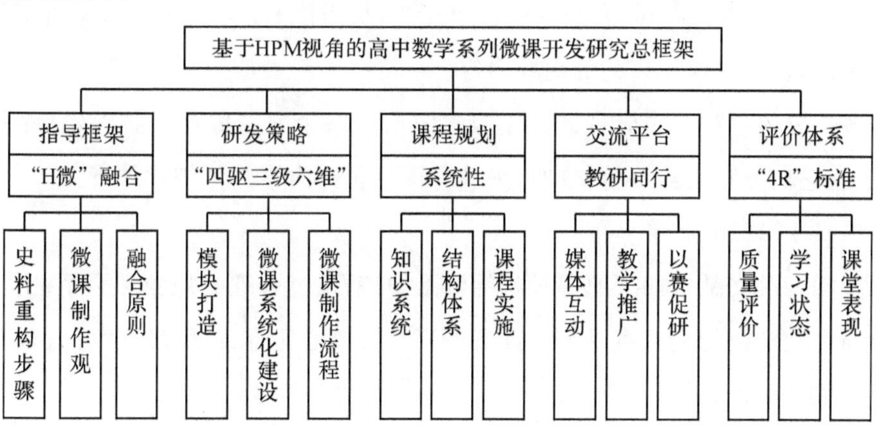

图 1　基于 HPM 视角的高中数学系列微课开发研究总框架

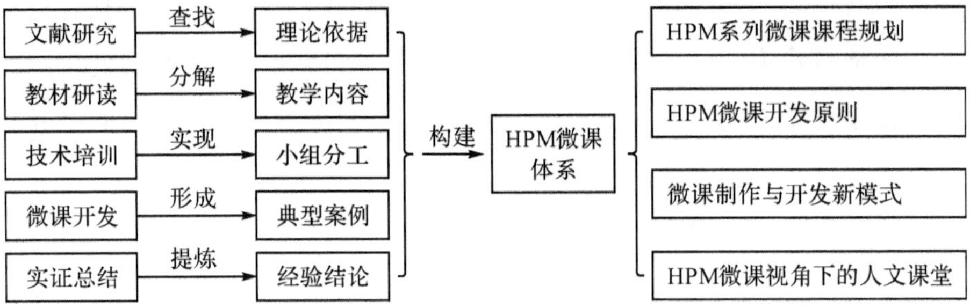

图 2 构建完整的 HPM 微课体系顶层设计

（二）主要研究内容和研究方法

1. 主要研究内容

本课题研究的主要内容包括以下三部分。

一是高中数学概念“溯源”研究。数学概念是数学的逻辑起点，是学生认知的基础，是学生进行数学思维的核心，在数学学习与教学中具有重要地位。因此，本课题借助 HPM 思想，深刻地挖掘教材的背景知识，查阅相关文献，探索数学概念与生活、历史及其他学科的联系，通过合理的想象和合情的推理，厘清高中数学概念的来龙去脉。

二是系列微课制作技术及开发路径研究。当前微课开发普遍存在“单打独斗”、效率低下的缺点，如何借助先进的研发理念与技术，构建科学、高效的制作流程，从而提升微课开发的效率，是本课题研究的主要内容之一。

三是 HPM 与微课融合的研究。HPM 既是教学内容，也是教学理念，如何把 HPM 有机地融合到微课开发的各个环节，从而使 HPM 的教育教学价值得到有效发挥，也是本课题研究的主要内容。

各部分内容相互照应、层层推进，共同构成一个完善的操作体系；在结构和框架上，它们分布恰当，逻辑分明，关系合理。研究内容具体细化如下。

（1）HPM 理论研究

查阅相关文献，研究、挖掘教材的背景知识，通过合理的想象和合情的推理，厘清高中数学概念的来龙去脉；明确 HPM 的核心理念及教育教学价值，探索 HPM 的教学设计。

（2）HPM 与微课的融合

发掘 HPM 教学设计与微课教学设计的契合点，确定 HPM 系列微课的主题，把高中数学以 HPM 为主线进行串联，形成不同系列的微课。

(3)课程规划

规模化的微课知识系统不仅涵盖绝大部分的必修与选修内容，还包括了与数学相关的校本选修内容，为微课的系列化提供了知识载体与文化脉络。

(4)模式构建

构建立体化、高效率的微课开发模式：一方面，根据研究内容，分别从课程领域、工业产品设计领域、教育心理学领域等视角对微课开发的理念、技术、评价体系进行对照与思考；另一方面，立足系列微课的个性化，建构微课特有的表达方式。

2. 研究方法

(1)文献分析法

检索与分析 HPM、微课等研究领域中有关基础教育的文献，基于国内外学者对数学史、微课的教学研究，界定本课题的核心概念，形成 HPM 教育现状、微课教育现状、数学史重构策略、微课制作理论等方面的文献综述。

(2)调查法

以问卷调查、访谈调查为主，调查对象为学生与老师。前期调查，主要解决“做什么内容的 HPM 微课”等问题；后期调查，主要解决“以何种教学形式呈现”“以何种方法进行制作”等问题。调查法始终贯穿整个研究过程。

(3)实验研究法

以“人文性的数学课堂”为指导思想，基于学生学情调研与高中数学教材的文本分析，用全覆盖高中知识的方式，进行 HPM 系列微课的教学干预，基于“萃取—连通—整合”的策略，开展 HPM 微课制作实验研究。

(4)行动研究法

课题组成员在一线教学工作中，基于 HPM 与微课相互结合的实践需要，提出研究问题，进行文献检索，寻找研究策略，将研究问题细化为不同的研究主题进行系统研究，逐步解决问题。在此过程中，课题组成员相互协作，总结反思，不断成长。

(5)个案研究法

对某个学生、某类学生、某节课三类对象进行个案研究，确立不同的研究目标，通过观察与记录、分析与改进，最后进行归纳总结。在个案研究中，主要体现学生对 HPM 系列微课学习的反馈与建议，教师对 HPM 系列微课的教学实践与总结。

（三）技术路线和实施过程

本课题按总体规划、分步实施、最后整合的原则来开展课题研究工作，并在具体的实施过程中，不断调整研究计划，即采用边研究边实践的方式。一方面做好总结和推广，另一方面重视研究的过程管理，提高实效性。

HPM 关注的是数学历史场景，展现的是宏大的数学知识演变历程，而微课的特点是“短小精悍”，因此，客观上就造成了“大场景”与“小舞台”的矛盾。如何把 HPM 与微课有机地融合在一起，是本研究的重点。

1. 统一开发理念

(1)“文化渲染”的特色观

本课题所研究的微课具有鲜明的特色，那就是充满浓浓的数学文化，因此，“文化渲染”是微课开发不变的宗旨。微课对文化的渲染有三个维度，见表 1。

表 1　微课对文化渲染的三个维度

维度	具体要求
点缀式	在微课中出现数学家的名字、肖像，以及数学图案等一些相对独立的文化元素，这些文化元素对微课起点缀作用。
贯穿式	在微课中展示相关数学家的生平、数学思想方法的“起承转合”、历史上的数学名题等，这些带有关联的文化元素贯穿微课的始终。
渗透式	在微课中再现历史上人们定义某个概念、发现某个方法的真实场景，让学生感悟概念、方法产生的必要性、合理性，在潜移默化中渗透数学的理性精神。

例如，在微课“牟合方盖”中，教师按照《九章算术》中原文的释义对球的体积进行计算，得到球的体积公式为 $V=\frac{9}{16}d^3$，发现与正确的球的体积公式存在较大的出入，以此为突破口，带领学生再现历史场景，引出刘徽创造的一个独特的立体几何图形——“牟合方盖”。虽然刘徽没有成功，但是祖暅利用“牟合方盖”的外接正方体的八分之一来研究，构造了一个与小正方体等底等高的“阳马”并使之倒立，最终得出了祖暅原理，顺利求得了准确的球的体积。

此微课非常有代表性，在整节微课中，既有点缀式的科学家刘徽、祖暅的肖像，也有贯穿式的文化渲染，如因“牟合方盖”而串联起来的多位伟大的数学家。同时，还有渗透在微课中的真实历史场景，让学生真切地体会到数学知识往往是几代数学家孜孜不倦地探索、努力的结果，让学生感悟数学的理性精神。

(2)“自我表露”的讲授观

微课在教学应用中最大的局限是“无法进行师生互动”，它是“单方面”的。对此，借鉴在社会心理学、临床咨询和治疗中的一个重要理念——“自我表露”。它指的是告诉另外一个人关于自己的信息，真诚地与他人分享自己个人的、秘密的想法与感觉的过程。在微课制作中，“自我表露”就是教师以知识生成者的第一人称身份，抱着共同学习的心态，向学生分享自己所思、所想、所获的思维过程。具体表现在以下三个方面，见表2。

表2 “自我表露”讲授观的具体表现

项目	具体表现
教师角色	与学生一起组成学习共同体，以第一人称的身份展开教学。
教师态度	以谦虚、自信的心态与学生共同面对问题。
教师行为	不强行灌输知识，而是展现自己的想法，供学生参考借鉴，在潜移默化中实现知识传授。

例如，在微课“杨辉三角中的秘密”中，主讲教师如此阐述：“你好，今天我给你带来了‘河图洛书’，想不想一睹我国古代数学的璀璨明珠呢？我想你肯定有兴趣。古人云：‘洛书者，数之源也。’它包含着丰富的数理关系，如等和关系、等差关系。它跟杨辉三角又有什么关系呢？我带你一起走进它的故事。”

微课视频的受众一般是一个学生或者少数几个学生，那么通过将称谓改为“你”“我”，看视频的学生就会有很不一样的亲近感，他会觉得现在课堂上就剩下两个人进行一对一的教学，会觉得受到重视，会展现更多的主体感受。而教师亲切、平等的语言，营造出师生学习共同体的氛围，将互动的主体转向学生，有效克服了微课“独角戏”的缺陷。

(3)“情感化设计”的技术观

“情感化设计”是一种源自产品设计领域的理念，是一种凸显“用户至上”的产品设计哲学。在某种程度上，也可以将微课看成一种教育产品。在微课的设计中，要充分考虑学习者的情感，让学习者在微课学习过程中获得最佳的体验感，从而激发学习者的学习热情，提高学习效率。“情感化设计”理念主要体现为以下三个层次，见表3。

表 3 “情感化设计”技术观的三个层次

层次	内涵	具体要求
本能层	关注学习者即刻的情感体验，以给学习者带来愉悦的感官刺激、树立微课给人的良好第一印象为目标。	教师语言规范、清晰，富有感染力；教师仪表得当，展现良好的教学风貌和个人魅力；教学场景整洁；视频拍摄美观等。
行为层	使学习者在发生学习行为时有良好的情感体验，保证学习行为的继续。	根据教学内容与学习对象，进行科学合理的教学设计；通过创设真实生动的情境、声情并茂地讲解等多种教学手段，驱使学生的情感转化为学习的动力。
反思层	以前面两层的情感化设计为基础，主要针对学习者的思考活动来研究相应策略。	在线练习、在线作业、在线答疑、在线讨论等各种辅助学习活动可以启发学习者的思维，帮助学习者加深对知识的理解，建立学习者与教师的学习共同体，使学习变得积极、快乐、温馨、人性化。

“情感化设计”注重学生的“参与度”，来源于主讲教师为学生带来的“思维共鸣”，这要求教学设计要兼具引导力、吸引力、兴趣性。

例如，在“数系的扩充与复数的引入”一课中，主讲教师借用 16 世纪意大利数学家邦贝利运用卡尔丹诺公式解三次方程 $x^3=15x+4$ 时遇到的一个问题进行展开。如果运用卡尔丹诺公式解三次方程 $x^3=15x+4$，解得的三个根为：$x=-2\pm\sqrt{3}$ 或 $x=\sqrt[3]{2+\sqrt{-121}}+\sqrt[3]{2-\sqrt{-121}}$。在此，邦贝利遇到了一个新问题——$\sqrt{-121}$到底是什么？

同时，邦贝利运用因式分解的方法也解出了方程的三个根。此处，让学生参与到研究中来，自己解决三次方程的因式分解问题。不难得到 $x^3-15x-4=(x-4)(x^2+4x+1)=0$。由此可见，方程的三个根为 $x=-2\pm\sqrt{3}$ 或 $x=4$，言外之意为 $\sqrt[3]{2+\sqrt{-121}}+\sqrt[3]{2-\sqrt{-121}}=4$。

这时，学生和邦贝利一样，已经感觉到某种情绪是那么强烈，一种对数系新领域的探索欲油然而生。此时，便可以顺理成章地引入复数的概念了。学生的参与度是教学质量的关键。对学生来说，邦贝利遇到的三次方程求解问题并非十分容易，卡尔丹诺公式也不适宜在课堂教学。但即使如此，也需要尽量提高学生的参与度，没有学生的自主参与，就没有对“历史问题”的再体验，历史重构课堂就会沦为历史故事再呈现。

2. 高中数学概念“溯源”

“以史为鉴，可以明得失”，以数学史为鉴，可以让你读懂数学。对数学概念的“溯源”，有利于从多个角度、多个层次揭示概念的起源、形成、发展过程，展现数学概念的自然性与合理性，验证数学概念的科学性，不仅可以填补教材关于概念起源的空白，而且可以把数学史与高中数学知识有机融合在一起，为微课制作提供原始的素材。

(1)领会数学的“初衷”

数学虽然是全人类智慧的结晶，但从某种程度上可以归结为某个或某些数学家的杰作。数学的“初衷”往往承载着更多有价值的信息，例如概念的原理、思想方法、文化因素等。从数学的“初衷”角度重新审视数学，就会有一种“柳暗花明”的感觉。因此，了解数学家创造数学概念的目的和意图是研究数学起源与发展的切入口，举例见表 4。

表 4　集合、函数、圆锥曲线概念的“初衷”

概念	创始人	目的
集合	康托	解释无穷集合到底是什么
函数	贝努利、欧拉、黎曼、狄利克雷	研究运动过程中各个量之间的依赖关系
圆锥曲线	梅内克缪斯、阿波罗尼斯、笛卡尔	服务天文学，研究星体运行的轨道

(2)记录数学演变的过程

数学从诞生的那一刻起就在不断完善与发展。一方面，许多数学概念的“称呼”在演变，例如，“对数”这一称呼就经历了“比数→人造数→对数”的演变，其称呼也越来越彰显其本质；另一方面，随着人类认知领域的拓展，数学的内涵与外延也在演变，例如，向量就经历了“有向线段→复数→四元数→空间向量”的复杂演变过程，其内涵与外延也就变得越来越深刻而丰富。数学的演变揭示了数学的来龙去脉，记录了人类思考数学、构建数学的全过程，因此，数学的演变路径为微课教学设计提供了值得借鉴的经验，如弧度制的演变过程，见图 3。

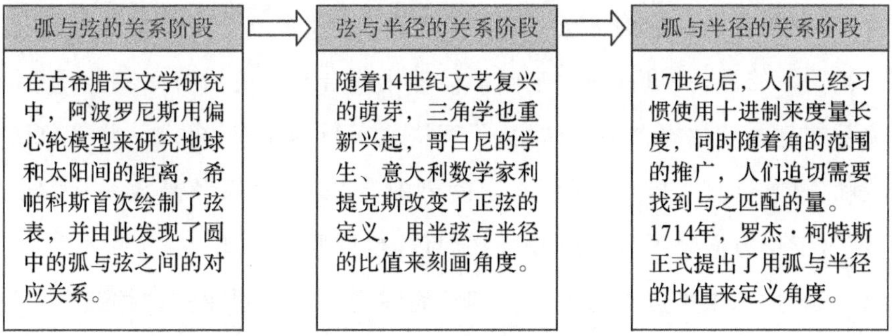

图 3　弧度制的演变过程

(3)挖掘数学中的文化元素

数学所表达的不仅仅是抽象的符号与运算,它承载的是丰厚的文化积淀。从某种意义上讲,是文化驱使数学走向成熟。因此,“溯源”不仅仅是追溯数学的起源本身,还应挖掘其内部承载的文化元素,如数列中的文化元素,见图 4。

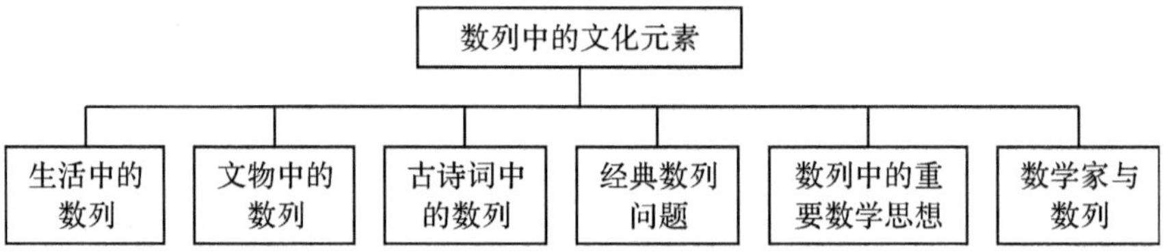

图 4　数列中的文化元素

3. 探索融合原则

(1)立足精准性原则,优化教学目标

HPM 微课的教学目标并不是对传统意义上一节课的教学目标的简单压缩或删减,而是立足精准性原则,对原有教学目标做进一步优化与提炼,如“函数的概念”这节课的目标优化过程,见图 5。

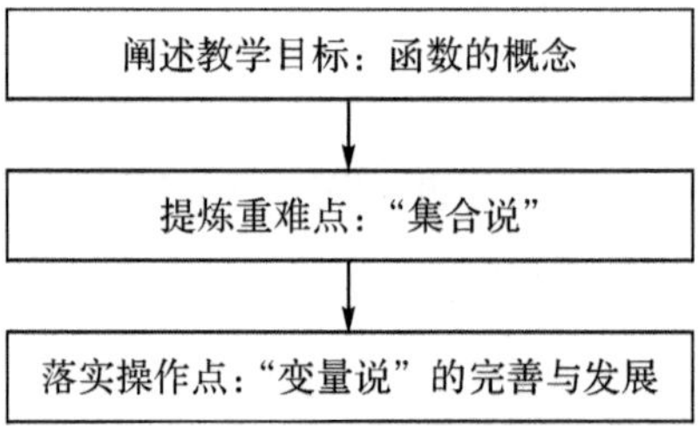

图 5　“函数的概念”教学目标优化过程

优化教学目标一般分三步。

第一步,阐述“课本”目标。课程标准对每节课的教学目标给予了精准阐述,这是教学的“牛耳”,执“牛耳”方能使教学行为不偏不倚。高中数学课标对“函数的概念”一课的教学目标描述为:通过丰富的实例,进一步体会函数是描述变量之间依赖关系的重要模型,在此基础上能够用集合与对应语言来刻画函数,体会对应关系在刻画函数概念中的作用;了解构成函数的要素,会求一些简单函数的定义域和值域。因此,HPM 微课教学就要围绕“变量关系”“函数表示”“函数构成因素”这三个方面来展开,微课的教学目标也要脱胎于此。

第二步,提炼重难点。微课因其“微”而注定了它必须“精”,“爆破一点”是其特点,而这“一点”要点到“穴位”,才能凸显其短小精悍而不是华而不实。这个

“穴位”就是“课本”目标中的重难点，或者说是核心教学目标。“函数的概念”这节课的核心教学目标就是“集合说”的构建。然而，单凭教材中的三个实例很难达成这一目标，需要另辟蹊径。那么，如何凸显“集合说”就成了微课制作的“爆破点”。

第三步，落实操作点。HPM微课的落脚点必须是“课本”目标与HPM相结合，HPM是载体，“课本”目标是指向，找到指向“课本”目标的载体就是“操作点”。对“函数的概念”一课进行深入分析后，不难发现，“集合说”实际上是“变量说”的升级与完善。初中的函数定义“变量说”其实并不是“错”的，它只是在表述上过分关注“变量之间的依赖关系”，从而给学生造成“函数是包含x、y两个变量的解析式”的认知偏差，导致学生无法准确判断“$y=1$”是不是函数，图象是不是函数，表格是不是函数。也就是说，“变量说”不够凸显函数的本质属性，从而无形中限制了学生的思维。基于上述分析，本节课的教学目标设定为：完善优化“变量说”，构建“集合说”。这一目标定位立足学生已有认知经验，避免了“另起炉灶”耗时耗力的尴尬，非常符合微课“短小精悍”的制作理念。

(2)立足独立性原则，分解教学内容

围绕着一个教学目标，还可以将该教学目标分解成若干个独立的知识点与学习任务，把它们制作成对应的微课，形成子微课。

在“函数的概念”这节课中，首先，认识“函数”是从认识“变量”、认识“运动变化”开始的，因此，可以把“变量”从上述知识点中单独分解出来，制作成一节微课；其次，本节课的重点是学习“集合说”，因此，“集合说”也可单独制作成一节微课；最终，本节课被分解为三节独立的微课——“永恒的变量”“‘集合说’的优势”“函数的演变”。三节微课虽然独立，但完整观看后却能起到统合目标、连通知识的效果，从而实现“完善优化‘变量说’，构建‘集合说’”的教学目标。

(3)立足再创造原则，重构教学场景

数学史与微课的整合有两种途径：一是显性的使用，即直接使用数学史，分为故事和轶事、悖论、历史名题、数学家的传记等；二是隐性的使用，即把数学史作为教学线索，不明确谈论数学史，但进行“历史重现”。无论基于哪种途径，都需要遵循弗赖登塔尔所倡导的一个观点：不应该完全遵循发明者的历史足迹，而应遵循经过改良、同时有更好的引导性的历史过程。也就是说，必须依据科学的史料进行重构，比如，“永恒的变量”可以按表5进行重构设计。

表 5 “永恒的变量”教学场景的重构设计

教学环节	内容简介	画面	时间
片头	内容:永恒的变量	第 1 张 PPT	5 秒以内
正文讲解	1. 引入 播放四季更替、日月星辰、地质变化、生老病死的视频,配上背景音乐与解说词。	第 2 张 PPT	30 秒以内
	2. 越来越多的变量 时间就是最原始的变量。古人通过对时间的感受,头脑中逐渐形成了变量的概念。随着生产力的发展,人类观察变量的视野不断开阔,发现生活之中处处有变量,比如人口的数量、气温的变化、农作物的产量、城市的规模、股市波动等。	第 3 张 PPT	60 秒以内
	3. 探索变量的变化规律 人类的进步得益于对变量的研究,比如对时间变量的研究,最显著的成果莫过于发明了“历法”。节气中的“立春”,告诉人们天气要转暖了,要开始准备农业生产了;一旦到了“春分”,农民就应该播种了。因此,人类要生存和发展,对变量变化规律的总结和应用是必不可少的。	第 4 张 PPT	60 秒以内
结尾	16 世纪,由于实践的需要,自然科学转向对运动的研究,函数正式进入人们的视野。	第 5 张 PPT	60 秒以内

美国教育学家布鲁纳的“掌握学习理论”认为:只要有合适的学习条件,绝大多数学生在学习能力、学习效率和继续学习的动机方面将变得十分接近。这也表明,创设合适的历史情境是保证学生参与度的前提。

4. HPM 系列微课的知识体系

HPM 系列微课的知识体系如图 6。

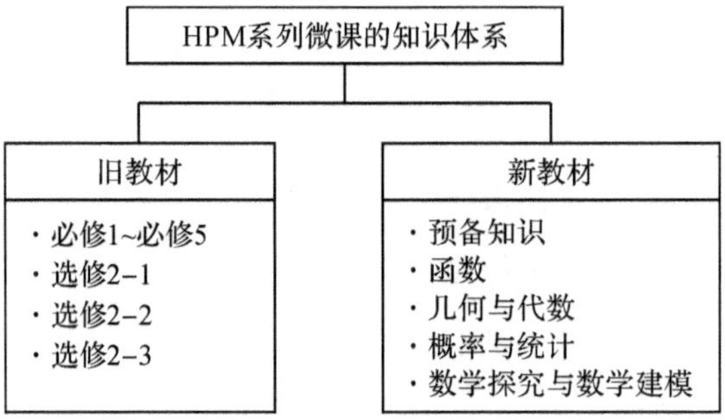

图 6 HPM 系列微课的知识体系

(1)覆盖新、旧教材

本研究分别以新、旧教材为蓝本进行两个阶段的微课开发,开发的系列微课实现了对高中新、旧教材知识体系的全覆盖。规模化的微课知识系统为微课的系列化提供了知识载体与知识脉络。

(2)辐射校本课程

数学文化的渗透使系列微课具有人文价值与核心素养培育价值。然而，数学文化的渗透不是靠若干节课的点缀就可以实现的，它需要空间的覆盖与时间的积累，就如一滴水是不能“穿石”的，有连绵不断的水滴才能“石穿”。所以，系列微课不是只做国家课程的点缀，而是立足校本课程的开发，见表 6。

表 6　“数学文化”校本系列微课

课程系列	目标定位	微课特色	课程示例
数学与生活	感受数学与生活的联系，会用数学思想方法解释生活现象、解决生活问题。	在生活中发现数学，用生活化的语言描述数学。	简易数学实验
数学与文学	揭示文学中蕴含的数学原理，会用数学语言解读文学作品。	运用数学语言中的量与序的概念，结合文字，产生无穷的文学魅力，深化时空意境，使得文学作品更加引人入胜。	寓言背后的数学
数学与艺术	揭示艺术中的数学原理，学会欣赏数学的各种美。	用美学的原理衡量数学，使得数学本身成为具有特定美学性质的艺术。	邮票上的数学——“我形我数”
数学与科学	了解数学的实际应用，体会数学对科学发展的促进作用。	用数学的力量打破学科之间的隔阂。	信息技术中的数学原理
数学与逻辑	感受数学的理性精神，会用数学的思维分析问题。	以数学定理、公式为载体，探索其背后的思维必然性。	经典数学公式 著名数学定理 探寻高中数学的历史足迹

(3)三维构建微课内容

微课制作并非“一对一”，而是“一对多”，一个知识点可以对应四五节甚至十多节不同的微课，并按以下三个维度进行拓展。

纵向：按学情分层。如果说传统教学更多关注的是“多数学生的学情”，那么，微课作为“一对一”的辅导，恰恰关注的是“个别学生的学情”，以此满足“个性化”学习的需要。因此，需要根据不同的受众对微课制作进行纵向分层定位，见图 7。

图 7　微课内容的纵向分层定位

横向：按史料异构。HPM 的融入把人文性带了进来，微课也成了讲文化的数学课。文化需要包容，更需要自信。基于这点，制作按国内外不同史料重构出不同文化面貌的微课，如对于“等比数列求和”这一内容，按不同史料制作了“《九章算术》中的等比数列求和”和“欧几里得与等比数列求和”；又如对于“等差数列”这一内容，制作了“纸草书中的等差数列”“提丢斯的等差数列与天文学”“中国算经中的等差数列”等，既体现了文化包容，又凸显了文化自信。

垂向：多学科交叉。为更好地体现文化包容，进一步展现数学魅力，在微课里不乏其他学科的融入，不仅有物理学、天文学等大量运用数学的领域，还包括音乐等艺术学科，可以用“古今贯通、中外兼具、学科交叉、艺术融入”来形容微课的文化属性。函数大类中融入了其他学科的部分微课，见表 7。

表 7　函数大类部分微课概览

微课名称	相关学科	公众号推送期号
函数的奇妙声音	音乐	423 期
此时无声胜有声——三角函数与音乐	音乐	403 期
看看声音，听听函数	音乐	99 期
月有阴晴圆缺——函数的周期性	天文、地理	402 期
不知天上宫阙，今夕是何年——三角学与天文学	天文	401 期
来自明朝科学家宋应星所著《天工开物》中的水车	物理	186 期
向量的力量——三角函数、导数与物理定理的一箭三雕	物理	237 期
人口模型的改进：韦吕勒及 Logistic 函数	社会	28 期
诗情画意——函数美学欣赏	美术	337 期
二战中德军坦克问题	军事	230 期

5. HPM 系列微课的开发流程

(1)规划制作流程

为了让微课的小舞台能够撑得起高中数学知识体系这台大戏，既有宏观上的系统化规模，又有微观上的精彩教学片段，在系列微课制作上采取了“分解、连通、整合”三步策略，实现了从“子微课”到“课时微课”再到“专题微课”的三级微课结构,达成了“以小见大”的目的,最终实现微课的系列化。

第一步,“分解”。在课程论的观点下,微课开发首先要解决的是“教什么”的问题,即微课如何选题。传统意义上的“一节课”往往包含多个知识点,需达成多个教学目标,无法直接转换成一节微课。因此,为了选题更加精准,首先要把教学内容与目标“分解”成一个个独立的知识点与学习任务。当然,“分解”不是为了割裂,而是为了在排除外部干扰因素的基础上理清知识点之间的交互关系,然后围绕一个知识点、一个学习任务制作“子微课”。

子微课的设计可以分为六个维度:知识溯源、知识应用、知识拓展、文化渗透、学科融合、文化自信。前三者属于知识层面,后三者属于人文层面。这六个维度基于核心素养的渗透、数学文化的滋养与民族情怀的建立。其中,数学文化的滋养贯穿始终,这也是 HPM 的特性所决定的;知识溯源、知识应用、知识拓展体现了数学核心素养的渗透,如对概念课的数学史重构渗透了数学抽象的核心素养,三角函数的应用渗透了数学建模的核心素养,数列求和的证明渗透了逻辑推理的核心素养等。落实到具体操作,即实际制作微课时,教师围绕一个知识点(或子微课)以不同视角制作五至六个子微课,使得微课内容能够丰满地呈现出这六个维度。具体操作如图 8 的“六维”制作模式所示。

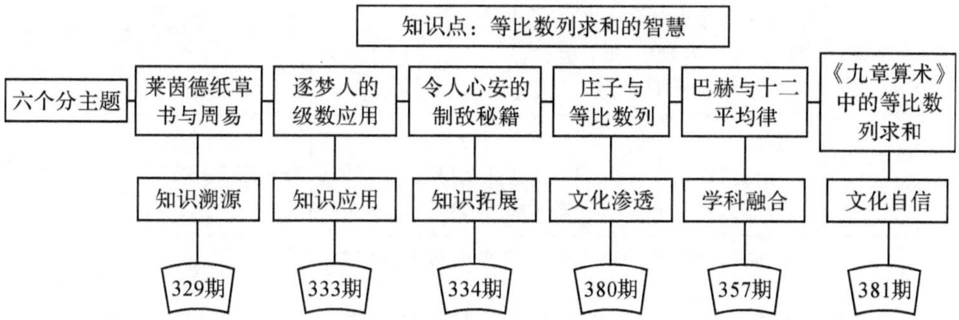

图 8 “六维”制作模式

子微课的教案与传统教案相比更加“细化”,不仅包含了详细的教学过程,而且还要记录制作的步骤与流程,比如需要用到几个视频画面、每个画面的时间控制、讲解的语速等。如“莱茵德纸草书与周易”的子微课教案,具体如表 8 所示。

表 8 “莱茵德纸草书与周易”的子微课教案

子微课名称	莱茵德纸草书与周易				
教案设计	周老师	视频长度	4 分 50 秒	微课专题	HPM 视角下的数列
知识点来源	学科：数学　　教材版本：人教 A 版必修 5(老教材)				
知识点描述	莱茵德纸草书、数列、周易				
预备知识	自然数、整数、有理数的扩充历史				
课型	☐概念剖析　☑习题讲解　☐思维拓展　☐其他				
适用年级	高一				
教学目标	通过故事回顾自然数、整数、有理数的诞生、发展历程，了解数系扩充的必要性与曲折性。				
教学过程					
设计环节	内容摘要	画面	时间		
片头	内容：莱茵德纸草书与周易	第 1 张 PPT	10 秒以内		
正文讲解	1. 引入 在世界数学史上，对级数(数列)的讨论具有悠久的历史。古代中国、古巴比伦、古希腊、古埃及和古印度等，都曾经研究过级数。	第 2～3 张 PPT	50 秒以内		
	2. 故事片段 (1)周易的故事 (2)《九章算术》第六章“均输” (3)莱茵德纸草书	第 4～8 张 PPT	3 分钟以内		
	3. 思考 (1)你能从以上 3 个例子中得到什么启发？ (2)等比数列求和公式是如何证明的？	第 9 张 PPT	30 秒以内		
结尾	启示：古人对数列的研究已经取得了很大的成就，奠定了现代数学的基础。	第 10 张 PPT	20 秒以内		

第二步，“连通”。关联主义认为，学习就是在碎片化信息中建立有效的连接，形成网络。将子微课按照一定的教学主线连通起来，做好自然过渡与衔接，就形成了“课时微课”，即包含“一节课”内容的微课，从而呈现出一个完整的教学过程，有助于学生建立知识间的联系。对于课时微课而言，根据课型的不同，一般有以下几条主线可供选择，见图 9。

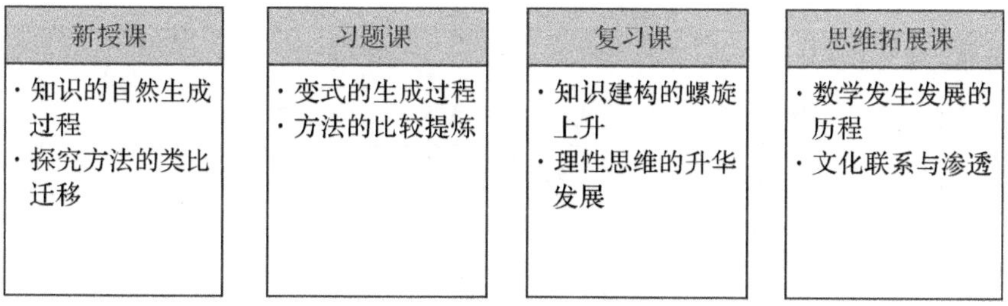

图 9　课时微课的主线

把子微课按照既定的主线连通起来，就完成了课时微课主体部分的构建，但子微课是一个个独立的单元，要最终形成完整的课时微课，应“导演”好子微课之间的过渡与衔接，从而实现教学情境的连通。

第三步，“整合”。课时微课是一堂完整的课，但从系统的角度来说，它仍然是“碎片”，还需要以专题的形式整合一定数量的课时微课，构建出具备相对完整知识结构的“专题微课”。专题可以按照数学的知识要点、数学思想方法、学生实际需求三个维度来确定。最后，按照教学用途把若干个专题微课组合在一起，自然就形成了“系列微课”。比如，课前自学系列、课后提升系列、思维拓展系列等，这些都可以借助网络平台动态生成。“数列”专题的系列微课见表 9。

表 9　“数列”专题的系列微课

专题微课	课时微课	子微课
数列	等差数列	高斯与等差数列求和(379 期)
		《九章算术》中的等差数列(378 期)
		等差数列求和之形数理论(372 期)
		中国算经中的等差数列(355 期)
		提丢斯的等差数列与天文学(354 期)
		莱茵德纸草书中记载的等差数列的应用(73 期)
		阿默斯纸草书中记载的最古老的等差数列(71 期)
		纸草书中的等差数列(353 期)
		……
	等比数列	莱茵德纸草书与周易(329 期)
		《九章算术》中的等比数列求和(381 期)
		阿默斯纸草书中的等比数列(358 期)
		多米诺骨牌效应与等比数列的通项公式的推导(92 期)

续表

专题微课	课时微课	子微课
数列	等比数列	等比数列求和公式破解《九章算术》中的难题(96 期)
		欧几里得与等比数列求和(382 期)
		庄子与等比数列(380 期)
		一粒纽扣引发的证明(331 期)
		令人心安的制敌秘籍(334 期)
		达希尔,令国王“破产”的象棋发明者(94 期)
		……
	数列知识拓展	等差、等比数列与函数的关系(372 期)
		毕达哥拉斯学派的形数数列(68 期)
		数列发展穿越之旅(424 期)
		数学黑洞与斐波那契数列(425 期)
		斐波那契数列的由来(373 期)
		卢卡斯数列(429 期)
		明星无理数中的明星数列(396 期)
		华里司对数列求和类型的探索(576 期、577 期)
		数列与函数的“今生前世”(371 期)
		……

(2)教学互动

课堂教学始终是学科教学的第一线,微课也只有立足于教学第一线才能得到实践的检验。在课堂教学中,微课一般有以下三种应用方式。

微课前置:翻转课堂。翻转课堂就是学生课前观看教师制作的微课,先行开展课前预习,预习完回到课堂研讨,接受教师指导,实现“教”与“学”次序的翻转。学生在依托微课进行自学的过程中,可以根据个人需要反复观看某个片段,或在某个思路难点处暂停,有足够的时间思考、理解;对已掌握部分,可以跳过,充分凸显了学生学习的主体性。例如,在上“数列的概念及表示”一课之前,可以提供第 425 期“数学黑洞与斐波那契数列”、第 373 期“斐波那契数列的由来”、第 429 期“卢卡斯数列”等 HPM 微课,让学生在学习数列之前对这一概念有感性的认知,为进一步的概念抽象做好储备。

微课中置:突破重难点。利用微课集声音、图片、动画等为一体的特点,教师借助微课将重难点寓于生动的情境中进行阐述，让学生的学习兴趣随着视频情境而得到迁移和提升，并且利用微课主题突出的优势，细化难点突破的过程，以此达到将抽象的知识具体化、简单化、直观化的目的。例如，“数系的扩充与复数的引入”一课，学生最为困惑的就是复数引入的必要性，而教材中的讲解也很难解释学生心中的疑惑，恰巧本节课教学内容并不多，可以把第 320 期“卡尔丹诺与复数的产生”这节三分多钟的 HPM 微课放入课堂中，让学生置身古代数学家的困惑中，经历他们的思维过程与问题解决过程，从而水到渠成地突破课堂重难点，提高学生的参与度，凸显以人为本的人文课堂性质。

微课后置：延伸资源。利用微课进行课堂内容的内部性补充，让学生在微课的引导下能够理解和掌握显性和隐性知识。此外，也可以将学生的共性问题和个性问题设计成微课专题。运用微课模式开展专题学习，可以满足学生个性化学习的需要，大大提升其学习的有效性。例如，“对数的概念及运算”一课结束后，可以提供第 338 期“追溯对数发明的踪迹”、第 6 期“化乘除为加减——纳皮尔发明的对数表大显身手”等 HPM 微课，这些拓展知识既能激发学生的学习热情，也能使其对知识的源头更加了解，同时渗透了数学抽象和逻辑思维等核心素养。

(3)以赛促研

为有效促进教师参与微课制作的积极性，加强微课开发研讨，课题组组织了正规、有效的微课制作比赛。比赛通过“作品制作→作品推送→按点击量评奖”的方式进行。事实表明，以赛促研的方式既调动了教师制作微课和参与课题研究的主观能动性，保证了微课制作“微而精”的品质，同时也加快了师资培养的步伐，使区域内更多的教师尤其是青年教师在 HPM 微课制作研究领域中快速成长，为课题研究能够持续、健康、科学地进行下去培养了大量的有生力量。

四、研究成果

(一)理论成果

理论方面，首创了基于 HPM 视角的高中数学微课开发之“三观”，引领数学教育新发展。围绕着学生这一主体，坚持“以生为本”的创作原则，课题组探索出了基于 HPM 视角的高中数学微课开发理论原则，涵盖了“HPM 重构观”“微课制作观”“HPM 微课融合观”三方面内容，使微课制作有据可依，如图 10。

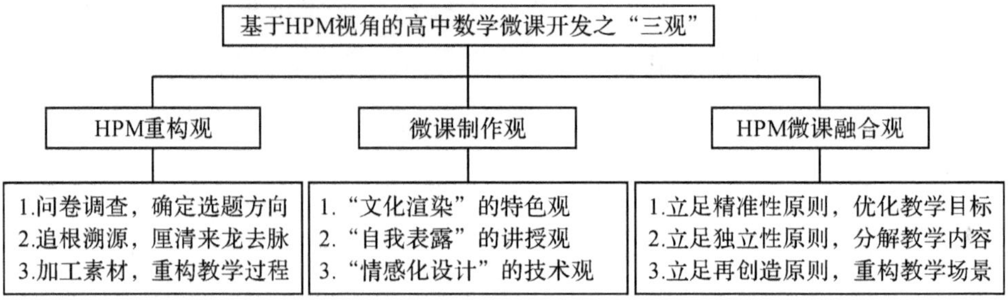

图 10　HPM 微课开发之“三观”

HPM 微课有效结合了现代教育技术与数学史，让数学教育更具文化性与创造性。同时，数学史重构教学的作用在数学概念教学中体现得尤为突出，而概念教学培养的是学生的数学抽象能力，是数学核心素养中排名第一位的素养。那么，如何把高度概括、严谨、精准的数学概念水到渠成地渗透进学生思维中呢？“数学史重构”则给概念教学提供了一个很好的途径。

（二）实践成果

实践方面，形成了“课题、教学、研创”三位一体的教育科研路径。HPM 微课的开发不仅仅是单一的微课制作，而是集“课题、教学、研创”于一体。其中，课题是领头羊，教学是根基，微课的开发与研创是实现前两者的手段，三者融为一体，构成了 HPM 微课开发的整体。教师和学生在这一模式中都被充分调动了创作与学习的积极性，表现出了极大的热情。

1.2 基于HPM视角的人文课堂构建与实践

在数学文化融入课程内容的理念下，利用各种潜在数学隐性文化创设出愉悦的课堂氛围，让学生在人文精神的熏陶下塑造出完美的人格，挖掘学生的潜能，全面提高学生的素质，是不断完善学生关键能力、必备品质以及让学生树立正确价值观的必由之路。教师通过构建人文课堂的教学实践活动，对教材进行二次开发，提高数学文化融入课堂的能力，在HPM视角下实现教师和学生人文素养的互相促进、共同提高。构建人文课堂的有效模式，以一系列问题情境创设为基本手段，以"情感交流"为纽带，采用关怀教育、主体发挥、认知目标与德育目标兼顾等措施，达到提高学生科学素质与人文素质的目的。

一、研究内容

数学文化是指数学的思想、精神、语言、方法、观点及其形成和发展，还包括数学在人类生活、科学技术、社会发展中的贡献和意义，以及与数学相关的人文活动。人文就是和谐，人文就是情感，人文就是以人为本；人文的课堂就是和谐的课堂；人文的数学教学就是要追求和谐的教学，追求生动完美的教学，追求充分尊重每一个学生、让不同的学生都能学到知识的教学，除了知识传授和智慧开启外，还应包括使人身心健康和人格润泽的数学教学。因此，数学人文课堂研究的内容由一个基本点、六个基本要素组成，如图1。

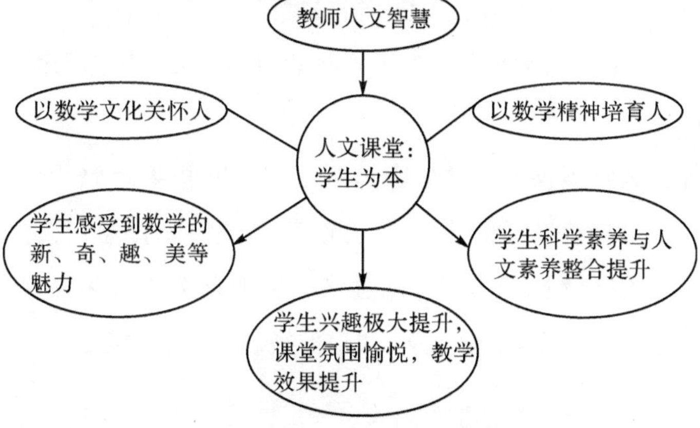

图1 数学人文课堂的主干关系

二、研究的主要成果

(一)在实践中探索出人文课堂的构建策略

1. 营造和谐的课堂氛围,构建人文的师生关系

良好的师生关系是进行正常教学活动和提高教学效率的保证。人文的师生关系,要求师生彼此敞开心灵,沟通、吸引、互动、分享。教师既能成为学生的"精神指导者"和"人格引领者",又能与学生一起丰富教学内容,使课堂变得精彩纷呈。

2. 充分挖掘教学内容中的 HPM 资源

HPM 资源的开发,需要教师在教学设计时对现有教学内容进行挖掘与加工,使它体现出浓郁的人文色彩。结合有关内容恰如其分地融入数学史料,如《九章算术》中圆周率的计算等我国古代数学的辉煌成就,以此来激发学生的民族自豪感,增强他们的使命感和责任感。也可以介绍数学家的奋斗拼搏史,如华罗庚身残志坚、为数学事业鞠躬尽瘁,陈景润虽病魔缠身仍潜心钻研数学难题等,以这些优秀数学家的奋斗事迹来激励学生大胆探索,遇困难而不失信心,遭挫折而不减勇气,从而培养学生自强不息的坚定信念和百折不挠的顽强意志。

(二)构建人文课堂的"五环四式"新模式

1. 人文课堂"五环"教学新模式

(1)备课

教师课前需要思考:本课时教学目标中的德育目标是否适合学生? HPM 怎样与教学目标相联系?怎样调动学生参与到数学文化融入数学的内容中来?学生在学习活动中将会面临哪些困难?上课需要哪些教学辅助设备?怎样评价学生在数学史融入后对知识的理解?学生对要挖掘的数学人文内容熟悉程度如何?

(2)授课

高效的课堂教学不仅能让学生在课堂上获得并积累经验,而且能使学生在学习过程中获取可持续发展的能力。为此,教师要转变观念,创新课堂教学,从"知识传授者"变为"组织学习者"。通过培养学生自主学习和探究学习能力,使学生的"学"产生新的改变,使学生从"知识的被动接受者"转变为"知识的主动探究者"。

(3)反思

教师应找到实现教育实践的创造性与探究性的道路,不断端正教学观念,创新教学行为,走向反思教研之路,对教学现象、教学问题进行独立思考,形成创造性的见解。写课后反思,贵在及时,贵在坚持,贵在执着地追求。一有所得,及时记下,有话则长,无话则短,以记促思,以思促教,长期积累,必有"聚沙成塔、集腋成裘"的收获。实践证明,要做好课后反思,需要做好以下"六问":问目标制订是否合理;问情境创设是否合适;问文化融入是否恰当;问环节安排是否科学;问合作交流是否有效;问学习时间是否充裕。

(4)评价

在人文课堂的教学中,要充分发挥评价的激励、诊断和发展功能。激励性评价是学生发展的助推器,深受大家的赞赏与认同,需要不断地落实到教学实践中。在日常评价实践中使用较多的方法有重视口头评价方式、建立作业评价机制、重视检测诊断评价、建立成长记录册等。

(5)反馈

问卷调查、学生座谈、作业反馈和教师集体备课等形式的反馈活动,能使教师及时洞察学生的学习状况,通过对学生的学情调查,教师可以适当地调整教学方法与进度,以便满足学生学习知识的需求。为了更好地了解和把握高中学生的数学人文素养情况,人文课堂教学实施之前,针对学生的人文基础、学习兴趣、课堂参与度、学习能力四个维度,课题组对6个试点学校进行了问卷调查,共回收有效问卷1265份。调查统计结果见表1。

表1　6所试点学校人文课堂四个维度的问卷调查结果统计

项目	A(少、弱)	B(一般)	C(多、强)
人文基础	82%	15%	3%
学习兴趣	49%	35%	16%
课堂参与度	57%	33%	10%
学习能力	42%	34%	24%

从问卷调查结果来看,学生对数学文化知之甚少,学习兴趣不强,课堂参与度偏低,学习能力不高。对调查结果进行分析发现,如何在数学课堂教学中激发学生的学习兴趣、提高学生的课堂参与能力,是数学教学迫切需要考虑和解决的

问题。因此，在备课时要充分考虑这一因素，在课堂的引入、课堂的活动开展等版块，通过情境导入、人文引例、问题设置等环节的阶梯性和有效可行性来提高学生的数学学习兴趣，增强学生的课堂参与度，从而实现真正的有效教学。

2. 人文课堂“四式”教学新模式

模式一：“数学发展史—定理学习—感悟数学研究精神”课堂模式。

以人教A版数学教材（老教材）为例，据初步统计，在必修1～必修5中已经有60多位历史名人的故事。通过查阅文献，在每节课中融入更多介绍数学知识发展史的内容，让学生体会数学家潜心研究、获取知识的艰难历程。必修1中融入的5个案例：“集合”中的“理发师的悖论”“集合论的诞生”“康托尔的生平”，感悟文化，感受研究精神；“函数的概念”中的“函数概念的由来”“函数概念的四次演变”，领略数学家无比严谨、执着的精神；“无理数指数幂”中的“无理数的发现”，介绍毕达哥拉斯学派的研究精神；“对数与对数运算”中的“对数简史”“认识自然对数”；“方程的根和函数的零点”中的“方程的求解历史”。必修2中融入的4个案例：“浅谈几何学发展史”的介绍，“画法几何发展史”的介绍，阿基米德的故事“没有捷径可以走”，“解析几何学的发展”中对数学家的介绍。必修3中融入的案例：“算法的历史”“四色猜想”“中国剩余定理”“孙子巧解”“秦九韶”“统计小知识”“用计算机模拟掷硬币试验”“浦丰投针试验”。必修4中融入的案例：“笛卡尔坐标系”“弧度制的由来”“对三角函数的发展史的简单回顾”“三角函数小史”“盲人数学家——欧拉”“关于三角学的趣味史话”“为什么时间和角度的单位用六十进位制”“三角学的发展历史”“向量进入中学数学的背景分析”“向量的由来”。必修5中融入的案例：“斐波那契数列”“九连环”。

模式二：“创设数学情景—数学知识—回到生活解决实际问题”课堂模式。

必修1中融入的案例：“补集”中的“牛吃草”引入韦恩图；大自然中的“对称现象”“奇妙的指数”。必修2中融入的案例：“生活中的几何图形”介绍；“线面垂直的判定”中的“从生活走向生活”的教学设计；“圆的标准方程”中的“购物距离如何最合算”“古代赵州桥的设计”；“直线和圆的位置关系”中的“海上生明月”的情景。必修3中融入的案例：“鸡兔同笼”“从赌博中发展的概率理论”。必修4中融入的案例：“自然界中的周期现象”“生物节律现象”“生活中的数学建模”“生活中的潮汐现象”“屋顶的设计问题”“航海问题”“船的行驶距离何时最短”。必修5中融入的案例："神奇的测量""购房中的数学"。选修2-1中融入的案例："让向量行走在生活道路上"。选修2-2中融入的案例："生活中的优化问题"。选修2-3中融入的案例："游戏中的公平问题"。

模式三："跨学科文化—开拓数学视野—增加正能量"的数学欣赏课堂。

案例："数学与诗歌的融合""美术中的数学""数学中的物理元素""数学中的历史""体育中的数学""优美的数学作文"等。

模式四："创设问题串—探究式教学—爱心式评价"的数学课堂。

案例："函数的单调性与最大(小)值""用二分法求方程的解""分类计数原理与分步计数原理"等。

3. 人文课堂"四式"学习新模式

学习方式的变革是新课程改革的核心内容。对学生而言，究竟怎样的学习方式是具有人文性的呢？有效的数学学习活动不能单纯地依赖模仿与记忆，动手实践、自主探索与合作交流也是学生学习数学的重要方式。由于学生所处的文化环境、家庭背景和自身思维方式的不同，学生获取知识应当是一个生动活泼的、主动的和富有个性的发展过程。这里所折射出的理念是，真正意义上的数学学习过程需要摒弃"他律"背景下的说教，需要彰显"自律"意义上的生命体现。数学学习的过程不能只是一个遵照指令进行程序化操作的过程，而应当是一个凭借经验进行自我建构的过程。学生需要的不是去复制别人的数学，而是去建构自己的数学。只有这样，"不同的人在数学上得到不同的发展"才有实现的可能。为此，人文课堂的学习模式可以分为以下四种类型。

(1)探究模式——摸石过河温故知新

探究式学习要求学生在课堂上用已掌握的知识探究新的知识和方法，从而找到解决问题的途径。探究模式的学习是人的思维的完整展现，可以体现学生对知识的综合运用能力，显现学生的心理活动过程。对学生来说，就好比是在玩摸石过河的游戏，每一步都经历了对所掌握信息的分析过程、决策过程、探索过程，在哪里跌倒，就在哪里重新爬起，继续前行。在知识与困境的碰撞下，学生温故知新，同时可以得到一些发散性的新结论。这是人文课堂教学得以实施的一个基本学习模式。

(2)合作模式——优势互补最优效果

人文课堂本着以人为本的教学理念，在人文课堂中，人与人的关系自然是和谐的关系。合作学习模式是人文课堂构建的一个重要特征。小组合作模式可以使学生的个性得到充分发展。让学生在一个集体中表达观点，与小组成员优势互补，同时小组成员在相互尊重的前提下合作完成一些任务，解决一些问题，这正是社会工作方式的缩影，可以逐步提升学生合作交流的能力。在这种学习模式中，让学生学会尊重、信任、合作、分享与决策，以达到最优效果。培养学生的合作交流精神是构建人文课堂的重要目标之一。

(3)体验模式——数学实验动态生成

体验式学习是基于数学实验的课堂学习模式，与传统数学教学的抽象性相比，它更加具体形象，让学生在实践中体会数学的趣味，形成动态的实践成果，从而发现数学规律。体验式学习模式可以化抽象为形象，化刻板的理论记忆为生动的实践行动。“没有实践就没有发言权”，实践与理论的结合可以激发学生的学习兴趣，提高学生的课堂参与度，增强学生的动手实践能力。

(4)对话模式——交流互动求同存异

对话式学习是传统课堂常用的模式，但是传统课堂的对话是教师提问，学生回答，或者是教师自问自答。对话模式既要继承传统教学的优点，又要发扬其自身丰富的内涵，可以采用师问生答、生问师答、生问生答等形式。这样的对话模式更强调师生的平等地位，遵循以学生为本的理念。对话式教学以问题串的提出和解决问题为基本形式来带动课堂教学，问题串既有预设的，也有即兴动态生成的。对话模式充分体现了人与人之间的平等地位，体现了和谐、开放的学习理念与学习氛围。同时，这种模式的最大特点是从疑问中解决问题，疑问会推动科学的发展，这种学习模式是科学进步的内在动力。在和谐的氛围中，通过对话，集思广益，求同存异，是提升人文精神的学习模式。

总之，构建人文课堂的“五环四式”模式是数学史融入数学教学的一次全新尝试，还需要在教学实践中不断地完善。在 HPM 视角下构建人文课堂的优点在于教学方式的多样化，可以针对不同的教学目标，设定相应的教学模式和学习模式，达到因势利导、因材施教的目的。通过动手实践的方式增强学生对数学知识的理解，培养学生用数学解决问题的关键能力。人文课堂教学注重学生学的过程和方法，改变以往只重视知识结论而忽略知识的来龙去脉的做法，在教学中把重心放在揭示知识形成的历程、暴露知识的思维过程上，让学生通过观察感知、抽象概括、分析应用等思维过程去发现真理、掌握规律，从而实现对数学知识的深度理解。

1.3 HPM视角下的数学单元教学设计

——以“数列”为例

大数学家庞加莱曾指出:“如果我们想要预见数学的将来,适当的途径是研究这门科学的历史与现状。”历史是人类最宝贵的精神财富,“以史为鉴,可以明得失”,以数学史为鉴,可以让你读懂数学。“历史相似性原理”指出,人的认知过程基本与数学发展历程一致,个体数学理解的发展顺序遵循数学的历史发展顺序,对数学历史发展顺序的梳理有助于凸显数学知识的关联性。而单元教学设计实质是以“关联性”思维为基点对教材内容进行分析、重组、整合从而形成相对独立的教学单元的过程。因此,以HPM视角探索单元教学设计中的“关联性”,可以充分体现单元教学设计整体性、层序性、生本性和创造性的特点。下面笔者就以“数列”为例,谈谈对此的认识。

一、核心概念溯源,厘清历史脉络

一方面,教材的知识体系是按照一定的逻辑结构和学习要求加以取舍而形成的,这样就必然舍弃了许多数学概念和方法形成的实际背景、知识背景、演化历程以及导致其演化的各种因素,因此,教材对数学概念的历史“关联性”的揭示存在先天的不足;另一方面,许多数学概念的原始生成过程随着时间的流逝已经“模糊不清”或随着数学的发展逐渐丧失了它原本的面貌,犹如“迷案”一样,后人根本无法搞清楚到底是怎么一回事。因此,基于HPM的数学单元教学设计的第一步就是进行概念“溯源”,所谓的“溯源”就是通过深入挖掘教材的背景知识、查阅相关历史文献,探索数学概念的来龙去脉,通过合理的想象与合情的推理,厘清其发展的历史脉络。对数学知识的“溯源”主要围绕以下三个方面进行。

(一)了解概念起源的背景

数学概念往往具有丰富的起源背景。一方面,可通过对影响数学发展的重要历史事件与数学家的解读来获得起源背景的第一手资料;另一方面,由于数学概念的起源往往时间跨度大、过程复杂，所以还需要对原始资料进行辨析与整合，在尊重历史事实的基础上使起源背景按照一定历史顺序得以呈现。“数列”相关知识点的历史背景分析见表1。

表1 “数列”相关知识点的历史背景分析

<table>
<tr><th>相关知识点</th><th>重要的历史事件与数学家</th><th>背景分析</th></tr>
<tr><td>数列的概念</td><td>①旧石器时代的计数方式
②古巴比伦泥版上的数字
③毕达哥拉斯学派的“形数”
④《九章算术》中的数列问题</td><td rowspan="3">数列的概念源于生活需求，其所承载的问题也基本是古代生活中所遇到的实际问题，后来经过数学家的抽象提炼，最终成为数学研究的重要对象。</td></tr>
<tr><td>等差数列</td><td>①印度吠陀梵文文献
②古埃及时期的纸草书
③莱茵德纸草书
④《九章算术》中的衰分章、均输章、盈不足问题。
⑤《张丘建算经》中的“织布”问题</td></tr>
<tr><td>等比数列</td><td>①苏美尔泥版的记载
②古巴比伦泥版的记载
③莱茵德纸草书上的“财产表”
④欧几里得的《几何原本》中对等比数列求和公式的推导
⑤17世纪英国数学家沃利斯首次解决了一般的等比数列求和问题</td></tr>
<tr><td>递推公式</td><td>①13世纪意大利数学家斐波那契所著《计算之书》中的兔子繁殖问题、棋盘问题、砝码问题都涉及递推思想
②古印度的“汉诺塔”游戏
③古代中国的“九连环”游戏</td><td>递推公式是在认识数列的过程中产生的一种新的研究视角。</td></tr>
</table>

对数学概念起源背景的梳理一方面回答了“为什么学”的问题，为单元教学的开展提供了历史依据；另一方面解决了“学什么”的问题，可以为单元教学设计提供大量的内容素材。

（二）记录概念演变的过程

在数学的发展历程中，数学概念也经历了从稚嫩到成熟、从简陋到完备的演变过程。数学概念的演变记录了人类认识数学、理解数学、完善数学的思考过程，对数学概念的演变路径的研究可以回答“怎么学”的问题，为单元教学的具体实施提供了值得借鉴的经验。“数列”这一概念的演变过程见图1。

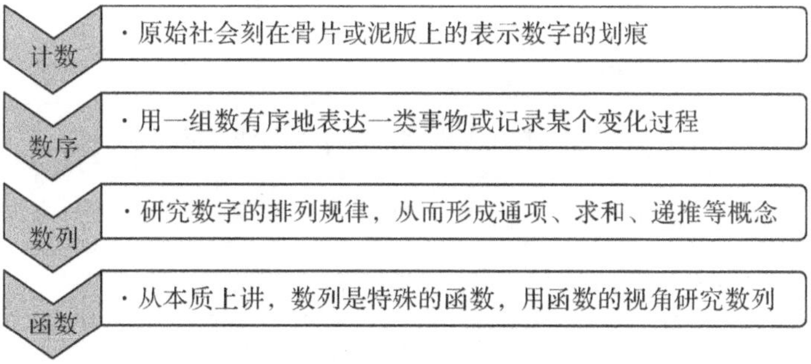

图 1　“数列”概念的演变过程

(三)挖掘概念承载的文化

数学概念所表达的不仅仅是抽象的符号与运算，其内部还承载着厚重的文化。对数学文化的“溯源”解决了“如何让学生学得好”的问题，有助于凸显“品味文化、弘扬文化”的 HPM 单元教学设计的主旋律。数列中的文化元素见图 2。

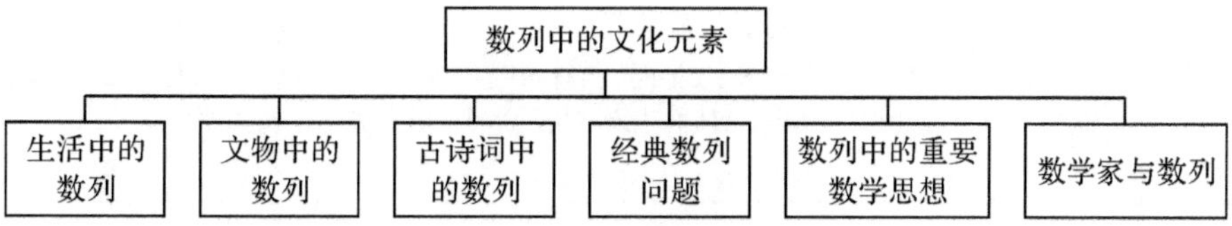

图 2　数列中的文化元素

二、重构单元内容，融入数学文化

HPM 视角下的单元教学设计的基本思路就是在系统了解知识的来龙去脉的基础上重构单元教学内容，使之按照历史演进的顺序呈现。当然，教学内容的甄选不应局限于教材，而是要从数学知识的系统性、整体性及其与文化的关系这些角度去展现数学发展的宏大场景。当然，单元内容的多少并没有严格的规定，需要根据教学目标、学生发展需求、教师用教材的水平、实践成效等因素进行综合考量。

(一)单元内容重构的主线

单元内容的重构并不是把教学内容碎片化地当作知识点进行简单的叠加，而是按照一定的主线有序地、模块式地进行组织。对于“数列”这一内容，可以遵循数学发展顺序、思想方法形成的脉络、文化功能的张扬三条主线来重构单元教学内容，如表 2 所示。

表 2 三条主线下的“数列”单元教学内容

主线	单元教学内容	特色与优点
数学发展顺序	①数列的起源：远古时代的计数、形数、数列与生活的关系、古代数列问题 ②数列的发展：古今等差数列和等比数列的通项及求和方法 ③数列的拓展：斐波那契数列、“汉诺塔”游戏、数列与函数	知识内容线性依次递进呈现，有助于学生掌握知识的来龙去脉。
思想方法形成的脉络	①数列中的归纳思想：古代经典数列、等差数列和等比数列通项及求和 ②数列中的函数思想：一次函数与等差数列、二次函数与等差数列求和、指数函数与等比数列 ③数列中的递推思想：斐波那契数列、棋盘问题、砝码问题、“汉诺塔”游戏	知识内容网状交织呈现，有助于学生从数学思想的视角构建知识之间的联系。
文化功能的张扬	①数列之奇：月相、斐波那契数列与螺线、富翁与陌生人的故事 ②数列之趣：约瑟夫问题、猫和老鼠问题、“汉诺塔”游戏、富翁与陌生人的故事 ③数列之美：斐波那契数列与螺线、月相 ④数列之用：数列与小行星的发现、富翁与陌生人的故事 ⑤数列之本：月相、约瑟夫问题、“汉诺塔”游戏、毕达哥拉斯的形数理论	立足文化教育功能视角，知识内容线性与网状混合呈现，有助于学生在感悟数学文化的过程中整体把握知识之间的逻辑关系。

(二)数学史融入教学的方式

确定好单元内容后，接下来就要把数学史融入具体的教学内容中，一般有附加式、复制式、顺应式和重构式四种融入方式，具体如表 3 所示。这四种方式并无优劣之分，需要结合教学目标与实际需求灵活选择。

表 3 数学史融入教学的四种方式

类别	描述	优点
附加式	展示有关的数学家图片，讲述逸闻趣事等	直接表述数学史实，不需要任何教学技巧
复制式	直接采用历史上的数学定义、解法等	让数学知识“师出有名”，有助于真实教学情境的创设
顺应式	根据历史材料编制数学问题	通过对历史素材的“再加工”，实现知识的“再生长”
重构式	借鉴或重构知识的发生发展历史	从学生的学习现实出发，对知识的发生发展历史进行重新设计，使学习成为一种“再创造”的过程

【附加式案例】数列概念的引入：古希腊有一个哲学流派叫“毕达哥拉斯学

派”,这个学派的基本信仰是“万物皆数”,就是说世界上的一切事物都可以用“数”来表示。数是自然界中非常重要的一类事物,而我们现在开始学习的数列正是研究数的规律的。

【复制式案例】等差数列概念的引入:今有金棰,长五尺。斩本一尺,重四斤。斩末一尺,重二斤。问次一尺各重几何?——《九章算术》

【顺应式案例】数学史料:毕达哥拉斯用一点(或一个小石子)代表1,两点(或两个小石子)代表2,三点(或三个小石子)代表3……毕达哥拉斯学派在世界数学史上首次建立了数和形之间的联系。

编制问题:将三角形数1,3,6,10,…记为数列$\{a_n\}$,将可被5整除的三角形数按从小到大的顺序组成一个新数列$\{b_n\}$,则b_{2020}是数列$\{a_n\}$中的第________项,$b_{2n}=$________。

【“重构式”案例】等比数列前n项和公式的推导

数学史料:莱茵德纸草书中记载了等比数列$7,7^2,7^3,7^4,7^5$的求和问题,并且给出了数列$7,7^2,\cdots,7^n$的前n项和满足递推公式$S_n=7(1+S_{n-1})$的结论。

过程重构:$S_n=7(1+S_{n-1})$暗含的递推思想正是“错位相减法”的历史源泉,但递推思想在当时是如何被“发现”的?还原这一发现过程是重构的重点,分析当时人们对数学的认知水平,他们有很大可能性是借助了“归纳推理”。因此,先从比较简单的特殊数列出发,比如$a_n=2^{n-1}$,$a_n=3^{n-1}$,$a_n=4^{n-1}$,利用归纳思想,通过猜想,分别获得其前n项和公式,进而得到一般等比数列的求和公式,再“逆推”求和公式得到递推关系,从而为“错位相减法”做好铺垫。

三、确定单元目标,分解教学任务

HPM视角下的单元教学目标不仅要体现整体性、统领性与层序性的特点,而且还要立足历史视角,凸显沟通历史与现实、沟通数学与人文的价值取向,即要让学生亲历数学发展的历史足迹,充分关注数学背后的人文精神,感受数学家的人格魅力,体会数学的文化价值。在确定目标时,先确定单元目标,再把单元目标依次分解,制定“章节”“课时”教学目标与任务,按照教学的编排顺序来分步实施,循序渐进,最后达成单元教学目标。比如,对于表2中以“数学发展顺序”为主线构建的“数列”单元教学内容,教学目标可以如表4这样编制。

表 4 “数列”单元教学目标

单元教学目标	借助丰富的历史史料、古代数列问题，经历数列产生、发展的过程，掌握等差、等比数列的通项及求和公式，感悟其中蕴藏的数学思想，品味数学文化与人文精神。
“数列的起源”教学目标	从远古时代的计数中感受数列产生的历史背景，从“形数”中抽象出数列的概念，通过经典古代数列问题体会数列是刻画现实世界的重要数学模型。
“数列的发展”教学目标	通过呈现古印度、古埃及以及古代中国对数列的研究成果，了解数列的发展历程，理解等差数列、等比数列的概念，从古代数学思想方法中获得求等差数列、等比数列通项及求和公式的灵感，发展数学抽象、直观想象、数学运算等核心素养。
“数列的拓展”教学目标	通过对斐波那契数列、“汉诺塔”游戏的思考与探索，体会数列中的递推思想，理解递推公式的概念及作用；通过具体的实例构建数列与函数之间的联系，体会数列是一种特殊的函数，能够从函数的视角研究数列。

单元教学目标确定好后，就可以根据目标来设计每一个课时的教学流程，有关 HPM 的教学设计已有很多成功的范例，在此不再赘述。

HPM 视角下的数学单元教学设计体现了“古为今用，古今结合”的设计理念，是数学单元教学设计的重要方向。数学史料的整理是一项庞大的工程，把大量的数学史料有序地组织起来形成单元内容，这不仅需要教师个人具备高水平的专业素养，更需要教师之间亲密合作，共享教育智慧。

1.4 文化视角下的微专题问题链设计

——以“向量中神奇的三点共线”一课为例

微专题教学是以某个知识点或数学思想方法为中心，退到该知识“最原始”的概念、定义处学习，再通过一条清晰主线串起这些问题，循序渐进，逐步深入需要解决的问题的教学。微专题教学的特征是切口微、挖掘深，注重知识的系统性和知识之间的联系，需要将各种零散的知识进行梳理和重组。那么，用什么方式可以将这些零散的知识自然地衔接起来，并让学生喜闻乐见？徐利治教授给出了答案：教师要从文化的角度和高度，引导学生亲近数学、理解数学、赏玩数学，领略数学的魅力。数学微专题教学的对象是人，数学文化形成的主体也是人，二者本身就很合拍；同时，人类最早对数学知识的认识就是“碎片化”的，在经过长时间的积淀后，才慢慢形成了一套套完整的知识体系，因此，通过再现人类发现数学知识的过程，可以自然地将这些“碎片化”的知识串联起来；再者，通过数学思想、数学精神以及数学之美等文化元素的全方位渗透，可以促进学生对所学内容的深度理解，而这正是微专题教学所期望达到的目标。本文以笔者在浙江省“基于学科核心素养的高中数学课堂构建与展示”活动中开设的一节微专题研讨课“向量中神奇的三点共线”为例，分享一下文化视角下的微专题问题链设计的些许尝试。

一、教学过程解析

（一）课堂引入，厘清数学发展脉络

问题 1

师：大家知道证明三点共线有哪些方法吗？

生 1：可以运用平角的定义来证明。

师：很好，生 1 用了平面几何方法进行证明。证明三点共线从本质上看是个纯几何问题，因此用平面几何知识进行证明是非常直接的。当然，用平面几何知识证明三点共线的方法有很多，比如古希腊数学家梅涅劳斯的著作《球面

学》中给出的梅涅劳斯定理，以及古希腊数学家帕普斯发现的帕普斯定理等，都可以证明三点共线。那除了平面几何方法之外，还有其他途径来证明三点共线吗？

生 2：建立坐标系。

师：建立坐标系就是将几何问题进行代数化，那大家知道最早使用坐标系的是谁吗？

生（众）：笛卡尔。

师：对，法国的大数学家笛卡尔创立了解析几何，开创了用代数方法解决几何问题的先河，因此他被誉为“近代科学的始祖”。人类最早是用纯几何方法研究几何问题的，后来发明了坐标系，就可以用代数方法研究几何问题了。再往后，人们又发现，在几何与代数之间还存在着一个中间地带，这个中间地带就是向量。欧拉最早从形的角度来研究向量，而哈密顿则从代数的角度来表示向量，这使得向量同时具有几何和代数的双重属性，因此用向量方法研究几何问题，也有其得天独厚的优势。

师：大家知道什么是欧拉线吗？

课堂活动：教师播放课前录制的“欧拉线”微课（部分截图如图 1），介绍欧拉线发现的曲折历史，说明欧拉线上任意三角形的外心 O、重心 G、垂心 H 三点共线，且 $2OG=GH$，并给出历史上各种烦琐的证明过程，最后再展示向量法简洁的证明过程，从而凸显向量法的先进性。

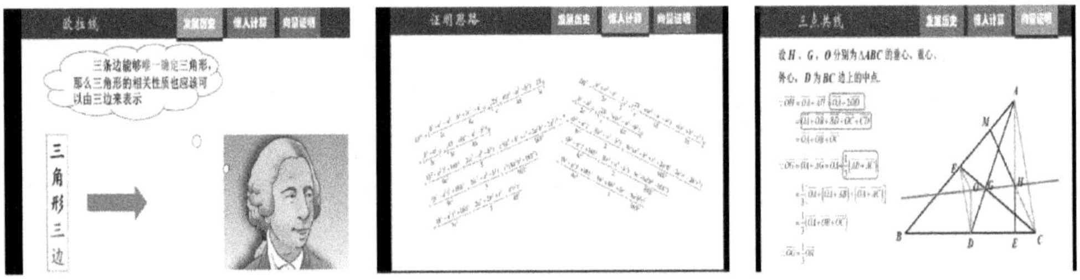

图 1

师：我们刚刚利用向量法轻松地证明了欧拉线中的三点共线定理，我们不得不惊叹向量方法之简洁与神奇，今天就让我们一起来研究一下向量中这“神奇的三点共线”！

设计意图：美国著名数学教育家 M. 克莱因认为，知识是一个整体，数学是这个整体的一部分。每一个时代的数学都是这个时代广阔的文化背景的一部分。因此，数学微专题的教学要依托数学文化的大背景，从整体视角展开。本教学环节中，教师通过问题1的设置，让课堂重现人类几何研究史上三个重要的里程碑：平面几何、解析几何、向量。课堂以数学史为载体，通过相关历史背景和历史上的关键事件、关键人物的介绍，将几种看似孤立的数学方法和谐地镶嵌在数学发展史这个生动的大舞台中。这样的设计不但开阔了学生的视野，还帮助他们在脑海中构建了清晰的数学知识发展脉络。

（二）新知探究，渗透数学多样美感

问题2

师：如图2，在$\triangle ABC$中，若P为线段BC的三等分点（靠近点B），请以$\overrightarrow{AB}$，$\overrightarrow{AC}$为一组基底，来表示向量$\overrightarrow{AP}$。

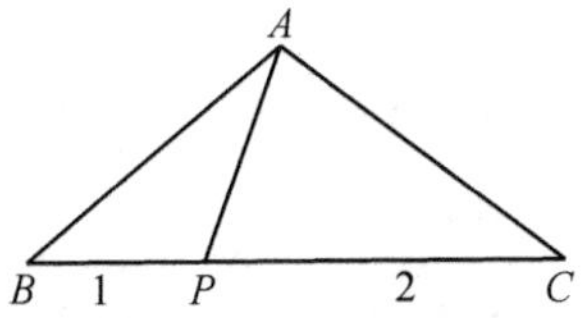

图2

生3：$\overrightarrow{AP}=\frac{2}{3}\overrightarrow{AB}+\frac{1}{3}\overrightarrow{AC}$。

师：你能证明吗？

生3：过点P作AB，AC的平行线，分别交AB，AC于M，N两点，根据平行四边形法则，显然有$\overrightarrow{AP}=\overrightarrow{AM}+\overrightarrow{AN}=\frac{2}{3}\overrightarrow{AB}+\frac{1}{3}\overrightarrow{AC}$。

生4：$\overrightarrow{BP}=\frac{1}{3}\overrightarrow{BC}\Rightarrow\overrightarrow{AP}-\overrightarrow{AB}=\frac{1}{3}(\overrightarrow{AC}-\overrightarrow{AB})\Rightarrow\overrightarrow{AP}=\frac{2}{3}\overrightarrow{AB}+\frac{1}{3}\overrightarrow{AC}$。

师：两位同学回答得都很好，那大家有没有发现基底$\overrightarrow{AB}$，$\overrightarrow{AC}$前的系数有何关系？

生（众）：它们的和为1。

师：下面我们来做一下推广。

问题3

师：如图3，在$\triangle ABC$中，若P为线段BC上的点，且满足$\frac{BP}{PC}=\frac{m}{n}$，请以

$\overrightarrow{AB}$,$\overrightarrow{AC}$ 为一组基底,来表示向量 $\overrightarrow{AP}$。

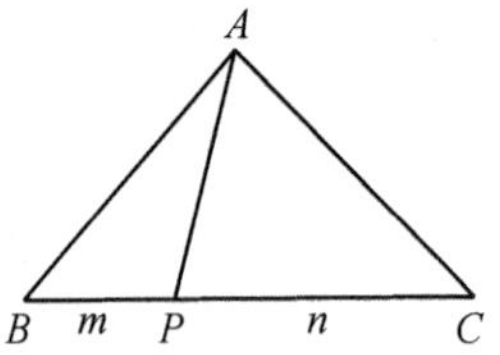

图 3

生 5: $\overrightarrow{AP}=\dfrac{n}{m+n}\overrightarrow{AB}+\dfrac{m}{m+n}\overrightarrow{AC}$。

师:我们发现基底 $\overrightarrow{AB}$,$\overrightarrow{AC}$ 前的系数之和……

生(众):仍旧为 1。

师:不妨令 $\lambda=\dfrac{n}{m+n}$,$\mu=\dfrac{m}{m+n}$,你发现了什么结论?

师生共同探究并证明了如下定理。

共线定理:如果两个向量 $\overrightarrow{AB}$,$\overrightarrow{AC}$ 不共线,且向量 $\overrightarrow{AP}=\lambda\overrightarrow{AB}+\mu\overrightarrow{AC}$,则 P,B,C 三点共线的等价条件是 $\lambda+u=1$。

师:此定理中,"P,B,C 三点共线"是从形的角度来描述,而"$\lambda+\mu=1$"则是从数的角度来刻画,可见数形之间多么和谐!

问题 4

师:如图 4,已知 $\overrightarrow{AP}=\lambda\overrightarrow{AB}+\mu\overrightarrow{AC}$,且 $\lambda+\mu=1$,你能解释 λ,μ 的几何意义吗?

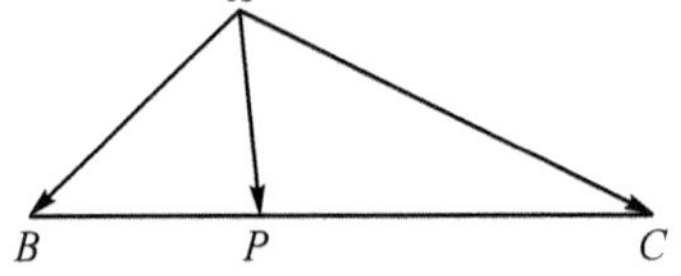

图 4

生 6:根据刚才得到的结论,$\overrightarrow{CP}=\lambda\overrightarrow{CB}$,$\lambda$ 的几何意义是线段 CP,CB 的长度之比。

师:很好,如果观察 $\triangle APC$ 和 $\triangle ABC$ 的面积,还能发现什么?

生 7: $\lambda=\dfrac{S_{\triangle APC}}{S_{\triangle ABC}}$。

师:同理,$\overrightarrow{BP}=\mu\overrightarrow{BC}$,则……

生(众)：$\mu = \dfrac{S_{\triangle ABP}}{S_{\triangle ABC}}$。

问题 5

师：如果点 P 在线段 BC 外呢？如图 5，刚才得到的 λ, μ 的几何意义还正确么？

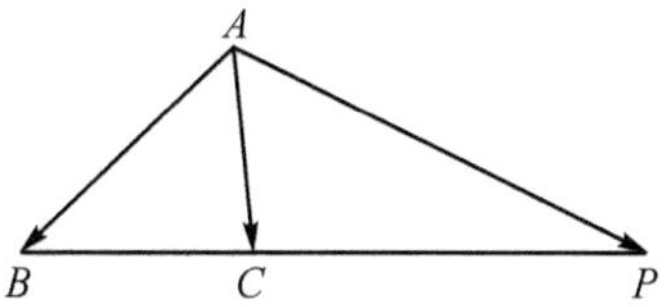

图 5

生 8：不正确，当点 P 在 BC 的延长线上时，由 $\overrightarrow{CP} = \lambda \overrightarrow{CB}$ 知 λ 为负数，但三角形的面积比不可能是负数。

师：那你如何改进？

生 8：加绝对值。

师：加绝对值会掩盖 λ 为负数的特性，我们不妨创新一下，引进有向面积的概念，规定顶点 A, B, C 按逆时针方向排列的三角形面积为正，按顺时针方向排列的三角形面积为负。为了和普通的三角形面积 $S_{\triangle ABC}$ 进行区分，我们再规定有向面积的写法为 $\overline{S}_{\triangle ABC}$。那么大家能据此完善 λ, μ 的几何意义吗？

生(众)：$\lambda = \dfrac{\overline{S}_{\triangle APC}}{\overline{S}_{\triangle ABC}}, \mu = \dfrac{\overline{S}_{\triangle ABP}}{\overline{S}_{\triangle ABC}}$。

问题 6

师：已知 $\overrightarrow{AP} = \lambda \overrightarrow{AB} + \mu \overrightarrow{AC}$，且 $\lambda + \mu = 1$。

(1)若点 P 在线段 BC 上，你能发现 λ, μ 的取值范围吗？

生 9：$\lambda = \dfrac{\overline{S}_{\triangle APC}}{\overline{S}_{\triangle ABC}}$，根据几何意义，易得 $\lambda \in [0,1]$，同理 $\mu \in [0,1]$。

师：(2)如图 6，若点 P 在线段 BC 的延长线上，你能发现 λ, μ 的取值范围吗？

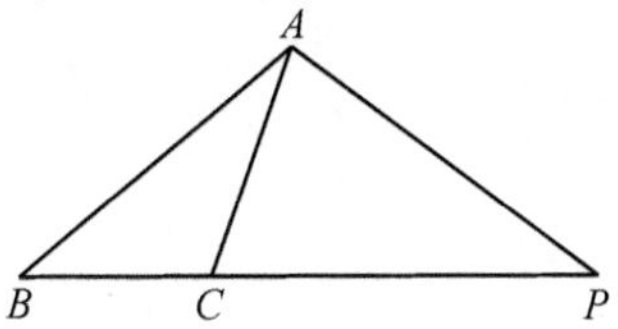

图 6

课堂活动：此处教师让学生展开小组讨论，并利用几何画板进行动态的验证。

生10：$\lambda=\frac{\overline{S}_{\triangle APC}}{\overline{S}_{\triangle ABC}}$，根据几何意义，易得 $\lambda\in(-\infty,0)$，同理，由 $\mu=\frac{\overline{S}_{\triangle ABP}}{\overline{S}_{\triangle ABC}}$，得 $\mu\in(1,+\infty)$。

师：(3)若点 P 在线段 CB 的延长线上，你能发现 λ,μ 的取值范围吗？

生(众)：同上可得，$\lambda\in(1,+\infty)$，$\mu\in(-\infty,0)$。

设计意图：早在两千多年前，数学家毕达哥拉斯就极度推崇数学的美，认为宇宙是数的和谐体系；著名数学评论家普洛克拉斯指出"哪里有数，哪里就有美"；英国数理逻辑家罗素指出"数学不但拥有真理，还拥有至高的美"。数学中的美是千姿百态的，但它却有些娇羞，喜欢隐藏在抽象的定理中，隐身于冰冷的公式内，隐含在思维的火花里。教师应当在课堂上努力引导学生去发现这些数学的美。在本教学环节中，教师带领学生体会了共线定理"P,B,C 三点共线$\Leftrightarrow\lambda+u=1$"中形与数的和谐美；在探究定理中字母 λ 的几何意义时，带领学生欣赏了公式 $\lambda=\frac{S_{\triangle APC}}{S_{\triangle ABC}}$ 的直观美；在完善与剖析公式的过程中，让学生感悟了公式 $\lambda=\frac{\overline{S}_{\triangle APC}}{\overline{S}_{\triangle ABC}}$ 的统一美。

(三)例题设计，彰显数学理性精神

例1　如图7，设 P 为 $\triangle ABC$ 内一点，且 $\overrightarrow{AP}=\frac{2}{5}\overrightarrow{AB}+\frac{1}{5}\overrightarrow{AC}$，则 $\triangle ABP$ 与 $\triangle ABC$ 的面积之比等于(　　)。

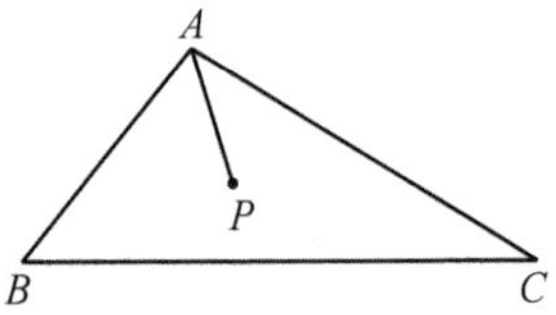

图7

A. $\frac{1}{5}$　　B. $\frac{2}{5}$　　C. $\frac{1}{4}$　　D. $\frac{1}{3}$

生11(解法1)：

因为 $\overrightarrow{AP}=\frac{2}{5}\overrightarrow{AB}+\frac{1}{5}\overrightarrow{AC}$，

所以 $\overrightarrow{AP}=\frac{4}{5}\times\left(\frac{1}{2}\overrightarrow{AB}\right)+\frac{1}{5}\overrightarrow{AC}$。

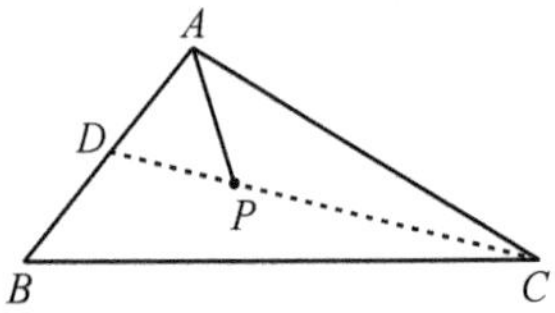

图8

如图 8，取 AB 的中点 D，则有 $\overrightarrow{AP}=\frac{4}{5}\overrightarrow{AD}+\frac{1}{5}\overrightarrow{AC}$，

所以 $S_{\triangle ABP}:S_{\triangle ABC}=|PD|:|CD|=1:5$，选 A。

生 12(解法 2)：如图 9，$\overrightarrow{AP}=\frac{2}{5}\overrightarrow{AB}+\frac{3}{5}\overrightarrow{AD}$，

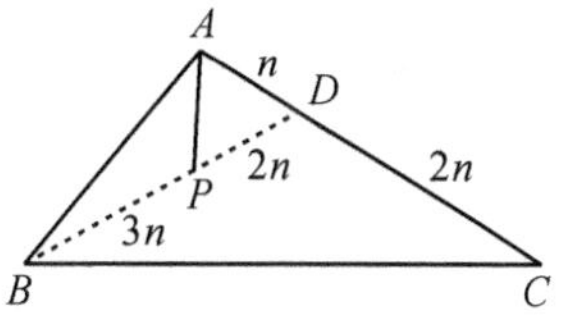

图 9

由图 9 知 $S_{\triangle ABP}=\frac{3}{5}S_{\triangle ABD}=\frac{3}{5}\times\frac{1}{3}S_{\triangle ABC}=\frac{1}{5}S_{\triangle ABC}$，选 A。

例 2 如图 10，$AM/\!/BC$，点 P 在由射线 AM、线段 AC、BC 的延长线围成的区域内(不含边界)，且 $\overrightarrow{AP}=x\overrightarrow{AB}+y\overrightarrow{AC}$，则实数对 (x,y) 可以是( )。

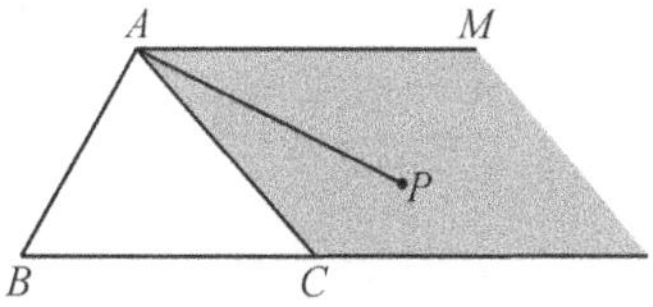

图 10

A. $\left(\frac{1}{4},-\frac{3}{4}\right)$ B. $\left(-\frac{2}{3},\frac{2}{3}\right)$ C. $\left(-\frac{1}{4},\frac{3}{4}\right)$ D. $\left(-\frac{1}{5},\frac{7}{5}\right)$

生 13：延长 AP，交 BC 的延长线于点 P'，设 $\overrightarrow{AP'}=\lambda\overrightarrow{AP}=\lambda x\overrightarrow{AB}+\lambda y\overrightarrow{AC}$，

由三点共线知，$\lambda x+\lambda y=1$，则 $x+y=\frac{1}{\lambda}\in(0,1)$，

又由图形知 $\lambda x<0,\lambda y>0$，则 $x<0,y>0$，因此只能选 C。

师(追问)：若 $x=-\frac{1}{2}$，大家能求得 y 的取值范围吗？

生 14：因为 $0<x+y<1$，所以 $\frac{1}{2}<y<\frac{3}{2}$。

设计意图：数学理性精神是数学教育的核心一环，从某种程度上说，数学发展史就是一部数学理性精神的发展史，数学在形成人的理性思维、科学精神和促进个人智力发展的过程中发挥着不可替代的作用。本教学环节中，第一道例题的突破口是对系数实行“凑 1”，两位同学通过不同的途径进行“凑 1”，可谓殊途同归，这是从数的角度寻求思路；第二道例题则通过延长 $\overrightarrow{AP}$ 来寻找三点共线，这是从形的角度进行分析。两道例题相辅相成，从数和形两个不同的角度培养了学生的理性思维。

(四)课堂小结，提升数学思维层级

师：你能总结一下今天学习了哪些内容，其中渗透了哪些数学思想吗？

生 15：今天学习了平面向量中的共线定理，并且研究了定理中 λ,μ 的几何意义，以及它们的取值范围。其中渗透了等价转化、数形结合、特殊与一般等数学思想。

师：在这课堂中，我们还经历了数据分析、直观想象，请大家细细体会。

随后，教师呈现课堂小结，如图 11。

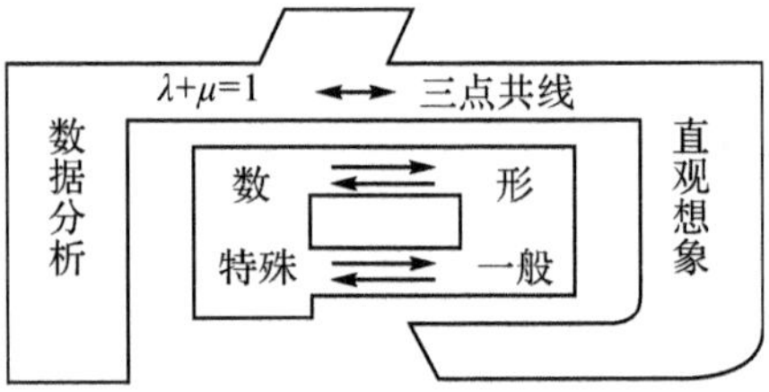

图 11

师：同学们能将今天学习的二维共线定理类比到空间三维的情形吗？请在课后进行探究。

设计意图：在微专题教学中，教师可以通过恰当的问题链设计，引导学生进行深度思考，从而提升学生的思维层级。在本教学环节中，先引导学生进行自我梳理，培养他们善于反思的习惯，而教师提纲挈领的总结，打开了学生的思路，让学生的思维得以升华。课堂小结以向量的"向"字为载体，将数学知识、数学思想、数学核心素养融于一体，可谓画龙点睛。最后将定理从二维升级到三维，让知识体系更加完整。这种注重整体教学的问题设计，在无形中提升了学生的思维层级。

1.5　直角坐标系:源于定位高于定位

2003年岁末,数学大师陈省身亲自构思、设计了一套主题为“数学之美”的挂历。他通过奇妙的设计使深奥的数学走进人们的日常生活,用通俗的形式展示数学的美妙。挂历的第一个月,他画了一幅平面直角坐标系的图和一幅集空间直角坐标系、直线、球、平面等图形于一体的图,如图1。这充分说明,直角坐标系在陈先生的心里有着重要地位和值得欣赏的“数学之美”。

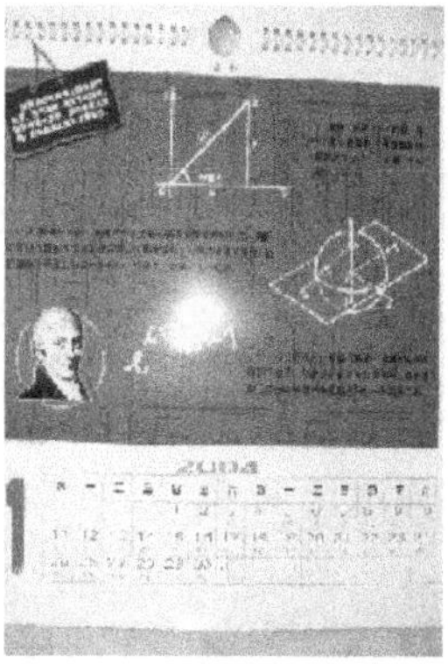

图1

本文试图梳理数形结合的思想方法,揭示直角坐标系背后的人文情景,彰显数学的智慧结晶。

一、平面直角坐标系和位置的确定

坐标系的思想与“确定位置”有关,但是远高于位置的确定。即使是平面直角坐标系的第一节课,我们也可以帮助学生发现、感受、体验和欣赏直角坐标系的数学价值,而区别于地理学的“定位”。

地图是地理学中最具定位功能的内容。西晋地图学家裴秀(224—271)编制的《禹贡地域图》中,讲述了绘制地图的六项基本准则,谓之“制图六体”。其意义在于说明绘制地图必须制定比例尺,测出地物的方向,并求得各地物间的水平直线距离,类似于今天的极坐标定位。但是,这只是在思想上和数学中的坐标系有所联系,并非坐标系的来源。

首先建立坐标系的是法国数学家笛卡尔(1596—1650)。民间有许多关于此事的传说,最出名的一个传说是笛卡尔把蜘蛛看作一个点,如果将屋子里相邻的两面墙与地面相交形成的三条线作为三根坐标轴,那么蜘蛛的位置,可以用这三根坐标轴上的有顺序的三个数来表示。反过来,任意给一组三个有顺序的数,例如(3,2,1),也可以表示空间中的一个点P。同样,用一组数(a,b)可以表示平面上的一个点,平面上的一个点也可以用一组两个有顺序的数来表示。

这一传说,正如瓦特看到蒸汽冲起开水壶盖发明了蒸汽机;牛顿看到苹果落地发现了万有引力;门捷列夫在一次睡觉做梦时发现了元素周期律。它们都试图说明,科学灵感来自一些普通的日常现象,从而创造了科学奇迹。

但是传说毕竟是传说,并非确凿的史实。

还有一个传说:笛卡尔受到了经纬度的启发,地理上的经纬度是以赤道和本初子午线为标准的,这两条线从局部上可以看成平面内互相垂直的两条直线,所以笛卡尔的方法就是在平面内画两条原点重合、互相垂直且具有相同单位长度的数轴,建立平面直角坐标系,从而解决了用一对实数表示平面内点的位置的问题。但是,以上传说并没有史料证实。从历史上看,坐标系并不是从地理学发源的。

有正式文字记载的"坐标系",最早见于笛卡尔的著作《几何学》的附录。因为求解古希腊的帕普斯问题,笛卡尔建立了斜坐标系,并用二次方程描述了一条几何曲线。另外,有意思的是笛卡尔的情书,只有冷冰冰的一个公式:$\rho = a(1 - \sin\theta)$。在平面直角坐标系中把它画出来,居然是一个漂亮的心形,如图 2。在三维空间中,$\rho = a(1 - \sin\theta)$ 的图象是更加漂亮和火热的立体心形,如图 3。

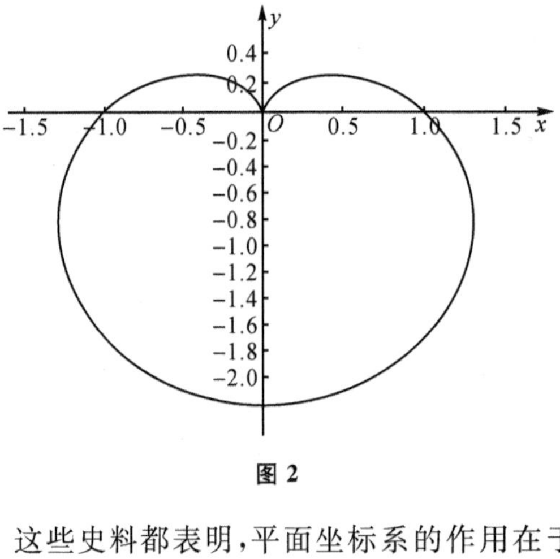

图 2

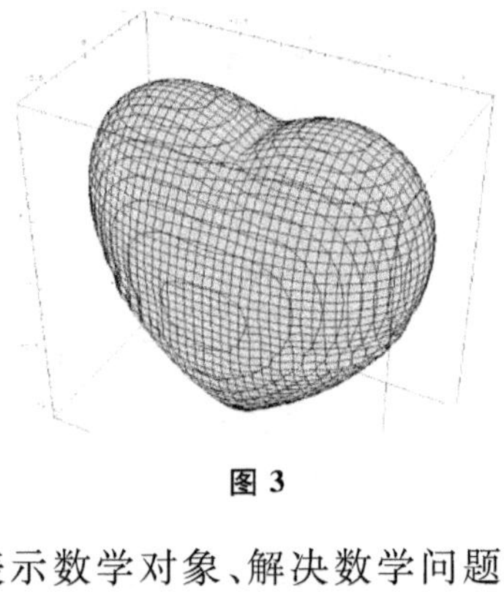

图 3

这些史料都表明,平面坐标系的作用在于表示数学对象、解决数学问题,远远不限于确定位置。

二、关注建立平面坐标系的数学本质

近年来,平面直角坐标系的引进,成为数学公开课的热门课题。

新的九年义务教育数学课程标准中,在小学就引入了平面直角坐标系,不过只有第一象限,也只有自然数坐标。大量的教学设计,都把"用一对数确定平面内一点的位置"作为教学重点,还常常让学生站成几排,用"第几排第几个”这样的一对有序的自然数来表示位置，一时好不热闹。其实，这些都是生活常识，不教也会。就像打电话，用不着一本正经地在课堂上教，学生自己看看就会了。

在小学数学中引入坐标系，学习的重点和难点是坐标系的建立，尤其是坐标原点的设置。许多教案从电影院找座位引入，当然可以，问题在于电影院排座位的坐标原点在哪里？1排1座是原点吗？实际上，电影院用单双号方法排座位，就无法设置原点，也构不成数学意义上的坐标轴。

如果把教室中的座位看成符合坐标系要求的座位图，那么我们的任务就是要问：老师的讲台是第几排？这就让学生想到0排。然后再引导学生设置0排0座，即原点。原点是所有坐标的参照物，是基础，是学习的核心。

令人不解的是，许多初中数学的坐标系教学设计，仍然谈“东大街与西马路的交界处”之类的问题，不厌其烦地举例，停留在小学阶段“确定位置”的水平上。

其实，同样用教室座位构成的座位图，只要把原点定在任何一个同学的座位上，以横向的一排为 x 轴、纵向的一列为 y 轴，就构成一个具有四个象限的直角坐标系。选择不同同学的座位作为原点，就产生了坐标变换。正负数在这里的作用就充分显示出来了。这是初中坐标系教学的一个关键点。

请看上海市长宁区一位教师的做法：先把教室的课桌椅并拢，以某同学为原点，将两条绑有箭头的塑料绳相互垂直摆放形成坐标轴，于是每个同学都有了坐标(尽管坐标都是整数)，这就完成了“用一对数确定位置”的地理学任务。然后，教师分别请“两个坐标都是负数(第三象限)的同学”“两个坐标都相同(在直线 $y=x$ 上)的同学”“第一个坐标为0(在 y 轴上)的同学”站起来。这让人震撼，也体现了坐标的真正价值。另外，坐标原点是可以选择的。换一个同学做原点，人没有动，坐标变了，但是两人之间的距离还是一样的。

这样“玩坐标”，用坐标表示“数学对象”，才是坐标系的数学价值所在。总之，欣赏坐标系的价值，可以源于“定位”，但一定要高于“定位”，这在第一课时就应该而且也可以做到。

三、坐标系确定位置一例

地理学的定位用极坐标系。如果用平面直角坐标系来定位，可以以曹操墓的位置为例来说明。1998年4月，徐玉超在一个砖厂挖土时发现了一块石碑，没想到他挖出的这块石碑(即鲁潜石碑),为发现曹操墓提供了重要的具体方位。据鲁潜墓志记载,(鲁潜)墓在高决桥陌西行一千四百步,南下去陌一百七十步,故魏武帝陵西北角西行四十三步,北回至墓明堂二百五十步。鲁潜墓志是曹操墓在河南省安阳县安丰乡西高穴村的有力佐证之一。

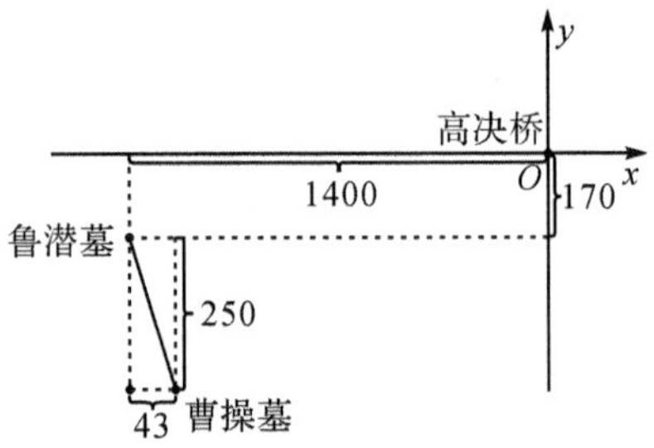

图 4

从坐标系角度来分析,如图 4,首先要确定以高决桥为坐标原点 O,由西至东方向为 x 轴,由南至北方向为 y 轴,建立平面直角坐标系。坐标系的单位长度是一步之长。那么曹操墓的坐标为第三象限点(－1357,－420)。

四、直角坐标系是连接“数”和“形”的桥梁

代数、几何这两门学科一旦结合成伴侣,它们就互相吸取新鲜的活力,以快速的步伐走向完善。正如华罗庚所言:“数形结合百般好,隔离分家万事休。”也就是说,平面直角坐标系是联通数与形的桥梁。数学中的坐标系的价值,在于能借助点的坐标进行数学运算、研究几何性质。打个形象的比方:平面几何上的点,是赤裸裸的原始人;加上平面直角坐标系之后,点成为“一对数”,而数是可以运算的,这就好比穿上得体的衣服成为文明人了;各个点都在同一个坐标系内,可以互相参照,彼此联系,犹如一个社会。

笛卡尔在《方法论》中尖锐地批判了经院哲学,特别是被奉为教条的亚里士多德的“三段论”法则,认为三段论法则“只是在交流已经知道的事情时才有用,却不能帮助我们发现未知的事情”。他认为“古人的几何学”所思考的只限于形,而近代的代数学则“太受法则和公式的束缚”,因此他主张“采取几何学和代数学中一切最好的东西,互相取长补短”。这种怀疑传统与权威、大胆思索创新的精神,反映了文艺复兴时期的时代特征。他的计划是:

任何问题→数学问题→代数问题→方程求解。

这才是平面直角坐标系教学的核心所在。无论从认知的要求还是从情感的培育来看,我们都不宜停留在“用经纬度确定位置”的“地理学”的范围,必须延伸到数学本质,即了解“用可以计算的代数方法表示几何图形”的主旨。

五、平面直角坐标系定位三重境界

剖析坐标系的应用，有三个境界。单纯用坐标系确定位置，如上文描述中确定曹操墓的位置，乃是第一境界。

沈康身教授的《历史数学名题赏析》一书中，用解析法证明了蝴蝶定理，其过程是：

建立直角坐标系，设点的坐标（定位）

⇒求出直线的方程（曲线与方程统一）

⇒由方程解释曲线上两点确定的线段的长度，得到线段相等（又回到定位）。

这是一种升华了的定位，体现了坐标系数形结合的本质，乃是第二境界。

进一步，完全使用数学方法，“计算出”海王星的位置，并得到天文观察的证实。这种确定物体位置的方法，只是借用了坐标系的框架，使更多的数学工具得以运用。这是第三境界。

国学大师王国维在《人间词话》中阐述了人生三大境界，后人归之为“知、行、得”三境界。坐标系应用的真正价值恰如又一个三境界。坐标系价值之“知”：所有的点与有序实数对相对应（即定位）；坐标系价值之“行”：让点动起来成为曲线，则数满足某个方程，曲线与方程统一；坐标系价值之“得”：用方程解释曲线的性质，进行实践应用。有专注的精神，反复追寻、研究，下足功夫，自然会豁然贯通、有所创新、有所发现。直角坐标系的坐标应用价值也如此，从定位中来，再回到定位中去。如果我们有“坐标系源于定位且高于定位”的理念，那么就有可能达到“众里寻他千百度，蓦然回首，那人却在灯火阑珊处”的境界了。

【张奠宙点评】我国早年的中学数学课程，以方程为纲。平面直角坐标系内容，只出现于高中的解析几何中，目的是借以描绘方程所定义的曲线以及几何轨迹所满足的方程，例如刻画直线、圆、二次曲线、心脏线、蚌线、蔓叶线等，相当复杂。20世纪50年代学习苏联以后，数学课程以函数为纲，坐标系成为表示函数图象的基础框架，数形结合则成为最重要的数学思想方法。这样一来，坐标系进入了初中数学课程。随着新课改的推进，小学数学中也出现了只有自然数坐标的方格坐标系，数形结合思想进一步向低年级渗透。

本文主要说明坐标系的作用不限于“确定位置”，其本质在于表示数学对象，为研究函数服务。正如作者所说，坐标系是展示各种函数优美“身材”（图象）的

“T台”。文中关于曹操墓位置确定的事例，说明坐标系可以用来描述和确定物体的几何位置，但是不能反过来认为坐标系是从地理学发展而来的，教学上不可停留于此，以至丧失教学目标。

数学中坐标系的信息要点在于：如何选取原点？为什么要有负坐标？象限的价值何在？如何表示函数图象？怎样描述几何曲线？这些内涵远远高于“确定位置”的要求。如果把地理学中的定位等同于坐标思想，无异于数学“自杀”。

平面直角坐标系之美，一是图形之美，展现函数图象和几何曲线；二是数形互化之美，当从“对边比斜边”出发得到正弦函数，展现出和谐的波动图象时，才会理解三角函数的美感；三是问题解决之美，当面对方程一筹莫展之时，借助“数形结合”的隧道，才能在尽头处看到前方“形”的光明，豁然开朗，心旷神怡。

数学欣赏，重在探索，贵在意境，不可浅尝辄止。迷恋于浅薄的游戏，停留在日常生活，不该是我们改革的方向。

1.6 诗歌渗透数学教学的尝试

数学与诗有密切的关联。著名作家王蒙指出:“最高的数学和最高的诗一样,都充满了想象,充满了智慧,充满了创造,充满了章法,充满了和谐,也充满了挑战。诗和数学又都充满灵感,充满激情,充满人类的精神力量。那些从诗中体验到数学的诗人是好诗人,那些从数学中体会到诗意的人是好数学家。”

文理兼治,学生不会自发进行,需要教师的引导、点拨和熏陶。中学教学中,提高学生欣赏诗歌的能力,激发其兴趣,不仅是语文老师的任务,数学老师也要关注。诗歌中有数学,数学中有诗歌。把诗歌中的数学意境呈现出来,使学生产生共鸣,能帮助学生感受、体验和欣赏数学冰冷公式后面的美丽。以下是我们将诗歌渗透到数学教学中的探索和尝试。

一、拿诗歌包装数学问题,增强趣味

将数字写入诗中,常常提到的是:

一去二三里,烟村四五家。

亭台六七座,八九十支花。

把十个数字嵌进诗里,读来琅琅上口,情境历历在目。这很有趣,但和数学概念无关,仅是游戏而已。

苏教版数学教材必修 1 是这样开篇的:蓝蓝的天空中,一群鸟在欢快地飞翔;茫茫的草原上,一群羊在悠闲地走动;清清的湖水里,一群鱼在自由地游泳……鸟群、羊群、鱼群等都是“同一类对象汇集在一起”。这就是本章将要学习的集合。

从天空到大地再到湖水,一首格调清新的小诗描述了集合的概念。这样描述,增加了文学趣味,可是仍然没有触及数学内涵。

印度学者婆什迦罗的著作中,有这样一首数学诗:

素馨花开香扑鼻,诱得蜜蜂来采蜜。

熙熙攘攘不知数,一群飞入花丛里。

试问此群数有几? 且把条件来分析:

全体之半平方根，另有两只在一起；

总数的九分之八，徘徊在外做游戏。

设这群蜜蜂共 x 只，根据题意列出方程：

$$\sqrt{\frac{x}{2}}+2+\frac{8}{9}x=x,$$

解之得 $x=72$（只），于是可知这群蜜蜂共 72 只。

还有一首写荷花的数学诗：

平平湖水清可鉴，石上半尺生红莲；

出泥不染亭亭立，忽被吹到清水面。

渔人观看忙向前，花离原位二尺远；

能算诸君请解题，湖水如何知深浅？

设水深为 x 尺，根据题意有方程：

$$x^2+2^2=\left(x+\frac{1}{2}\right)^2,$$

解之得 $x=\frac{15}{4}$（尺），因此水深为 $\frac{15}{4}$ 尺。

数字诗、古诗题及创设情境的诗歌，可以增加些趣味性，不过，这样的联系并不能增进学生对数学的理解，还是比较低端的联系。本文的以下部分，希望将数学与诗歌的联系做得深入一些。

二、借诗歌构建数学模型，虚实呼应

耳熟能详的诗句和数学模型看起来毫不相干，但用数学的眼光去欣赏诗词的精美，使数学的"实"和诗歌的"虚"在意境上相连，则别有一番情趣。

先来看王之涣在《登鹳雀楼》中脍炙人口的诗句：

白日依山尽，黄河入海流。

欲穷千里目，更上一层楼。

我们可以请学生从数学角度来分析："想要看到千里远，到底需登几层楼？"这一直线与圆的相切问题，可以利用勾股定理来构造数学模型。

我们把地球近似看成球体，如图 1，已知地球半径 $R=OA=6370\text{km}$。PA 为视线，因为相切，所以 $OA\perp PA$。$PA=1000$ 里 $=500\text{km}$。设楼总高 x km，在 $\text{Rt}\triangle AOP$ 中，由勾股定理得：

$(x+6370)^2=6370^2+500^2$，

解之得 $x\approx19.593$。如果每层楼高按 3.3m 计算，则 $19593\div3.3\approx5937$（层），所以"欲穷千里目，更上 5937 层楼"才行啊！

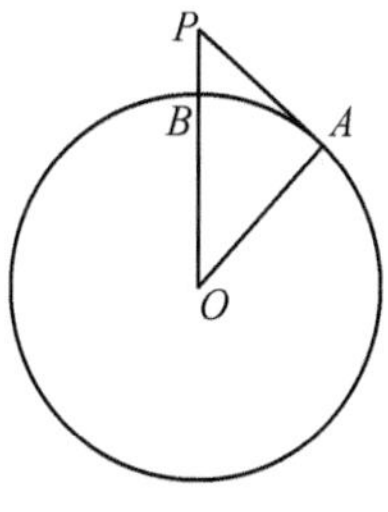

图 1

"千里目"描写了诗人无止境探求的愿望。要想看得更远，唯一的办法就是站得更高，"更上一层楼"。事实上，何止一层呢？"一层"是虚指，有诗人夸张、想象的成分。数学之真在于理性，数学之实在于精准。数学追求一种完全确定、完全可靠的知识。诗歌的想象和数学的真实形成对比，通过对比互相印证。

再来看周期运动的例子。白居易《赋得古原草送别》中就有描写周期运动的名句：

离离原上草，一岁一枯荣。

野火烧不尽，春风吹又生。

我们可以请学生描述"一岁一枯荣"的粗略函数模型。

不妨设草的高度为 $h(t)$，时间 t（月份）为整数，就能描述以一年为周期的函数模型（假定 4 月草开始逐渐生长，6 月停止生长，11 月枯萎，次年 4 月重新开始生长，如图 2）。

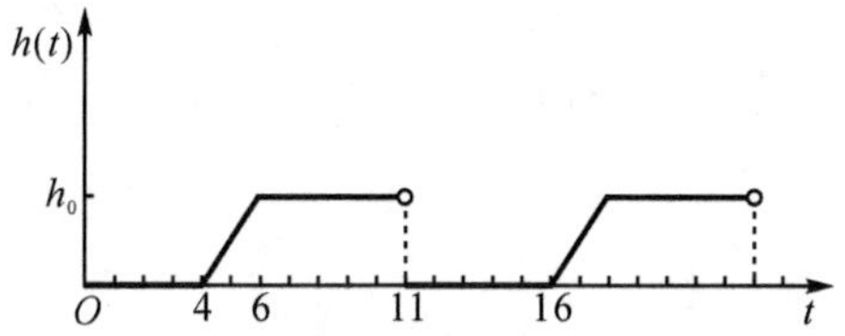

图 2

设草长得最高时的高度为 h_0，则草的高度 $h(t)$ 与时间 t 的函数关系式为：

$$h(t)=h(t+12) \text{ 与 } h(t)=\begin{cases}0, & 0\leqslant t<4,\\ \dfrac{h_0}{2}t-2h_0, & 4\leqslant t<6,\\ h_0, & 6\leqslant t<11,\\ 0, & 11\leqslant t<12。\end{cases}$$

原上草"一岁一枯荣"，岁岁枯荣是其生命之律动过程，其意蕴是永恒，进而点出原上野草秋枯春荣，岁岁循环，生生不息的规律。函数的周期性这一数学意境和诗句的意境，也是一种虚实之间的辉映。

三、以诗歌体现数学文化，文理相通

我们来看初唐诗人陈子昂《登幽州台歌》中的名句：

前不见古人，后不见来者。

念天地之悠悠，独怆然而涕下。

一般的语文解释为：上两句俯仰古今，写出时间绵长；第三句登楼眺望，写出空间辽阔；在广阔无垠的背景中，第四句描绘了诗人孤单、寂寞、悲哀、苦闷的情绪，两相映照，分外动人。然而，从数学角度看来，这是阐发时间和空间感知的佳句。前两句表示时间可以看成一条射线（一维空间）：诗人以自己为原点，“前不见古人”指时间可以延伸到负无穷大，“后不见来者”则意味着未来的时间是正无穷大。后两句则描写三维的现实空间：天是平面，地是平面，悠悠地架构起三维的立体几何环境。全诗将时间和空间放在一起思考，感到自然之伟大，产生了敬畏之心，以至怆然涕下。在这样的意境下，数学和文学是可以彼此相通的。进一步说，爱因斯坦的四维时空学说，也能和此诗的意境相衔接。

对称与对仗，在意境上也能够沟通：数学中有对称，诗歌中讲对仗。乍看上去两者似乎风马牛不相及，其实它们在意境上具有鲜明的共性：在变化中保持着不变性质。

这种“变中不变”的思想，在对仗中也反映出来了。让我们看唐朝诗人王维的两句诗：

明月松间照，清泉石上流。

诗的上句“变换”到下句，内容从描写月亮到描写泉水，确实有变化。但是，这一变化中有许多形式是不变的：

“明”—“清”（都是形容词）；

“月”—“泉”（都是自然景物，名词）；

“松”—“石”（都是自然景物，名词）；

“间”—“上”（都是介词）；

“照”—“流”（都是动词）。

对仗之美在于它的不变性。假如上联的词语对应到下联中，含义、词性、格律全都变了，就成了白开水，还有什么味道？世间万物都在变化之中，但只看到事物在“变”，不能说明什么问题。科学的任务是要找出“变化中不变的规律”。一个民族必须与时俱进，不断创新，但是民族的传统精华不能变。例如，京剧需要改革，可是京剧的灵魂不能变。古典诗词的内容千变万化，但是基本的格律不能变。在自然科学中，物理学中有能量守恒、动量守恒；化学中有方程式的平衡，反应前后分子量的总值不能变。总之，唯有找出变化中的不变性，才有科学、美学的价值。

“变中不变”的思想表明形象思维和理性思维有共同点，体现了文化对数学的影响。

四、用诗歌沟通数学意境，加深理解

数学和诗歌的内在联系，在于意境。其价值是为数学思想提供了更生动的情境，有助于学生理解数学。

（一）函数零点的存在性定理

设 $f(x)$ 为连续函数，$f(a)<0$，$f(b)>0$，那么 $[a,b]$ 中必有一个数 c，使得 $f(c)=0$。c 一定有，却不知在何处。其意境相当于贾岛的诗句：

松下问童子，言师采药去。

只在此山中，云深不知处。

虽然我们不知道“老药师”在山中的什么地方，但他却肯定存在着。

（二）极限

数学名家徐利治在讲极限的时候，总要引用李白的《送孟浩然之广陵》中“孤帆远影碧空尽”一句，让大家体会一个变量趋向于0的动态意境，煞是传神。这正是极限的意境。

（三）平行

两条平行直线无限延伸、没有交点，但是互为伙伴，如果缺少其中的任何一条，就不能称之为“平行线”了。这就像同时行进、彼此不忘却又永不相见的人世间的情感。在叙述平行线定义时，只要加上一句诗“相见时难别亦难”，就会令人会心一笑。

五、让诗歌引发数学讨论，放飞想象

将与教学内容相关的诗歌引入课堂，尝试进行讨论，可以文理兼治，培养学生的想象能力和创新思维。

在立体几何复习课上讲线、面位置关系内容时，可以选择王维的《使至塞上》中“大漠孤烟直，长河落日圆”一句作为数学教学内容。已知：“大漠孤烟直，长河落日圆”，讨论：①在草稿纸上画出图形；②用数学的眼光分析图形中的基本元素及其相互关系；③根据图形说明诗句揭示了什么样的问题本质。下面是教学片段。

学生甲：大漠—平面，落日—圆，孤烟、长河—直线。“大漠孤烟直，长河落日圆”的画面，由平面（大漠）、圆（落日）、直线（孤烟、长河）这些基本元素，构成平面与直线垂直以及圆与直线相交、相切与相离的位置关系。

学生乙：甲同学似乎把它画成了两幅图，我觉得应该是同一幅画。那么，还有直线（长河）在平面（大漠）内、异面直线（长河与孤烟）互相垂直。另外，直线与圆相切不可能，因为视觉看过去还有地平线隔着。

学生丙：直线与圆相切是可能的，在张九龄的《望月怀远》中有“海上生明月”，类比一下，长河也可以与落日相切。

学生丁：一幅画不可能，沙漠中很少有长河。

学生戊：我查了王维创作该诗时的背景材料。王维以监察御史的官职，奉唐玄宗之命出塞慰问，访查军情。他在宁夏固原附近渡过黄河，直奔甘肃张掖而去。途中，王维为眼前的景象所陶醉，欣然命笔，写下了后被王国维称为“千古壮观”的名句。他看到的长河有可能是黄河或别的河。

……

这样充满奇思妙想的数学课堂，意味盎然，妙趣横生。虽然离这节课学生要掌握知识的目标远了些，但是为了将文学艺术和数学相连接，花点时间又何妨？钱学森主张“艺术和科学”的结合，把数学搞得纯而又纯，并不利于创新。

诗歌和数学的联系才刚刚开始，欢迎大家提出意见，集思广益，不断积累，使得数学课堂更加绚丽多彩。

【张奠宙点评】诗歌和数学的关系，前人多有论述。一种是用诗歌包装数学问题，从古到今，例子多多，可惜只是包装而已，其内涵并没有诗歌的韵味。另一种是把数字嵌入诗歌，如郑板桥的诗“一片两片三四片，五片六片七八片，千片万片无数片，飞入梅花总不见”，虽然很好，却和数学并不相干。

文中提到，徐利治先生用“孤帆远影碧空尽”一句描述极限过程，煞是传神。他把诗的意境和极限的数学意境连接起来了。这是一个创新的思考。

诗歌和数学的关联，贵在意境的沟通。数学家也有人文情怀，诗人也要面对大自然中的数学情境，彼此想到一块儿去，自然就在意境上相互沟通起来。

我常常借鉴贵州六盘水杨光强老师的经验，他在微积分教学中讲到无界变量时，总是引用宋朝诗人叶绍翁《游园不值》中的诗句：

春色满园关不住，一枝红杏出墙来。

学生听了每每会意而笑。实际上，无界变量是说，无论你设置怎样大的正数M，变量总要超出你设置的范围，即总有一个变量的绝对值会超过M。于是，M可以比喻成园子，变量相当于红杏，无界变量相当于无论园子有多大，总有一枝红杏越出园子的范围。诗的比喻如此恰切，其意境把枯燥的数学语言形象化了。

现在的课堂讲究“实惠”，一切为了解题，题外的话一律不说。其实，学生对老师的期待，甚至毕业多年之后仍念念不忘的，往往就是这类题外的“妙语”。

1.7　无用之用的数学文化

庄子曰："人皆知有用之用，而莫知无用之用也。"

有用和无用是相对的，无用可变为有用。世间许多"大用"都是从那些看似无用的事情中衍生出来的，无用之中常常隐藏着有用的潜质。陈省身是著名数学家，却热爱绘画，乐于和好友弈棋，还对《笑傲江湖》爱不释卷，更让人意想不到的是，他还研究清朝历史，对孝庄皇后的相关历史有独特见解。绘画和弈棋，对研究数学而言，岂不是无用的事？可是若不做这些无用之事，或许他很难取得卓越的成就。他在看似无用之中，积淀修养，提升人生境界。陈省身曾经对少年班的学生说："要多花时间去探索自己兴趣爱好的各个领域，不要花时间去考一百分，考七八十分就可以了，时间和精力过多花在考试成绩上，会影响今后的发展和创新能力，容易故步自封。"做无用之事，其实是为了长远发展；行无用之用，有助于知识之间的融会贯通。

为什么要进行数学教学？原因有五个，前四个是抽象建模、逻辑推理、直观想象、计算应用，最后一个，很不幸地，从时间分配来讲是最少的，是数学文化。数学是研究规律的科学，人们通过数学学习训练逻辑思维能力、思辨能力以及创造力。但是现实的数学教学中，很少有为了融入数学文化而进行的数学教学，一切为了解题，其余的很少顾及，可见数学文化很"无用"。问学生为什么要学习数学，得到的答复往往是为了考试，或者后续数学课程中要用到。有没有可能发挥数学文化的"无用之用"，哪怕是一小会儿？能不能仅仅为了感悟中华文化意境与数学相通，或为了欣赏数学的优美而研究数学？有文化融入数学教学岂不更棒！

一、感悟中华文化与数学融合

教材中用"一尺之棰"（出自《庄子》）比喻极限，用"一中同长"（出自《墨子》）定义圆周，开创了中华古典文献与数学相结合的先河。用中华文化语境更好地展现数学的例子很多。例如，老子的《道德经》中有名句："道生一，一生二，二生三，三生万物。"这是中国式的自然数公理。众所周知，近代的皮亚诺公理从 1 开始，用“后继”的方法导出自然数系。《道德经》则用“生”描述自然数的生成，二者非常相似。在数学归纳法教学时引用此名句非常贴切：“三生万物”一句，体现了数列无穷无尽的意思；“生”这个动词，非常形象，可以很好地解释从 n“生”出 $n+1$ 的过程。从《道德经》的角度理解数学归纳法，会有事半功倍的效果。再如，对函数零点存在性定理最美丽动人的描述应属贾岛的诗句：“松下问童子，言师采药去；只在此山中，云深不知处。”贾岛并非数学家，但是细细品味，竟觉得其诗的意境，简直是为数学而作。

二、欣赏外部形状的美观到内涵智慧的美妙

数学欣赏往往从欣赏几何图形外表的美观开始，然后一步步地逐渐欣赏数学内涵的美妙。这需要别具慧眼，用数学的眼光进行构思。比如，圆是最美的几何图形，在现实生活和文学创作中，都以圆为美。钱锺书在《谈艺录》中说，古希腊哲人言形体，以圆为贵；还指出“吾国先哲言道体道妙，亦以圆为象”。毕达哥拉斯认为，立体中最美者为球，平面中最美者为圆。中国古代则有“天圆地方”一说。新柏拉图主义奠基人普罗提诺（Plotinus，205—270）认为，心灵之运行，非直线而为圆形。黑格尔则将哲学比作圆。西方古俗以圆或蛇表示时间的永恒，诗文中有“圆永恒”一说。佛经中更有“圆通”“圆觉”的说法。那么，数学中怎样赞美“圆”呢？那就是无限多的对称，任意角度的旋转对称，以任意直径为轴的反射对称。这就是“圆”的数学内涵。又如，斐波那契数列也很美，古希腊建筑的矩形构图和许多画作的构图都服从黄金分割，这些都与斐波那契数列有关。在斐波那契数列1，1，2，3，5，8，13，…（即除前两个数外，每个数都是它前面两个数之和）中，前一项与后一项的比值是无限接近0.618的，因此斐波那契螺线也被称为“黄金螺旋”。黄金螺旋在绘画、设计、摄像、建筑等领域都有广泛的运用。达·芬奇的《蒙娜丽莎》中运用了许多黄金比例：画的形状是黄金矩形；如果在蒙娜丽莎的脸部周围画一个矩形，它也是黄金矩形。这幅画将蒙娜丽莎的鼻子作为视点，设置在斐波那契螺线的中心，螺线的轨迹依次经过下颌、头顶、肩膀和右手，使得这幅画看上去非常和谐。绘画技巧与科学研究的结合才造就了举世闻名的瑰宝。这是一个多角度的欣赏。数学欣赏正在从外部的美观，不断地深入到数学概念和命题的内涵深处。欣赏外表直观之秀，内涵深刻之慧，文化底蕴之浓，理性思考之精，也许是欣赏数学的普遍规律。

三、数学教育不能只教知识

“教”和“育”一样，“教”的是知识，“育”的是文化；“学”和“习”是两个概念，“学”的是知识，“习”的是运用知识、体验挫折。通过数学学习获得的是关键能力，是必备品格，更是数学文化。数学教育的使命一定不是培养多少高分学生，也不是培养解题机器，而是在立德树人理念下培育创新型人才，教师要让学生成为最好的自己，成为真正有用的人。由此可见，学生学习数学有三重境界：第一境界为知识与技能，是数学学习的基础；第二境界是思想与方法，是学生思维不断发展的根本；第三境界是文化与素养，是最高层次的学习目标追求，是完善学生优秀品格之根本。

伏尔泰说：“多余是非常有用的东西。”此语充满了辩证的智慧。数学文化并非多余无用，拓展无用之用，多余方为大用。

第二章　HPM微课与微专题教学

数学史对数学教学而言，具有激发学生兴趣、展现数学历程、彰显人文魅力、促进数学理解、弘扬理性精神等功能。把数学史与微课整合在一起，能够提升微课的文化内涵，实现微课制作的"个性化"，从而起到吸引学习者的眼球并让其饶有兴致地观看的效果。在微课中整合数学史，有助于从多个角度、多个层次揭示数学知识的起源、形成、发展的过程。

高中数学新教材在发展学生核心素养目标的指引下，以大单元的视角对教学内容进行了整体设计，为学生精心打造了"何以学会"的专业化学习方案。在具体的操作实践中，还需要把大单元的教学目标分解细化到每个小单元、每个课时中，围绕学生面临的"真问题""实问题"设计"微专题"进行集中攻关，从而使核心素养在因微致准、因微致细、因微致深中得到深度发展。

2.1　数学史与微课整合的三大原则

——以“函数的概念”为例

由于数学史关注的是历史的场景，展现的是数学发展的“宏大历程”，而微课针对的是教学的重难点，追求的是形式与内容的“短小精悍”，这就在客观上造成了“大场景”与“小舞台”的矛盾。因此，如何通过对“大场景”的有度取舍来实现“小舞台”的精彩演绎，是实现数学史与微课整合的关键。下面就以“函数的概念”一课为例来谈谈数学史与微课整合的三大原则。

一、立足精准性原则，优化教学目标

微课知识内容虽然“碎片化”，但每节微课都是意义完整的独立知识点，都是围绕着某个主题展开。相对于传统课堂要达成多个教学目标而言，微课的教学目标相对更加精准，教学指向更加明显。因此，数学史与微课整合后的教学目标并不是对传统意义上一节课教学目标的简单压缩或者是删减，而是立足精准性原则对原有教学目标进行优化。

本节课的教学目标是：“通过丰富的实例，进一步体会函数是描述变量之间依赖关系的重要模型，在此基础上能够用集合与对应语言来刻画函数，体会对应关系在刻画函数概念中的作用；了解构成函数的要素，会求一些简单函数的定义域和值域。”由此可见，要求达成的教学目标比较多，这可不是“10 分钟”的视频所能够承载的。因此，需要对已有的教学目标进行优化，凸显核心教学目标。显然，本节课的核心教学目标就是“集合说”的构建。通过上述分析，单凭教材中的三个实例很难达成这一目标，需要另辟蹊径。深入分析后，不难发现，“集合说”实际上是“变量说”的升级与完善。初中的函数定义“变量说”其实并不是“错”的，它只是在表述上过分关注“变量之间的依赖关系”，从而给学生造成“函数是包含 x、y 两个变量的解析式”的认知偏差，导致学生无法准确判断“$y=1$”是不是

函数、图象是不是函数、表格是不是函数。也就是说,“变量说”不够凸显函数的本质属性,从而无形中限制了学生的思维视野。基于上述分析,本节课的教学目标设定为:完善优化“变量说”,构建“集合说”。这一目标定位立足学生已有认知经验,避免了“另起炉灶”耗时耗力的尴尬,非常符合微课“短小精悍”的制作理念。

二、立足独立性原则,分解教学内容

我们知道,传统意义上的“一节课”往往包含多个知识点,不可能在一节微课中把所有的知识点全盘呈现。因此,首先要把教学内容“分解”成若干个独立的知识点与学习任务,当然,“分解”不是为了割裂,而是在排除外部干扰因素的基础上理清知识点之间的历史脉络;然后,围绕这些知识点制作对应的微课,再在这些微课片段中探索知识的来龙去脉。

(一)教材意图分析

针对本节内容,教材以“在初中我们已经学习过函数的概念”这句话为开场白拉开函数概念教学的序幕;然后给出三个生活实例——“炮弹射高”“臭氧空洞”“恩格尔生活指数”,这三个实例分别展现了函数的三种形式——“解析式”“图象”“列表”;再引导学生观察三个实例中变量之间的关系,最后通过总结归纳,提炼出函数的定义——“集合说”。

教材的设计充分体现了“通过丰富的实例,体会对应关系在刻画函数概念中的作用,强调函数是刻画现实世界变化规律的模型”的课程理念。但在实际教学中,由于受抽象思维能力的限制,学生很难从三个生活实例中发现共同点,提炼函数的定义也就无从谈起。因此,在微课设计中,通过引入数学史重构教学过程,是突破抽象思维瓶颈的有效策略。

(二)知识点分解

本节课涉及的知识点主要有:初中函数定义(“变量说”)、集合观点下函数定义(“集合说”)、函数的三要素、函数的表示方法。初中函数定义虽然在教材中只表现为“一句话”,但它是学习“集合说”的基础;函数的三要素是函数定义的组成部分,而函数的表示方法是函数的三要素概念的外延。因此,这些知识点联系紧密，无法制作成相对独立的微课，要按照一定的逻辑主线把这些知识点进行分解。

不难发现，函数的定义、函数的三要素、函数的表示方法这三者共同的要素是“变量”这一概念。认知“函数”是从认识“变量”、认识“运动变化”开始的，“变量”的历史脉络蕴含着“函数”的发展历程。因此，可以首先把“变量”从上述知识点中单独分解出来，制作成一节微课。还有，本节课的重点是学习“集合说”，相比“变量说”，“集合说”更加严密，更加揭示函数概念的本质，因此，“集合说”也应单独制作成一节微课。最后，函数的概念经历了曲折的演变历程，呈现这一历史有助于学生对函数概念形成系统的认知。于是，本节课被分解为三节独立的微课，笔者分别把它们命名为“永恒的变量”“‘集合说’的优势”“函数的演变”。三节微课虽然独立，但完整观看后却能起到统合综效、连通知识的效果，从而实现“完善优化‘变量说’，构建‘集合说’”的教学目标。

三、立足再创造原则，重构教学场景

数学史与微课的整合有两种途径：一是显性的使用，即直接使用数学史，分为故事和轶事、悖论、历史名题、数学家的传记等；二是隐性的使用，把数学史作为教学线索，不明确谈论数学史。但不管哪种途径，都需要遵循弗赖登塔尔所倡导的一个观点：不应该完全遵循发明者的历史足迹，而应遵循经过改良、同时有更好引导作用的历史过程。即在微课设计中，不应简单地去重复当年的真实历史，而应致力于历史的重建或重构。限于文章篇幅，下面我们着重谈谈如何对“永恒的变量”与“‘集合说’的优势”两节微课的场景进行重建。

（一）“永恒的变量”场景构建

人从出生就开始感受世界的运动变化，比如日月星辰、四季更替、地质变化、生老病死等，人类在捕捉变化的过程中慢慢有了“变量”意识，在研究“变量”规律的过程中逐步形成了函数的概念。这就是“变量”与“函数”关系的史实，但对于它们的关联细节很难找到权威的解释，需要结合历史真相进行重构，重构的教学场景见表1。

表 1 “永恒的变量”教学场景

教学环节	内容简介	画面	时间
片头	内容：永恒的变量	第 1 张 PPT	5 秒以内
正文讲解	1. 引入 播放日月星辰、四季更替、地质变化、生老病死的视频，配上背景音乐与解说词。	第 2 张 PPT	30 秒以内
	2. 越来越多的变量 时间就是最原始的变量。古人通过对时间的感受，头脑中就逐渐形成了“变量”的概念。随着生产力的发展，人类观察“变量”的视野不断开阔，发现生活之中处处有变量，比如人口的数量、气温的变化、农作物的产量、城市的规模、股市波动等。	第 3 张 PPT	60 秒以内
	3. 探索变量的变化规律 人类的进步得益于对变量的研究，比如对时间变量的研究，最显著的成果莫过于发明了“历法”。节气中的“立春”，其实就告诉人们天气要转暖了，要开始准备农业生产了；一旦到了“春分”，农民就应该播种了。因此，人类要生存，要发展，对变量变化规律的总结是必不可少的。	第 4 张 PPT	60 秒以内
结尾	16 世纪，由于实践的需要，自然科学转向对运动的研究，函数正式进入人们的视野。	第 5 张 PPT	60 秒以内

（二）“‘集合说’的优势”场景构建

1837 年，狄利克雷指出，如果对于某区间上每一个确定的 x 的值，y 都有一个确定的值，那么 y 叫作 x 的函数。这就是人们常说的经典函数定义。康托创立集合论后，维布伦用“集合”和“对应”的概念给出了近代函数定义，通过集合概念把函数的对应关系、定义域、值域进一步具体化，且打破了“变量是数”的限制，变量可以是数，也可以是其他的对象。1930 年，新的现代函数定义为：若对集合 M 中的任意元素 x，总有集合 N 中确定的元素 y 与之对应，则称在集合 M 上定义一个函数，记为 $y=f(x)$。上面是从“变量说”到“集合说”的历史变迁，我们需要重构场景来突出“集合说”的优势，见表 2。

表 2　“‘集合说’的优势”教学场景

<table>
<tr><th>教学环节</th><th>内容简介</th><th>画面</th><th>时间</th></tr>
<tr><td>片头</td><td>内容：“集合说”的优势</td><td>第 1 张 PPT</td><td>5 秒以内</td></tr>
<tr><td rowspan="6">正文讲解</td><td>1. 初中函数定义的回顾
问题：你对函数有怎样的认识？
观察一次函数、反比例函数、二次函数，发现函数是包含两个变量 x、y 的解析式。</td><td>第 2 张 PPT</td><td>60 秒以内</td></tr>
<tr><td>2. $y=1$ 是函数吗？
通过画出 $y=1$ 的函数图象，发现它满足“对 x 的每一个确定的值，y 都有唯一确定的值与其对应”的核心属性。</td><td>第 3 张 PPT</td><td>40 秒以内</td></tr>
<tr><td>3. 表格是函数吗？
<table><tr><td>脚长(cm)</td><td>24.5</td><td>25</td><td>25.5</td><td>26.0</td><td>26.5</td><td>27.0</td><td>27.5</td><td>28.0</td></tr><tr><td>鞋子尺码</td><td>39</td><td>40</td><td>41</td><td>42</td><td>43</td><td>44</td><td>45</td><td>46</td></tr></table>脚长与鞋子尺码之间是否满足函数关系？</td><td>第 4 张 PPT</td><td>30 秒以内</td></tr>
<tr><td>4. 如何统一三种形式
解析式、图象、表格都可以表示函数，思考如何改进原有定义，统一函数的三种形式。</td><td>第 5 张 PPT</td><td>30 秒以内</td></tr>
<tr><td>5. 定义的优化
“变量说”：一般地，在一个变化过程中，如果有两个变量 x 和 y，并且对于 x 的每一个确定的值，y 都有唯一确定的值与其对应，那么我们就把 x 称为自变量，把 y 称为因变量，y 是 x 的函数。
①保留核心语句“对于 x 的每一个确定的值，y 都有唯一确定的值与其对应”。
②消除干扰对象“两个变量 x 和 y”。
③拓展关键词“变化”：“变化”产生“范围”→“范围”形成“集合”→“两个变量”变成“两个集合”→“变量对应”变成“集合对应”。</td><td>第 6 张 PPT</td><td>120 秒以内</td></tr>
<tr><td>6. “集合说”概念的辨析</td><td>第 7,8 张 PPT</td><td>60 秒以内</td></tr>
<tr><td>结尾</td><td>函数是两大集合之间的“合法联姻”。</td><td>第 9 张 PPT</td><td>20 秒以内</td></tr>
</table>

微课的制作不仅是一个技术开发过程，更是在先进教育理念支持下和精细创意指导下进行的一项创造性工作，最终的决定因素还是“教学设计”本身。若没有独到的教学设计作为支撑，微课顶多只能算是一个华而不实、中看不中用的“视频式课件”，仍然只是传统课堂的“翻版”。通过对教学场景的重构，展现数学概念的自然性与合理性，验证数学概念的科学性，才能使微课真正成为学生“自主学习”的资源。

2.2 微课引发高中数学课堂教学的变革

备课中，忽闻手机响，正在培训的同事发来一段话："真想一边听课一边喝咖啡、吃蛋糕。"笔者答："行啊，下次记得报远程培训，开着电脑听课，你就能喝咖啡、吃蛋糕。"旁边正在问问题的学生问道："老师，我们什么时候也能远程学习？"显然，在网络信息如此发达的今天，传统的课堂教学模式已经不能满足求知者的欲望，他们正在寻求一种放松、有效、可持续的学习模式。有人提出了室外教学、旅游教学、茶会教学等形式，但是它们并不适用于高中数学。德国数学家魏尔曾说："数学是除了语言与音乐之外，人类心灵自由创造力的主要表达方式之一，而且数学经由理论的建构成为了解宇宙万物的媒介。因此，数学必须是知识、技能与文化的主要构成要素，而知识与技能是要传授给下一代的，文化则是要传承给下一代的。"传授与传承的过程都离不开传统的课堂教学。而且以上教学形式偶尔实施一次可以，多次实施带来的教学成本非一般家庭及学校可承受。此时，微课教学的产生，为发展高中数学课堂教学打下一剂强心针。

微课是一种全新的教学方式，它用视频的方式呈现要学习的内容，短小精悍又图文并茂，让原本枯燥的学习变得更加生动鲜活。微课的核心组成内容是课堂教学视频(课例片段)，同时还包含与该教学主题相关的教学设计、素材课件、教学反思、练习测试、学生反馈、教师点评等辅助性教学资源，它们以一定的组织关系和呈现方式共同"营造"了一个半结构化、主题式的资源单元应用"小环境"。因此，微课既有别于传统单一资源类型的教学课例、教学课件、教学设计、教学反思等教学资源，又是在其基础上继承和发展而来的一种新型教学资源。那么，微课教学如何发展高中数学课堂教学的可持续性呢？大致分为以下三个方面。

一、微课突破了课堂教学的封闭性

课堂听讲，是绝大多数高中学生获取数学知识的主要来源。但是每个学生的学习能力不同，一堂课下来，总有学生反映：我来不及听记，我还在上一步，老师已经到下一步了；我想听的老师没讲，我会了的因为其他同学不会老师反复在讲。现实中的数学课堂教学是封闭且不可逆的，一切教学过程都在老师的掌握中，一旦上完，学生就不可能再重新听一次。于是，今天缺一点，明天少一点，那学生就再也没有学习的欲望了。所幸，微课给了学生再来一次的机会。

较之传统课堂规定的时间、确定的内容、固定的地点、不变的合作学习对象，微课教学给予学生更多的自由。“微课”主要是为了突出课堂教学中某个学科知识点(如教学中的重点、难点、疑点内容)的教学，或是反映课堂中某个教学环节、教学主题的教与学活动。相对于传统的一节课要完成的复杂且众多的教学内容，“微课”的内容更加精简。同时，微课可以为学生提供多种选择，学生可以根据自己的学习动机，自由选择怎么样学(方法)、什么时候学(时间)、学什么(行为)、在什么地方学(物理环境)、同什么人学(社会)。它改变了原有的教育模式和方法，可以提升教师的教学效率，减轻学生的负担，提高学生的学习效率，帮助学生充分利用信息手段主动学习、自主学习。

教师可以先制作好教学微课视频，让学生在课外观看视频，自学教材内容，然后在课堂上为学生答疑，开展面对面的交流与合作。将原本在课上进行的教学活动放在课下，课上的时间则可以用来解决小组和个人的问题或是开展合作探究。这样的模式彻底改变了传统教学的流程，由传统的“课堂讲解＋课后巩固练习”模式转向“课前自主学习＋课堂深度互动”新模式，有效利用了宝贵的课堂时间，充分体现了学生学习的自主性。教师也可以将某道题的解题过程详细讲解，录成视频，方便学生查阅。微课的主体不光是教师，还可以是学生。学生除了看视频学习，也可以将自己的想法和做法录成视频上传，以便交流。

教师要敢于尝试课堂教学改革，敢于利用先进的信息技术，从而充分调动学生学习的自主性，最终达到提升教学质量的目的。但一味地宣扬微课教学，以其为主却是大错特错。首先，学生是没有那么多时间用电脑来学习的；其次，有些知识点教师点拨一下学生就能轻松掌握，根本不需要通过微课去详细地讲解。如果不管什么知识都要通过微课学习，则会适得其反，从某种程度上反而会起到抑制作用。要注意合理处理微课教学与传统课堂教学的关系，在教学中应坚持以传统课堂教学为主阵地，让微课教学成为传统课堂教学的补充，两者要并肩同行。

二、微课开辟了个性化学习的空间

古希腊哲学家芝诺号称“悖论之父”，他提出的一些数学悖论一直流传到今天。他曾说，大圆圈比小圆圈掌握的知识要多一点，但因为大圆圈的圆周比小圆圈的圆周长，所以它与外界空白的接触就比小圆圈大，因此更感到知识的不足，需要努力去学习。这正是古语说的“学，然后知不足”，只有掌握了一些知识，方能知道自己对这一门类的知识尚有许多不懂的地方。这一点在上课的时候表现得非常明显：从来不听课的学生，什么问题都没有，因为他们一点也不懂，总不能说自己全都不会吧；越是成绩好的学生，越能提出更多的问题。那么，离开了课堂教学，离开了学校教学，回到了家里，同学们又该如何学习呢？

高中生做数学假期作业往往效率极低，原因诸多。课程难度大、主要知识点遗忘、不会做的无人辅导、做好的不知对错、没有成就感为主因。对于长假作业，还有时间跨度大、早做易忘、晚做来不及、教师讲解不及时或不讲解等原因。因此，假期作业的完成和批阅已成为困扰教师的一大教学问题。

某周布置家庭作业时，笔者采取新的作业形式，争取让学生都能过一个充实的假期。规定一个时间让所有同学将作业拍照并用 QQ 邮箱提交，可备注哪几题不会做；教师通过适当整理后给出文字版作业答案，并将其中的重点、难点、易错点制作成微课视频，学生可根据自己的需求，选择观看全部还是部分微课视频。这样的形式对学生个体而言，更能提高学习效率与成绩，而且能避免教师因课堂时间及效率限制纠结于作业是讲评全部还是部分、讲评深度与广度的问题，从而真正贯彻“有什么病吃什么药”，即因材施教的教学理念。

但是也要注意，学生可能以微课教学为由沉迷电脑，且并不是所有家庭都有网络和电脑。微课教学不应成为学生家庭的负担，它只是辅助学习的手段。培养学生的自主学习能力是教育的内涵之一，而微课教学所依托的“网络化学习”若成了增加家长与学生经济与精神压力的无形之手，就实在是教育之“罪”了。以此来看，教师需注意合理处理微课教学与家庭作业教学的关系。在教学中应坚持以纸质作业为主阵地，让微课教学成为传统家庭作业教学的辅助，达到因材施教的效果。

三、微课勾勒了未来教育的蓝图

最近，“芬兰正式废除小学和中学课程式教育，转而采取实际场景主题教学”这则新闻异常火爆，大意为：从现在开始，赫尔辛基的孩子们就不用再上单独的数学课、物理课、化学课、地理课等课程了，他们的课程将是类似“多角度理解第二次世界大战”或者“如何在咖啡馆进行日常工作”这样贴近现实、更有助于理解这个世界运作规律的主题式教学。全球都在寻找更合适的学习方式，我们也不能落后。但是学习发展的方向到底在哪儿？未来学习到底是什么模样？新技术及前沿理论如何帮助我们开发新颖、有效、灵活的学习模式，补充、加强传统教室课程教学模式？

解读新课程理念就会发现，其中一个核心词语是“以人为本”。一切教学观的宗旨都是要以学生的生命成长为目标，培养自主发展的一代新人。如果我们站在文化价值观角度思考，课堂教学所表现出来的教学方式就是意图让大家获取一种生活和生命方式，促使每一个人赢得积极、自主、健康的发展能力，从而焕发出生命的活力。所以，我们在重新定义未来学习的发展方向时，希望其拥有以下功能：移动学习、合作学习、终身学习。

微课教学具有移动学习功能，它改变了传统的教师与学生的沟通形式，学生可不再坐在学校的书桌之后，并焦虑地等待被点名回答问题。学生在平板电脑、台式电脑、智能手机上，在家中、在办公室、在学校都可自由学习。微课教学辅助实现合作学习功能，它改变了传统的教师与学生的学习地位，教师从“主演”进化为“导演”，将舞台还给学生。课前，学生利用微课自学；课中，教师负责指导学生开展交流讨论或进行作业练习，对讨论或作业练习进行点评和引导，导出一部“好戏”。微课教学为终身学习提供可能性。教育的主要目的必须是为学生的未来职业生活做好准备。随着需求的多样化及技术的日新月异，我们逐渐意识到职业生活的成功首先需要我们成为终身学习者。微课教学能创建持续的自学学习方式，知识可以用更加新颖、动态的方式呈现，学习者可以在任何时间、任何地点学习。

当然，微课教学依然存在各种问题，但是它作为一种新型教学模式，正在潜移默化地改变我们的教学环境。微课教学中，无论是对教材的加工重组，还是对教法的灵活应变，都需要从认知原理和激活艺术出发去思考和运用，从而使学生的自主性、能动性、创造性充分发挥出来。微课教学辅助着现有课堂教学，将帮助学生们在知识的海洋里愉悦地畅游。

2.3 善用微课打造高效课堂

随着信息技术的高速发展,微课作为一种新的教学资源流转于数学课堂,打破了传统的教学模式。它制作简单、问题精确、主题突出,深受教师的青睐;其短小精悍的视频形式,能迅速引发学生的学习兴趣,在很大程度上能引导学生从被动接受知识转变为主动学习。微课对教师和学生都有积极的作用。如何促进微课在高中数学课堂上高效应用,引起了笔者的思考。笔者结合自身在"空间几何体的三视图"第一课时的教学实践,谈谈以下几点体会。

一、微课前置:翻转课堂

传统教学模式中,学生在课前需要阅读课本及相关文字资料,以期达到预习的效果。但是这种形式枯燥且需学生自主学习的预习方式,导致很多学生敷衍了事甚至干脆就不预习直接上课。因此,教师在制作微课时,应该注重学情分析,根据已经掌握的学习情况对预习内容进行合理分析;同时要深入研究教学内容,提取重点、难点,设计教学大纲,制作微课。微课的最主要特点就体现在"微"上,它时间短、内容少,却涵盖知识的重点与难点。学生通过学习特定的微课而达到预习效果。通过微课预习,学生提前对教师的课堂教学活动有一定的了解,明白教师教学的重点、难点所在,因而学生更容易跟上教师的教学节奏,课堂上能与教师积极互动,有针对性地解决微课预习中不懂的难题,提高课堂学习效率。

与课前预习一起应运而生的就是借助微课开展翻转课堂。翻转课堂就是学生课前观看教师制作的微课,先行开展课前预习,预习完回到课堂研讨,教师进行指导,实现"教"与"学"次序的翻转。学生在依托微课进行自学的过程中,可以根据个人需要反复观看某个片段,或在某个思路难点上做暂停,有足够的时间思考、理解,对已掌握部分可以跳过,充分凸显了学生学习的主体性。学生有了学习经历,教师在课堂教学中就可以更直接、更深入地围绕重难点展开,提升了教学的高效性。

在"空间几何体的三视图"课堂教学之前,笔者制作了大约 10 分钟的微课,让学生利用课余时间观看预习。在微课中,第一部分是设景引题,诵读苏轼的《题西林壁》,演示家用汽车和F6飞机的三视图,提出课题——“空间几何体的三视图”,意在用苏轼诗句的意境,让学生体会从不同的角度看同一物体视觉效果的不同,让他们了解要比较真实地反映出物体的全貌,就必须从多角度描述物体,同时,也让数学课平添一份神奇,激发学生的学习兴趣。第二部分引导学生复习初中三视图的定义,并通过动画演示,让学生先观察圆柱体的三视图,再动手画图,使学生掌握画三视图的基本技能。第三部分归纳整理三视图的投影规律:主、俯视图长对正;主、左视图高平齐;俯、左视图宽相等。

二、微课中置:突破重难点

微课是一个以短小视频为核心的教学课件,集声音、图片和动画等于一体,增强了视觉效果,并将抽象的知识具体化、简单化、直观化。教师可以借助微课将重难点寓于生动的情境中进行阐述,让学生的学习兴趣随着视频情境得到迁移和提升,并且利用微课主题突出的优势,细化难点突破的过程。新课导入时,学生学习新知识的起点,深刻影响学生的课中学习。因此,完美的课堂导入不仅能够吸引学生的兴趣,更能激发学生的求知欲望。传统的课堂导入往往是提问导入方式,这种方式经典且有效。可是这种经典的导入方式被反复使用后也会变得索然无味,学生的学习兴趣大大降低。教学过程中,创设一个思维情境引起学生对于上课的兴趣,可以更好地完成知识的传授。微课就可以帮助教师很好地创设情境,让学生利用微课进行思维拓展。当然,教师还可以根据学生的学习特性以及不同阶段的学习规律,为学生制订微课学习计划,让学生能够深刻理解知识。在探究性的实验教学中,微课也起到了有效的辅助作用。

“空间几何体的三视图”这节课的知识有由抽象到具体再到抽象、空间思维难度较大的特点,针对这一点,笔者采用微课教学手段,加强直观性和启发性,解决了教师“口说无凭”的尴尬处境,增大了课堂容量,提高了课堂效率。

本节课的教学重点是画出简单组合体的三视图。笔者在课内播放了3分钟的微课,动态演示球、圆柱、圆锥的三视图,分析它们的结构特征,然后引导学生思考、讨论,并得出结论:正视图反映了物体上下、左右的位置关系,即反映了物体的高度和长度;俯视图反映了物体左右、前后的位置关系,即反映了物体的长度和宽度;左视图反映了物体上下、前后的位置关系,即反映了物体的高度和宽度。

本节课的教学难点是识别三视图所表示的空间几何体。笔者利用微课演示了矿泉水瓶、六角头螺栓、圆头螺钉等生活用品的三视图,分析它们所代表的组合体由哪几个基本几何体组成,使学生通过对一些熟悉的几何体的学习,感受到数学就在身边,而且与生活息息相关,以事实回应学生心中的“数学无用论”,激发学生的学习兴趣和欲望。同时,借助微课,采用直观教学法、引导发现法,有效突破难点。

三、微课后置:延伸拓展资源

微课虽短小,但知识的涵盖面广,涉及多种多样的知识点,每段视频就是一两个知识点,可以渗透到数学教学的方方面面,能够有效提升教学效率。微课教学主要包含课程的设计、知识的组织和准备、学生的训练与检测、学生的课后反馈和教学思路的反思,是一种新型的教学理念。教师可以合理利用这一特点,运用信息技术整理出较系统的知识框架,为学生量身定做有针对性的学习规则,查漏补缺。微课可以被设计成一个个章节,学生在学习新的章节时,可以随时翻看已经学习过的知识点,然后进行复习,掌握系统的知识体系,促进自身学习能力的提升。课后作业的布置主要是加强学生对知识点的理解、记忆与应用。学生在进行作业练习时容易出现回答不全面、偏离方向、抓不住重点等问题。为此,教师可以为学生制作“解题型”微课,通过这种类型的微课让学生明确解题思路、解析做题方法、掌握解题步骤和规则,更好地掌握所学知识,减少时间的浪费。对于教师指定的需要学习的微课,学生观看后可以交换资源,交流学习体会,提炼知识要点,对不懂的问题做好记录,通过网络进行交流与讨论。每个学生查阅到的微课资源各不相同,可以通过网络平台将优秀的微课介绍给同学,共同学习,共同提高。

作为数学教师,可以充分借助微课的内部资源进行课堂知识的外延性拓展,利用微课进行课堂内容的内部性补充,让学生在微课的引导下能够明确理解和掌握显性和隐性知识。此外,教师也可以利用微课,将学生的共性问题和个性问题设计成微课专题。学生运用微课模式开展专题学习,个性化学习需求得以满足,大大提升了学习的有效性。

学生对于由三视图得出空间几何体的方法掌握不熟练，需要在课下努力弥补，将疑惑解除。基于此，通过微课设置专题“以三视图为载体的立体几何中的综合问题”，并设置了 2 道关于“不规则几何体”的题目，考虑把一些几何体置于长方体中利用割补法得到所求几何体，从而提高学生的能力，提升教学的有效性。

微课归根结底是教师将课堂搬到摄像机前，制作成可以随时共享且可以重复播放的视频教学资源，使学生对知识营养的汲取不再受时间的局限，方便了学生的课下学习，大大提升了学生的自学效率，在潜移默化中提升了学生课下时间的利用效率。当然，微课不能作为教学的唯一手段，一堂课如果大部分时间都在使用微课，同样也会导致学生学习的疲劳。因此，教师在教学中应注重微课与传统教学的融合，以达到教学最优化、学生受益最大化的目的。网络技术的发展必将带动微课教学方法的跨越式进步，教师应与时俱进，开发真正高效的微课资源，协助学生深入了解高中数学所涉及的基础知识，为培养人才铺设道路，为到达教书育人的最高境界而不懈努力。如果说课堂是教师精心烹饪的一道佳肴，那微课就是这道佳肴的调味品。数字时代催生了微课教学模式，我们在教学中把握微课的运用时机，善用微课，可以提高学生学习的积极性，使微课成为数学课堂的催化剂，提升数学课堂教学效率。

2.4 数学“微专题”设计“三要素”

“微专题”通常是指围绕复习的重点和关键点设计的、利用具有紧密相关性的知识或方法形成的专项研究，或者结合学生的疑点和易错点整合的、能够在短时间内专门解决的问题集。相比传统高三数学大专题复习教学，“微专题”复习具有“因微而准、因微而细、因微而深”的优势，在教学中能起到“固本浚源”“见微知著”的效果。那么数学“微专题”应如何设计呢？下面笔者就以“平面向量应用”微专题的设计为例谈谈对此的看法。

一、既“微”又“专”，力求选题得当

“微专题”具有“知识容量少”“学习目标单一”的显著特征，但“微”只是形式，“专”才是其本质。“微专题”首先要在既定的主题下组织教学内容，然后集中“火力”专门解决一个知识点或一类问题。因此，确定有价值的主题是“微专题”设计的第一要素。“微专题”的选题不求面面俱到，而是要结合复习的目标要求，针对学生在复习中暴露出的知识、方法和能力等方面的薄弱环节，以学生复习中的“问题”促“专题”的生成，力求解决学生学习中的“真问题”“实问题”。“微专题”的选题可以围绕以下三个维度进行。

（一）从知识系统的维度来选题

站得高才能看得远。我们在选题时应该放眼全局，从知识系统的维度来选题。从知识系统的维度选题有利于把握方向，保证“微专题”不偏题。图 1 是笔者对平面向量知识系统的分析。

（二）从重点、难点、易错点的维度来选题

“微专题”的一个重要任务就是使重点得以进一步强化，难点得以有效突破，易错点得以纠正。因此，在选题时我们可以紧扣这三点进行。当然，这三点的确定不仅要看教材本身，而且要考虑具体的“学情”，不同层次的学生对重点、难点、易错点的理解是有差异的。图 2 是笔者对平面向量重点、难点、易错点的剖析。

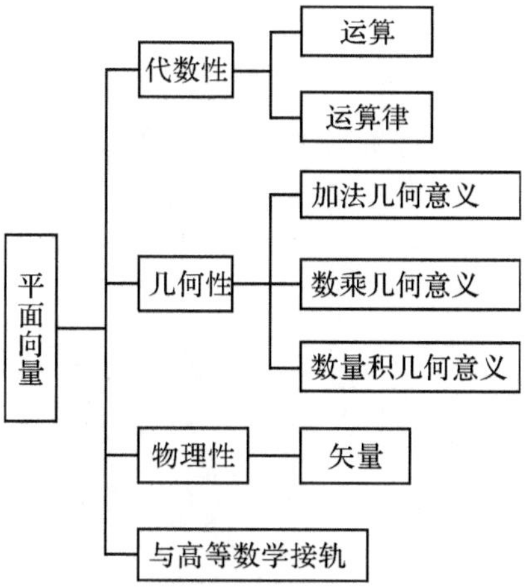

图 1

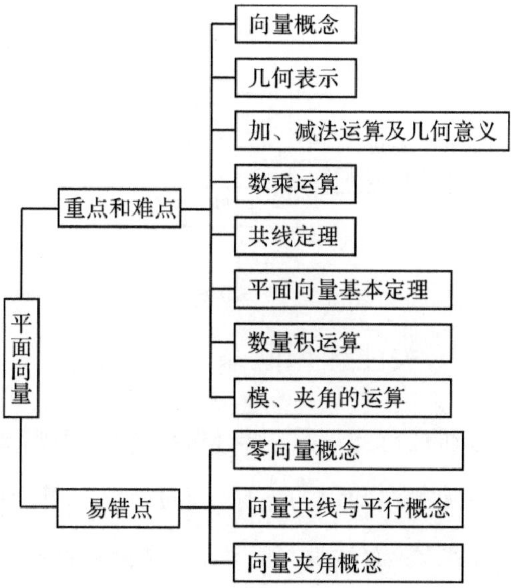

图 2

（三）从教育功能的维度来选题

数学的广泛应用决定了数学教育的多种功能。我们可以将数学教育的功能分为两类：一类是显性功能，主要是指数学表现在自然科学、社会科学等领域中的工具作用，即知识技术功能；另一类是隐性功能，表现为通过数学的教学潜移默化地提高人的综合素质，即文化素质功能。因此，我们在选题时应该充分关注所学知识的教育功能，即学生学了这块知识有什么用。选题时从教育功能的维度入手，有助于“微专题”思维层次的提升，使复习课展现“新意”。图 3 是笔者对平面向量的教育功能的剖析。

“微专题”的选题还应遵循以下两个原则：一是内容灵活性，它可以不受当前章节内容或形式的制约，可以打破教材原有的顺序，不过度追求内容的完整性，而是依据考点整体规划；二是实用有效性，选题切忌照搬他人（或其他学校）的现成方案，而应立足“学情”，因地制宜。

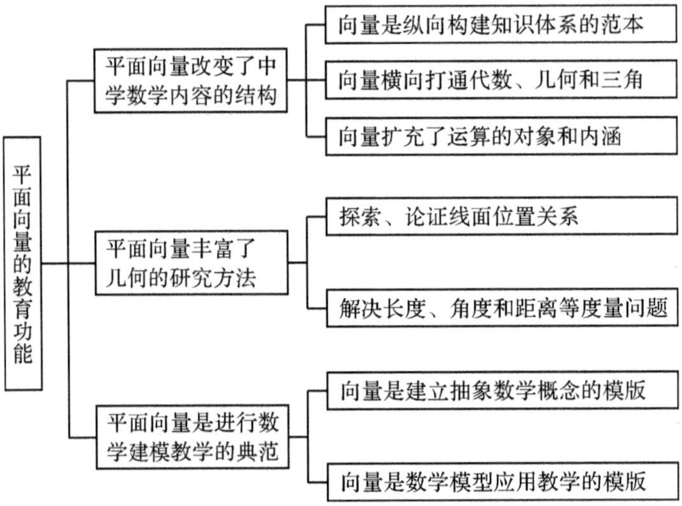

图 3

二、既“微”又“连”，关注知识联系

“微专题”的本质是通过对知识重组与整合，实现“串珠成链”的目的。因此，“微专题”的设计应该更加关注知识的连通，通过意义构建，建立起更高级的逻辑关系和更完备的知识体系，从而达到举一反三、触类旁通的效果。连通知识一般可以通过以下两个途径加以实现。

（一）“变式”连通方法

通过对典型问题进行一题多变，学生不仅可以掌握通性通法，而且可以发现不同问题之间的联系，进而构建起解决某一类问题的“路线图”。

案例：平面向量共线定理的应用。

平面向量共线定理：向量 $\boldsymbol{b}$ 与 $\boldsymbol{a}$（$\boldsymbol{a}\neq\boldsymbol{0}$）共线，当且仅当有唯一一个实数 λ，使得 $\boldsymbol{b}=\lambda\boldsymbol{a}$。

平面向量共线定理的推论：设点 A，B 互异，O 是不在直线 AB 上的任意一点，则点 C 与点 A，B 共线，当且仅当存在实数 λ，μ，使得 $\overrightarrow{OC}=\lambda\overrightarrow{OA}+\mu\overrightarrow{OB}$，且 $\lambda+\mu=1$。

例 1　如图 4，在平行四边形 $ABCD$ 中，E，F 分别是 AD，DC 的中点，BE，BF 分别与 AC 交于 R，T 两点，你能发现 AR，RT，TC 之间的关系吗？

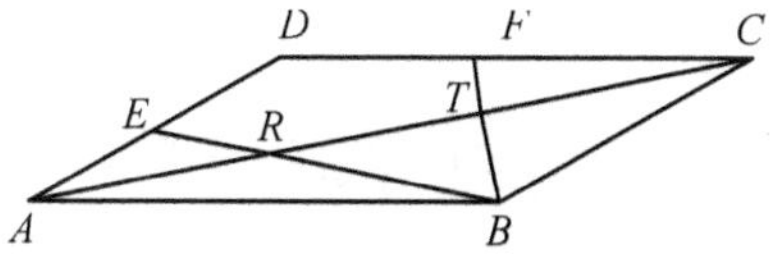

图 4

意图：本题是教材中的例题，通过学习本题，一方面可以起到复习回顾的作用，另一方面可以引入平面向量共线定理及其推论。本题解法多样，既可以用传统的几何方法解答，又可以用向量法解答。两种方法各有千秋，难分伯仲，可以给学生制造"解法选择"上的困惑，为后续的例题解答"造势"。

例 2　如图 5，在△ABC 中，$\overrightarrow{OC}=\frac{1}{4}\overrightarrow{OA}$，$\overrightarrow{OD}=\frac{1}{2}\overrightarrow{OB}$，$AD$ 与 BC 交于点 M，设 $\overrightarrow{OA}=\boldsymbol{a}$，$\overrightarrow{OB}=\boldsymbol{b}$。

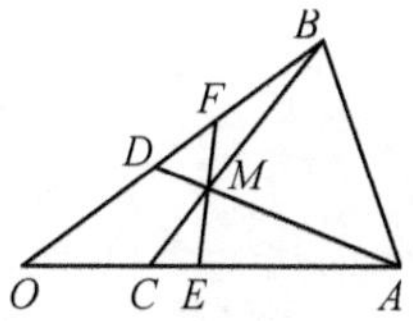

图 5

(1)试用 $\boldsymbol{a}$，$\boldsymbol{b}$ 表示 $\overrightarrow{OM}$；

(2)在线段 AC 上取一点 E，线段 BD 上取一点 F，使 EF 过点 M，设 $\overrightarrow{OE}=\lambda\overrightarrow{OA}$，$\overrightarrow{OF}=\mu\overrightarrow{OB}$，求证：$\frac{1}{7\lambda}+\frac{3}{7\mu}=1$。

意图：本题利用传统的几何法很难有所作为，为向量法的引入提供了有利的契机。本题可以充分说明，用向量法解决的问题可以更具一般性，而平面向量共线定理是最有力的工具。

例 3　如图 6，A，B，C 是半径为 1 的圆 O 上的三点，线段 OC 与线段 AB 交于圆内一点 M，若 $\overrightarrow{OC}=m\overrightarrow{OA}+n\overrightarrow{OB}(m>0,n>0)$，$m+n=2$，则 OM 的长度为________。

变式 1　给定两个长度为 1 的平面向量 $\overrightarrow{OA}$ 和 $\overrightarrow{OB}$，它们的夹角为 120°。如

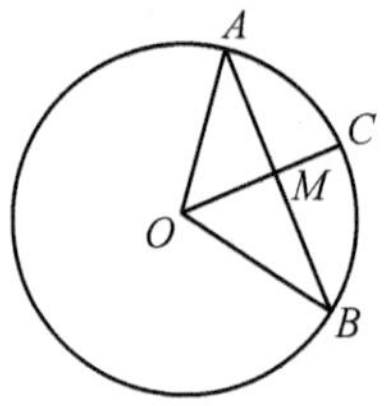

图 6

图 7，点 C 在以 O 为圆心的圆弧 AB 上变动，若 $\overrightarrow{OC}=x\overrightarrow{OA}+y\overrightarrow{OB}$，其中 $x,y\in\mathbf{R}$，则 $x+y$ 的最大值是________。

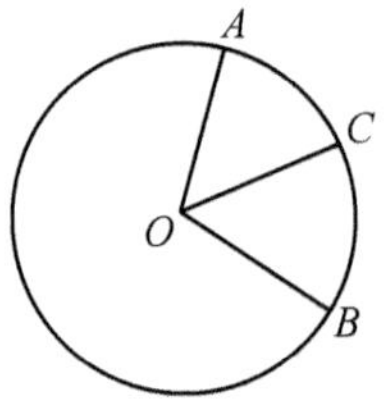

图 7

变式 2 如图 8，A,B,C 是圆 O 上的三点，CO 的延长线与线段 BA 的延长线交于圆 O 外一点 D，若 $\overrightarrow{OC}=m\overrightarrow{OA}+n\overrightarrow{OB}$，则 $m+n$ 的取值范围是（　　）。

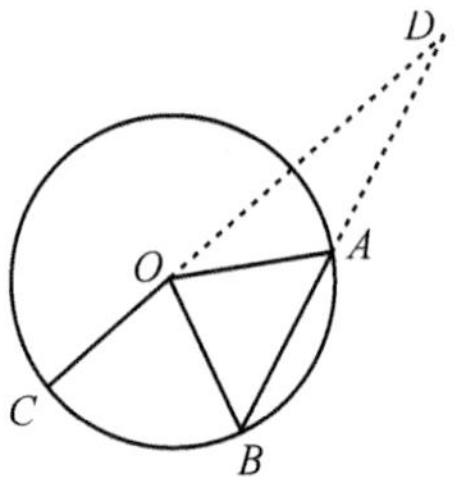

图 8

A. $(0,1)$　　　　B. $(1,+\infty)$

C. $(-\infty,-1)$　　　　D. $(-1,0)$

意图：通过变式，促进学生的思维从解答静态问题向探索动态问题迁移，进一步熟悉平面向量共线定理的应用，达到熟能生巧的目的。

（二）"问题串"连通思维

"问题串"围绕一个中心问题或核心知识来设计，以"问题"为载体。教师根据学生已掌握的旧知识、对新知识可能接受的情况以及思维模式特征等，设计一连串从易到难的"问题串"，组成一个完整的体系。问题串并不是几个问题的简单组合，而是在既定的主题内，综合考虑学情、教学目标、教学内容等因素，设计一组具有较强逻辑关联的问题。问题串能引领学生进行系统、连续的思维活动，从而达成思维上的融会贯通。

在上述教学案例中，对于例1，易猜得 $AR=RT=TC$。让学生尝试解答，学生很容易想到传统的几何法：通过证明三角形相似，或者连接 BD，利用 R,T 为三角形重心的性质，就可以快速得到所需的结果。相比而言，向量法就不那么简洁。若教师为了快速达成解题目标，强行"推销"向量法，就显得"名不正言不顺"，反而无法使学生信服。针对这一情况，教师可以设计以下问题串"连通"学生的思维。

问题1：对于例1而言，与几何法相比，向量法是否具有优势？

问题2：对于例2，几何法是否适用？

问题3：用向量法解决例2的基本思想是什么？

问题4：平面向量共线定理的几何意义是什么？

问题5：平面向量共线定理能解决怎样的问题？

三、既"微"又"创"，揭示数学本质

"微专题"教学的目标应锁定为使学生对数学知识的本质产生更为深刻的理解，使学生的创造潜能得到开发。为此，在"微专题"设计中，不仅问题思路的探索、解题方案的优化、问题答案的修正要得到完整呈现，教师还要引导学生从不同的角度审视问题，鼓励学生提出独创性的见解，使得学生的学习过程成为"再发现、再创造"的过程。

对例2的解法进行总结，学生可以得到以下结论：解此类题目的关键是找到两组满足三点共线条件的点，然后利用平面向量共线定理联立方程，最后解方程；涉及的主要思想方法有待定系数法、基底思想、等价转化思想。因此，对于例3而言，熟用平面向量共线定理就可解决。

方法1：$\overrightarrow{OC}=m\overrightarrow{OA}+n\overrightarrow{OB}\Rightarrow\frac{\overrightarrow{OC}}{2}=\frac{m}{2}\overrightarrow{OA}+\frac{n}{2}\overrightarrow{OB}$，由 $\frac{m}{2}+\frac{n}{2}=1$ 得 A、B、OC 的中点三点共线。由于 M 是 OC 与 AB 的交点，所以 M 就是 OC 的中点，所以 $|\overrightarrow{OM}|=\frac{1}{2}$。

方法2：$\overrightarrow{OC}=\frac{\overrightarrow{OM}}{|\overrightarrow{OM}|}\Rightarrow\frac{\overrightarrow{OM}}{|\overrightarrow{OM}|}=m\overrightarrow{OA}+n\overrightarrow{OB}\Rightarrow\overrightarrow{OM}=m|\overrightarrow{OM}|\overrightarrow{OA}+$

$n|\overrightarrow{OM}|\overrightarrow{OB}$，因为 A,B,M 三点共线，所以 $m|\overrightarrow{OM}|+n|\overrightarrow{OM}|=1\Rightarrow|\overrightarrow{OM}|=\frac{1}{2}$。

变式 1 和变式 2 与例 3 在解题思路上别无二致，借助例 1 的结论，解题过程更加简便。

变式 1： 由例 3 得，$x|\overrightarrow{OM}|+y|\overrightarrow{OM}|=1\Rightarrow x+y=\frac{1}{|\overrightarrow{OM}|}$，要使 $x+y$ 最大，则 $|\overrightarrow{OM}|$ 应最小。可得当 $OM\perp AB$ 时，$x+y$ 的最大值为 2。

变式 2： $\overrightarrow{OC}=-\frac{\overrightarrow{OD}}{|\overrightarrow{OD}|}\Rightarrow\overrightarrow{OD}=-|\overrightarrow{OD}|m\overrightarrow{OA}-|\overrightarrow{OD}|n\overrightarrow{OB}\Rightarrow m+n=-\frac{1}{|\overrightarrow{OD}|}$，因为 $|\overrightarrow{OD}|\in(1,+\infty)$，所以 $m+n\in(-1,0)$，选 D。

对于选择题与填空题，还可以"小题小做"。

变式 1： 找特殊位置，当点 C 位于弧 AB 的中点处时，$\overrightarrow{OC}=\overrightarrow{OA}+\overrightarrow{OB}$，此时 $x=y=1\Rightarrow x+y=2$，若点 C 在其他位置，如图 8，根据向量加法的平行四边形法则，作图发现 x 与 y 的值呈现"一增一减"的变化，并且减少幅度比增加幅度大，所以 $x+y<2$，猜得 $x+y$ 最大为 2。

变式 2： 由于点 C 在 OD 的反向延长线上，可得 $m+n$ 的值必为负，排除 A，B 选项。考虑特殊情况，当 $\overrightarrow{OC}$ 与 $\overrightarrow{OB}$ 垂直，$\angle AOB=60^\circ$ 时，容易求得 $m+n=-\frac{\sqrt{3}}{3}$，所以选 D。

通过上述设计，不仅使平面向量共线定理的应用得到优化，而且还有了新的收获："找特殊位置，关注临界状态"是解决动态问题的简便方法。

微博、微信、微课、微作文……当今的中国已经悄然进入"微时代"，"微专题"应运而生。在"微专题"的设计中，教师必须关注以上三个要素，系统地把握教材，理解学生，才能使"微专题"更好地为高三复习教学服务。

2.5 崇尚自然解法的一题一课微专题复习

在日常教学中，经常通过对一个问题的条件、结论形式和结构特征进行有效辨别分析、提炼联想、化归转化等，寻找解决问题的突破口，再利用基本结论实现一题多解、拓展延伸、纵横联系，将孤立问题串联起来，揭示问题的本质与内涵，从而使问题自然而然地得到解决。这样不但能使学生在解题时举一反三、触类旁通，而且让学生体验了数学中研究问题解决方法的历程，发展了创新意识。正如美国著名数学教育家波利亚所说，一个专心的、认真备课的教师能够拿出一道有意义但又不太复杂的题目，去帮助学生挖掘问题的各个方面，这道题就像一道门户，把学生引入一个完整的理论领域。

一、考题呈现

题目 已知数列 $\{x_n\}$ 满足：$x_1=1, x_n=x_{n+1}+\ln(1+x_{n+1})(n\in\mathbf{N}^*)$，证明：当 $n\in\mathbf{N}^*$ 时，

(1) $0<x_{n+1}<x_n$；

(2) $2x_{n+1}-x_n\leqslant\frac{x_nx_{n+1}}{2}$；

(3) $\frac{1}{2^{n-1}}\leqslant x_n\leqslant\frac{1}{2^{n-2}}$。

本题是涉及数列、不等式和函数等知识的综合问题。数列是高中数学的重要内容之一，不等式是高中数学培养学生思维能力的良好载体，它们是高中数学的主干与核心内容。当两者交汇后，问题常常灵活多变、扑朔迷离。本题作为一道压轴题，能较好地甄别各个思维层次的学生的知识与能力水平，具有高考试题应有的选拔功能。从命题来源来看，本题具有深刻的高等数学背景，如泰勒展开式、对数均值不等式等，有一定的深度与广度，体现出命题人高屋建瓴的命题技术。从思想方法上来看，本题考查了数形结合、构造函数、分类讨论等重要的思想方法，是融知识与思想方法为一体的一道好题。从题目结构上来看，本题语言表述简洁，设问层层递进，解题入口宽，全题层次多、有梯度，易于入手但深入

较难。

本文基于下面六个基本结论，对题目中每个小问各用四种方法证明。

① $\ln(1+x)\geqslant\frac{x}{1+x}(x\geqslant 0)$；

②泰勒展开式：$\ln(1+x)=x-\frac{x^2}{2}+\frac{x^3}{3}+o(x^3)(x>0)$；

③对数均值不等式：$\sqrt{ab}<\frac{a-b}{\ln a-\ln b}<\frac{a+b}{2}$；

④ $\ln x\leqslant x-1(x>0)$；

⑤ $\ln(x+1)\leqslant x(x>0)$；

⑥ $\ln(1+x)>\frac{2x}{2+x}(x>0)$。

二、解法探究

（一）第(1)问证明

解法 1: 作差法。

令函数 $f(x)=x+\ln(1+x)$，则易得 $f(x)$ 在 $[0,+\infty)$ 上为增函数。

又 $x_n=f(x_{n+1})$，因为 $x_1=1>0$，所以 $f(x_2)>0=f(0)$ 成立，从而 $x_2>0$。

以此类推，可知 $x_n>0, x_{n+1}>0$。

由 $x_n-x_{n+1}=x_{n+1}+\ln(1+x_{n+1})-x_{n+1}=\ln(1+x_{n+1})>0$ 得 $x_n>x_{n+1}$，所以 $0<x_{n+1}<x_n$。

解法 2: 作商法。

因为 $x_{n+1}\neq 0$，已知 $x_n=x_{n+1}+\ln(1+x_{n+1})$，得 $\frac{x_n}{x_{n+1}}=1+\frac{\ln(1+x_{n+1})}{x_{n+1}}$。

因为 $\frac{\ln(1+x_{n+1})}{x_{n+1}}>0$（分类讨论：$-1<x_{n+1}<0$ 和 $x_{n+1}>0$），所以 $\frac{x_n}{x_{n+1}}=1+\frac{\ln(1+x_{n+1})}{x_{n+1}}>0$。

即 x_n 和 x_{n+1} 同号，而 $x_1=1>0$，故 $x_{n+1}>0$。

由上可知 $\frac{x_n}{x_{n+1}}=1+\frac{\ln(1+x_{n+1})}{x_{n+1}}>1$。

因为 $x_{n+1}>0$，所以 $x_{n+1}<x_n$。

解法 3:数学归纳法。

令函数 $f(x)=x+\ln(1+x)$，则易得 $f(x)$ 在$[0,+\infty)$上为增函数。

①当 $n=1$ 时，$x_1=x_2+\ln(1+x_2)=1=f(x_2)>f(0)=0$，所以 $x_2>0$。

从而 $x_2-x_1=-\ln(1+x_2)<0$，故 $0<x_2<x_1$。

②假设当 $n=k(k>1,k\in\mathbf{N}^*)$ 时，$0<x_{k+1}<x_k$ 成立，那么 $f(0)<f(x_{k+1})<f(x_k)$，所以 $0<x_{k+2}<x_{k+1}$，即当 $n=k+1$ 时，不等式 $0<x_{k+2}<x_{k+1}$ 也成立。

综上可知 $0<x_{n+1}<x_n$ 对 $n\in\mathbf{N}^*$ 成立。

解法 4:反证法。

假设存在 $n_0\in\mathbf{N}^*$，使得 $-1<x_{n_0}\leqslant 0$，则 $x_{n_0-1}=x_{n_0}+\ln(1+x_{n_0})\leqslant 0$。

若 $n_0>2$，则同理可得 $x_{n_0-2}\leqslant 0$。

如此进行下去，可得 $x_1\leqslant 0$，这与已知 $x_1=1$ 矛盾，所以假设不成立，故 $x_{n+1}>0$，$\ln(1+x_{n+1})>0$。

故 $x_n-x_{n+1}=\ln(1+x_{n+1})>0$，得 $x_n>x_{n+1}$。

评析　第(1)问分两步证明：第一步证明数列的每一项均为正数；第二步证明数列是递减数列。两数比较大小问题，通法是作差法或作商法，解法 1 和解法 2 分别通过作差、作商的大胆尝试，使问题得到完美证明。对于递推数列不等式与自然数密切联系的命题，解法 3(数学归纳法)是常用方法之一。由于已知 x_k 和 x_{k+1} 的等量关系，根据数列是特殊的函数这个特性，自然而然地想到构造函数，利用函数的单调性来证明不等式及数列的单调性。作差法和数学归纳法都要运用函数与方程的思想。正难则反是通常做法，解法 4(反证法)是一种比较好的解决问题的办法。总之，无论用哪种方法，善于分析问题的条件和结论的基本结构特征，是问题得到顺利解决的关键所在。

(二)第(2)问证明

解法 1:构造函数法。

$$2x_{n+1}-x_n-\frac{x_n x_{n+1}}{2}=2x_{n+1}-[x_{n+1}+\ln(1+x_{n+1})]\left(1+\frac{x_{n+1}}{2}\right)。$$

令 $x_{n+1}=t>0$，研究函数 $g(t)=2t-[t+\ln(1+t)]\left(1+\frac{t}{2}\right)$。

$g'(t)=\frac{-1}{2(1+t)}+\frac{1}{2}-\frac{t}{2}-\frac{\ln(t+1)}{2}<0$，所以 $g(t)$ 单调递减，$g(t)<g(0)=0$，因此 $2x_{n+1}-x_n-\frac{x_nx_{n+1}}{2}\leqslant 0$，即 $2x_{n+1}-x_n\leqslant\frac{x_nx_{n+1}}{2}$。

解法 2:利用基本结论①。

由基本结论①得：$\ln(1+x_{n+1})>\frac{x_{n+1}}{1+x_{n+1}}$。

因此 $x_n=x_{n+1}+\ln(1+x_{n+1})>x_{n+1}+\frac{x_{n+1}}{1+x_{n+1}}=\frac{2x_{n+1}+x_{n+1}^2}{1+x_{n+1}}$。

因为 $\frac{2x_{n+1}+x_{n+1}^2}{1+x_{n+1}}-\frac{4x_{n+1}}{2+x_{n+1}}=\frac{x_{n+1}^3}{(1+x_{n+1})(2+x_{n+1})}>0$，所以 $x_n\geqslant\frac{4x_{n+1}}{2+x_{n+1}}$，即 $2x_{n+1}-x_n\leqslant\frac{x_nx_{n+1}}{2}$。

解法 3:利用基本结论②。

由基本结论②得 $\ln(1+x)\geqslant x-\frac{x^2}{2}$，从而 $x_n=x_{n+1}+\ln(1+x_{n+1})\geqslant x_{n+1}+x_{n+1}-\frac{x_{n+1}^2}{2}\geqslant 2x_{n+1}-\frac{x_nx_{n+1}}{2}$，即 $2x_{n+1}-x_n\leqslant\frac{x_nx_{n+1}}{2}$。

解法 4:利用基本结论③。

由基本结论③得 $\frac{1+x_{n+1}-1}{\ln(1+x_{n+1})-\ln 1}<\frac{1+x_{n+1}+1}{2}$。

上式可化为 $\frac{x_{n+1}}{x_n-x_{n+1}}<\frac{2+x_{n+1}}{2}$，所以 $2x_n+x_nx_{n+1}\geqslant 4x_{n+1}+x_{n+1}^2\geqslant 4x_{n+1}$，即 $2x_{n+1}-x_n\leqslant\frac{x_nx_{n+1}}{2}$。

评析 解法 1 主要运用函数与方程的思想方法，先作差，再构造函数求导，这样思路会比较自然。利用递推关系式将问题转化为一个变量的恒成立问题，再通过适当变形，构造新函数，转化为最值问题，最后利用函数的单调性证明递推数列公式的不等关系。解法 2 中的基本结论①很难想到，对学生平时的知识积累有较高的要求，如果知道基本结论①，问题就会迎刃而解。解法 3 的证明凸显了高等数学中泰勒展开式的背景。解法 4 用了对数均值不等式及不等式的放缩技巧，充分展示了不等式证明的开放性和灵活性。对数均值不等式是函数极值偏移定理的一个应用。解法 3 和解法 4 都体现了以高点站位的视角解题的优越性与便捷性。

（三）第(3)问证明

解法 1：利用基本结论④。

由基本结论④得 $x_n = x_{n+1} + \ln(1 + x_{n+1}) \leqslant 2x_{n+1}$。

于是 $\dfrac{x_{n+1}}{x_n} \geqslant \dfrac{1}{2}$，这样就有 $\dfrac{x_n}{x_1} = \prod\limits_{k=1}^{n-1} \dfrac{x_{k+1}}{x_k} \geqslant \left(\dfrac{1}{2}\right)^{n-1}$，待证不等式的左边成立。

根据第(2)问结论，有 $\dfrac{2}{x_n} - \dfrac{1}{x_{n+1}} \leqslant \dfrac{1}{2}$。

考虑不动点，有 $\dfrac{\dfrac{1}{x_{n+1}} - \dfrac{1}{2}}{\dfrac{1}{x_n} - \dfrac{1}{2}} \geqslant 2$，因此可得 $\dfrac{1}{x_n} - \dfrac{1}{2} \geqslant 2^{n-2}$，从而 $x_n \leqslant \dfrac{1}{2^{n-2} + \dfrac{1}{2}} \leqslant \dfrac{1}{2^{n-2}}$，待证不等式的右边也成立。

综上所述，原命题得证。

解法 2：迭代法。

将(2)中的结论变形为 $\dfrac{1}{x_{n+1}} \geqslant \dfrac{2}{x_n} - \dfrac{1}{2}$，即 $\dfrac{1}{2^{n+1}x_{n+1}} \geqslant \dfrac{1}{2^n x_n} - \dfrac{1}{2^{n+2}}$，递推可得 $\dfrac{1}{2^n x_n} \geqslant \dfrac{1}{2x_1} - \left(\dfrac{1}{2^3} + \dfrac{1}{2^4} + \cdots + \dfrac{1}{2^{n+1}}\right) = \dfrac{1}{2} - \dfrac{8\left(1 - \dfrac{1}{2^{n-1}}\right)}{1 - \dfrac{1}{2}} = \dfrac{1}{4} + \dfrac{1}{2^{n+1}}$，故 $x_n \leqslant \dfrac{1}{2^{n-2}} (n \in \mathbf{N}^*)$。

不等式左边的证法同解法 1。

解法 3：利用几何意义。

由(1)可知 $x_{n+1} \leqslant x_n$，所以点 (x_2, x_1)，(x_3, x_2)，(x_4, x_3)，…，(x_{n+1}, x_n) 在 $f(x) = x + \ln(1 + x)$ 的图象上从左到右排列，$\dfrac{x_n}{x_{n+1}}$ 的几何意义为点 (x_{n+1}, x_n) 与原点连线的斜率，由图象可知 $\dfrac{x_n}{x_{n+1}} < \cdots < \dfrac{x_3}{x_4} < \dfrac{x_2}{x_3} < \dfrac{x_1}{x_2} \leqslant f'(0)$，而 $f'(0) = 2$，所以 $\dfrac{x_n}{x_{n+1}} \leqslant 2$。

下同解法 1。

解法 4:数学归纳法。

先证明不等式：$x_n \leqslant \dfrac{1}{2^{n-2}+\dfrac{1}{2}}(n \in \mathbf{N}^*)$。

由(2)可知 $x_{n+1} \leqslant \dfrac{2x_n}{4-x_n}$，函数 $f(x)=\dfrac{2x}{4-x}$ 在(0,1)上单调递增。

当 $n=1$ 时，$\dfrac{1}{2^{n-2}+\dfrac{1}{2}}=1, x_1 \leqslant 1$，命题成立。

假设当 $n=k(k>1, k \in \mathbf{N}^*)$ 时命题成立，即 $x_k \leqslant \dfrac{1}{2^{k-2}+\dfrac{1}{2}}$；

当 $n=k+1$ 时，$x_{k+1} \leqslant \dfrac{2x_k}{4-x_k} \leqslant \dfrac{2}{4\left(2^{k-2}+\dfrac{1}{2}\right)-1}=\dfrac{2}{2^k+1}=\dfrac{2}{2^{(k+1)-2}+\dfrac{1}{2}}$。

因此当 $n=k+1$ 时，结论也成立。

综上，对一切正整数 $n, x_n \leqslant \dfrac{1}{2^{n-2}+\dfrac{1}{2}} \leqslant \dfrac{1}{2^{n-2}}$。

不等式左边的证法同解法 1。

评析 第(3)问是该问题的核心和精彩部分，其解答要用到第(2)问的结论，这是这道高考题的一大特色。解法 1 的证明利用重要的函数不等式 $\ln(x+1) \leqslant x$ 的结论，比较容易证明。解法 2 的证明是近年来各地高考及模拟考中频繁出现的数列不等式证明方法，可以直接利用不等式递推得到，也可以用一阶线性递推数列的通项公式求解，对于学生而言并不陌生。如果直接用数学归纳法的话，就会掉入陷阱，思路受阻，因此解法 4 先证明了一个加强的不等式，这样所要求证的不等式就显而易见了。

三、拓展延伸

题目 已知数列$\{x_n\}$满足：$x_1=1, x_n=x_{n+1}+\ln(1+kx_{n+1})(n \in \mathbf{N}^*, k>0)$，证明：当 $n \in \mathbf{N}^*$ 时，

(1) $(1+k)x_{n+1}-x_n \leqslant \dfrac{k}{2}x_n x_{n+1}$；

(2) $\dfrac{1}{(1+k)^{n-1}} \leqslant x_n \leqslant \dfrac{2}{1+(1+k)^{n-1}}$。

证明:(1)欲证 $(1+k)x_{n+1}-x_n\leqslant\frac{k}{2}x_nx_{n+1}$，只需证 $kx_nx_{n+1}-2(1+k)x_{n+1}+2x_n\geqslant 0$，即 $kx_{n+1}^2-2kx_{n+1}+kx_{n+1}\ln(1+kx_{n+1})+2\ln(1+kx_{n+1})\geqslant 0$。

设 $f(x)=kx^2-2kx+kx\ln(1+kx)+2\ln(1+kx)$，

则 $f'(x)=2kx-2k+k\ln(1+kx)+\frac{k^2x}{1+kx}+\frac{2k}{1+kx}$

$=\frac{2k^2x^2-k^2x+2kx}{1+kx}+k\ln(1+kx)>\frac{2k^2x^2-k^2x+2kx}{1+kx}+k\cdot\frac{2kx}{2+kx}$

$>\frac{2k^2x^2+2kx}{1+kx}-\frac{k^2x}{1+kx}+\frac{k^2x}{1+\frac{1}{2}kx}>0$。

从而 $f(x)\geqslant f(0)=0$，$f(x_{n+1})\geqslant 0$ 得证。

(2)由基本结论⑤得 $x_n=x_{n+1}+\ln(1+kx_{n+1})<(k+1)x_{n+1}$，

即 $\frac{x_{n+1}}{x_n}>\frac{1}{k+1}$，所以 $x_n\geqslant x_1\cdot\frac{1}{(k+1)^{n-1}}=\frac{1}{(k+1)^{n-1}}$，

从而 $(1+k)x_{n+1}-x_n\leqslant\frac{k}{2}x_nx_{n+1}$，即$\frac{1+k}{x_n}-\frac{1}{x_{n+1}}\leqslant\frac{k}{2}$，

进而得$\frac{1}{(k+1)^{n-1}x_{n-1}}-\frac{1}{(k+1)^nx_n}\leqslant\frac{k}{2(k+1)^n}$，…，$\frac{1}{(k+1)x_1}-\frac{1}{(k+1)^2x_2}\leqslant\frac{k}{2(k+1)^2}$。

累加得 $\frac{1}{k+1}-\frac{1}{(k+1)^nx_n}\leqslant\frac{k}{2}\left[\frac{1}{(k+1)^2}+\cdots+\frac{1}{(k+1)^n}\right]$，

化简得 $x_n\leqslant\frac{2}{(k+1)^{n-1}+1}$，所以 $\frac{1}{(k+1)^{n-1}}\leqslant x_n\leqslant\frac{2}{(k+1)^{n-1}+1}$ 成立。

推广 1　已知数列 $\{x_n\}$ 满足：$x_1=1$，$x_n=x_{n+1}+\ln(1+x_{n+1})(n\in\mathbf{N}^*)$，证明：当 $n\in\mathbf{N}^*$ 时，(1) $x_n>\frac{4x_{n+1}+x_{n+1}^2}{2+x_{n+1}}$；(2) $x_n\leqslant\frac{1}{2^{n-2}+\frac{1}{2}}$。

证明:(1)欲证 $x_n>\frac{4x_{n+1}+x_{n+1}^2}{2+x_{n+1}}$，即证 $x_n\geqslant\frac{4x_{n+1}}{2+x_{n+1}}$。

由基本结论⑥得 $\ln(1+x)>\frac{2x}{2+x}$，

所以 $x_n=x_{n+1}+\ln(1+x_{n+1})>x_{n+1}+\frac{2x_{n+1}}{2+x_{n+1}}$。

(2)同前文第(3)问解法 4。

推广 2 已知数列 $\{x_n\}$ 满足：$x_1>0, x_n=x_{n+1}+\ln(1+x_{n+1})(n\in\mathbf{N}^*)$，证明：当 $n\in\mathbf{N}^*$ 时，$2x_{n+1}-x_n\leqslant\dfrac{x_nx_{n+1}}{2}$。

证明： 欲证 $2x_{n+1}-x_n\leqslant\dfrac{x_nx_{n+1}}{2}$，只需证 $\dfrac{x_nx_{n+1}}{2}-2x_{n+1}+x_n\geqslant 0$，

即证 $\dfrac{1}{2}[x_{n+1}^2-2x_{n+1}+(x_{n+1}+2)\ln(1+x_{n+1})]\geqslant 0$。

设 $f(x)=x^2-2x+(x+2)\ln(1+x)$，

因为 $x>0$，所以 $f'(x)=2x-2+\ln(1+x)+\dfrac{x+2}{x+1}=\dfrac{2x^2+x}{x+1}+\ln(1+x)>0$，则 $f(x)$ 在 $[0,+\infty)$ 上单调递增，$f(x)\geqslant f(0)=0$。

因为 $x_{n+1}>0$，所以 $f(x_{n+1})\geqslant 0$，即 $2x_{n+1}-x_n\leqslant\dfrac{x_nx_{n+1}}{2}$。

四、思考与启示

利用基本结论求解，首先要从题意中识别有用信息，主要是弄清条件是什么，结论是什么，从而建立条件与结论之间的逻辑联系。从题目的叙述中获取有用信息，知识与经验是前提。其次是提取基本结论，通过联想从记忆中提取基本结论，良好的认知结构和解题策略的恰当选择是提取有关基本结论的基础。最后进行有效组合，将有用信息和基本结论进行有效组合，使之成为一个和谐的逻辑结构，解题就变成了水到渠成的过程。为了实现“解题教学以提升学生学科素养为目的”的理念，还需要注意以下几点。

(一)实现知识体系从点到块的整合

从思维的角度看，利用基本结论解题体现思维积极的正迁移，解题变成把新题转化为已经解过的题的化归过程；从方法论的角度看，将基本结论与题目条件、结论相联系来思考问题，既可防止无关信息的负面干扰，又能实现知识体系从点到块的整合，提高思维的灵活性和广阔性。因此，在平时的教学过程中要暴露知识和方法形成的思维过程，注重知识横向与纵向的内在联系，及时总结归纳，形成知识网络。要善于引导学生将所学的内容整理归纳、加工提炼，整理有

长久保存价值的基本结论,并有意识地进行理解和储存,在遇到新问题时唤醒积累的数学模型,选择求解过程较简单的数学模型加以运用。

(二)促进题目解法的自然生成

数学的首要任务是解题,解题是数学课中最有创造性的精彩华章,因此要引导学生喜欢数学,不要惧怕解题,因为数学是自然的、清楚的、有趣的。拿到一道题目后,只要想想数学知识的背景和形成过程,想想它与其他知识的联系,想想有关的基本结论、数学思想方法和通性通法,就能体会到做数学题目是水到渠成、浑然天成的,解答过程不仅合情合理,还很有人情味。在解题教学中,解法的生成应该从学生已有的知识经验和思考基础出发,从知识储备中提取有关的基本结论,选择准确、科学的思维起点,使解题的思路更加开阔,解题过程自然流畅。易于辨认、随时提取、简单和谐的数学模型,自然流畅、快捷有效的解题思路,能促进学生在解题时自然地生成解法。

(三)倡导从"做会"到"会做"的精准复习

"数学问题的宝藏是无穷无尽的,一个问题一旦解决,无数新的问题就会取而代之。"因此,一道有意义的题目解完了,思考不能停,要进一步思考问题的本质是什么,能否将结论进行推广等等。这与倡导以提高学生学科核心素养为目标的解题教学相吻合。为了在解题教学中提高学生的数学核心素养,要更新教学观念。首先,培养和提升核心素养不能依赖模仿、记忆,需要理解、感悟,更需要主动、自觉,要将"以生为本"的理念与教学实际有机结合;其次,对一题多解的解法,要寻求合情合理的优化选择,让学生体会到优秀的解法往往都是自然的;最后,教师引导学生对问题进行合理的延伸拓展,感悟研究数学问题的一般方法。只有这样,才能使学生主动地融入解题的认知活动中,从"做会"到"会做",在解题教学过程中潜移默化地培育学生关键的能力和必备的品质。

2.6 基于问题链的数学微专题设计

——以“两边夹”解题策略微专题为例

引入“问题链”可以有效弥补微专题的“不足”，正所谓“学起于思，思源于疑”。一方面，问题链为学生提供了数学学习的骨架，使学生能够经问题链获得较高水平的数学知识；另一方面，问题链中问题间的跨度又为学生的高水平思维提供了无限的可能。在数学微专题设计中，如果能够把问题链有机地融合在其中，学生就可以通过问题链驱动学习的进程，实现数学知识的自主探究与思维的自主建构。下面以“两边夹”解题策略微专题为例，谈谈基于问题链的数学微专题设计。

一、设计“认知冲突链”，让学生“想学”

“认知冲突链”的设计可以按照“回忆—尝试—评价—激发”的逻辑主线展开。在学生面对相对陌生的题目时，先让学生“回忆”题目的类别，引导学生从已有的认知结构中寻找解题方式，让学生利用已有的解题经验去“尝试”解题，再对解题过程进行“评价”，分析原有方法存在的不足，“激发”学生进一步探索的欲望。

引例 已知函数 $f(x)=|x^2-2x-t|(t\in \mathbf{R})$ 在区间 $[0,3]$ 上的最大值为 2，则实数 t 的值为________。

【回忆】这个问题属于哪类问题？以前是否接触过类似的题目？以前你是用什么方法解决的？

这是一个求函数最值的问题，这个函数是二次函数外加“绝对值”构成的，其图象呈现“W”形，一般可以通过图象来确定其最值。

【尝试】函数的最大值在什么情况下取到？如何确定 t 的值？

结合图象，其最大值只有在 $f(0)=|t|$，$f(1)=|t+1|$，$f(3)=|t-3|$ 处取得，然后逐一验证来确定 t 的值。

①当 $f(x)_{\max}=f(0)$ 时，$t=\pm 2$。

$t=2\Rightarrow f(1)=3>2$，$t=-2\Rightarrow f(3)=5>2$，所以 $t=\pm 2$ 不合题意。

②当 $f(x)_{\max} = f(1)$ 时，$t = 1$ 或 $t = -3$。

$t = 1 \Rightarrow f(0) = 1, f(3) = 2$，符合题意；$t = -3 \Rightarrow f(0) = 3 > 2, f(3) = 6 > 2$，不合题意。

③当 $f(x)_{\max} = f(3)$ 时，$t = 1$ 或 $t = 5$。

$t = 5 \Rightarrow f(0) = 5 > 2, f(1) = 6 > 2$，不合题意，所以 $t = 1$。

【评价】你能否想到这种解法？你对这种解法有什么看法？

这是一种比较常规的解法，相信多数学生都能够理解并掌握。这种解法虽然容易想到，但涉及分类讨论，解题过程相对烦琐，不便于推广。

【激发】解题一般有多个视角，既然这种解法比较烦琐，你能否想到更好的解法？

首先肯定学生的解题成果，然后针对解题过程中存在的弊端，激发学生进一步思考的欲望。

二、设计“思维导向链”，让学生“学会”

“思维导向链”的设计可以按照“提示—回归—迁移—归纳”的逻辑主线展开。首先，通过“提示”性的语句打破学生的思维定式，让学生知道还存在更好的解题方法；然后，让研究的视角转向学生熟悉的、相对简单的题目，从而使学生的思维“回归”到问题的起点，进而发现新的解题思路；接着，尝试把解题思路“迁移”到复杂问题的解决过程中；最后，经过总结分析，“归纳”解决问题的核心思想方法。

【提示 1】如何把“函数 $f(x) = |x^2 - 2x - t|\ (t \in \mathbf{R})$ 在区间$[0,3]$上的最大值为 2”用不等式表示出来？如何去掉绝对值？

此条件等价于 $|x^2 - 2x - t| \leqslant 2$。去绝对值一般有两种方法：一是两边平方，这样做运算量比较大；二是根据绝对值的定义直接展开得 $-2 \leqslant x^2 - 2x - t \leqslant 2$。

【提示 2】能否把参数 t 表示出来？

参数分离后，得到 $x^2 - 2x - 2 \leqslant t \leqslant x^2 - 2x + 2$。

【提示 3】不等式 $x^2 - 2x - 2 \leqslant t \leqslant x^2 - 2x + 2$ 具有什么内在的意义？

这是一个表示“恒成立”的不等式。

【回归】若不等式 $x^2 - 2x - 2 \leqslant t$ 在区间$[0,3]$上恒成立，如何求 t 的范围？

问题归结为求函数 $g(x) = x^2 - 2x - 2$ 在$[0,3]$上的最大值，利用二次函数的性质，结合图象很容易求出 $g(x)_{\max} = g(3) = 1$。

【迁移】如何通过不等式 $x^2 - 2x - 2 \leqslant t \leqslant x^2 - 2x + 2$ 求 t 的值？

$\max\{x^2 - 2x - 2, 0 \leqslant x \leqslant 3\} \leqslant t \leqslant \min\{x^2 - 2x + 2, 0 \leqslant x \leqslant 3\}$，借助图象，如图 1，得到 $t = 1$。

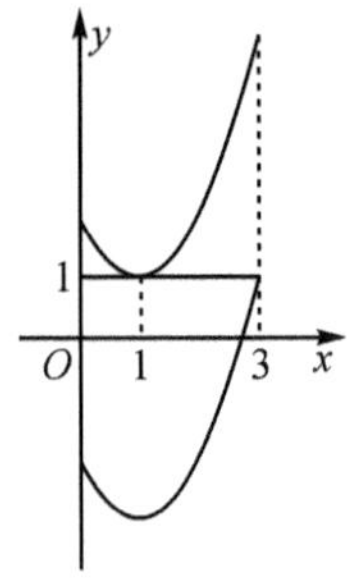

图 1

【归纳】解决这个问题的关键是什么？需要运用哪些思想方法？

去绝对值，把问题转换为函数的最值问题，通过数形结合思想"夹"出参数的值。

三、设计"内化提升链"，让学生"会学"

"内化提升链"在微专题中处于核心地位，可以按照"运用—优化—提炼—强化"的逻辑主线展开。首先，让学生把初步获得的解题方法大胆地"运用"到解题中；其次，在实际操作中通过"优化"解题方法来化解遇到的思维障碍；然后，反思并积累解题经验，使解题方法得到进一步的"提炼"；最后，在教师的"强化"下逐步形成适用性强、灵活多样的解题策略，掌握解题的一般套路。

例 1 设 $a \in \mathbf{R}$，若 $x > 0$ 时均有 $[(a-1)x-1](x^2 - ax - 1) \geqslant 0$，则实数 a 的取值为________。

【运用】这道题目能否利用前面的解题思路加以解决？

问题等价于 $\left[a - \left(1 + \frac{1}{x}\right)\right]\left[a - \left(x - \frac{1}{x}\right)\right] \leqslant 0$ 在 $x > 0$ 时恒成立，根据"两边夹"思想，实数 a 的取值"夹"在曲线 $y = 1 + \frac{1}{x}$ 与 $y = x - \frac{1}{x}$ 之间，如图 2，所以 $a = \frac{3}{2}$。

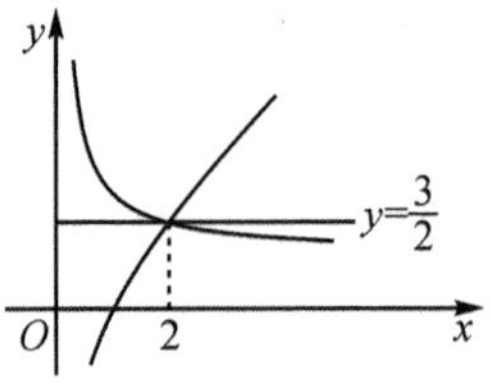

图 2

例 2 已知函数 $f(x) = \left|\frac{2}{x} - ax - b\right| (a, b \in \mathbf{R})$，若对任意的 $x \in [1,2]$，均有 $f(x) \leqslant m$，则实数 m 的最小值为________。

【优化 1】此题与例 1 相比有何不同？

题目中包含多个参数。

【优化 2】对于包含多个参数的式子，如何变形比较合理？

$$\left|\frac{2}{x}-ax-b\right| \leqslant m \Rightarrow -m \leqslant \frac{2}{x}-ax-b \leqslant m \Rightarrow \frac{2}{x}-m \leqslant ax+b \leqslant \frac{2}{x}+m \quad ①。$$

【优化 3】如何利用“两边夹”思想求①式的值？

①式可理解为“两曲线夹一直线”，如图 3，设 $M(1,2-m)$，$N(2,1-m)$，则直线 MN 的方程为 $y=-x+3-m$，当直线 MN 与曲线 $y=\frac{2}{x}+m$ 相切时 m 的值最小，联立方程

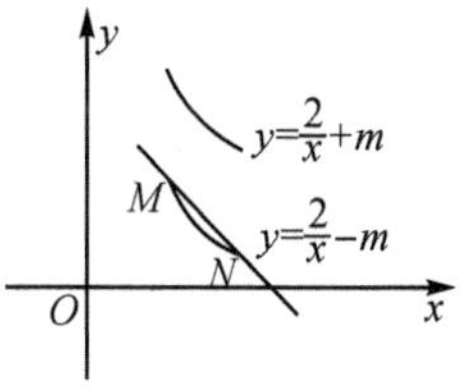

图 3

$\begin{cases} y=\frac{2}{x}+m, \\ y=-x+3-m, \end{cases}$ 得 $x^2+(2m-3)x+2=0$，由 $\Delta=0$ 得 $m=\frac{3+2\sqrt{2}}{2}$。

【提炼】经过对例 2 的解答，你有什么新的收获？

不等式变形是解题的关键，尤其是对包含多个参数的不等式，虽然有多种形式的变形，但要遵循“熟悉”“容易作图”的原则，最后，通过图象“夹”出来。

【强化】**例 3**　已知 $f(x)=\left|x^2+|x-a|-3\right|$ 在 $x\in[-1,1]$ 上的最大值为 2，则实数 a 的值为________。

此题虽然包含了两个绝对值，但万变不离其宗，依然可以用“两边夹”的思想解决。

四、设计“拓展深入链”，让学生“乐学”

“拓展深入链”可以围绕“情境拓展”与“方法拓展”两个层面进行。“情境拓展”旨在通过改变问题的条件、结论与类型，让学生进一步感受解题方法的普适性；“方法拓展”是对已有的思想方法做适当的改进以适应新的题型，让学生体会解题方法的灵活性。“拓展深入链”能够为学生带来极大的成就感，驱使学生从“会学”走向“乐学”。

【情境拓展 1】已知二次函数满足：$f(1)=2$，对于 $x\in\mathbf{R}$ 都有 $-x-1\leqslant f(x)\leqslant 2x^2+3x+1$，求函数 $f(x)$ 的解析式。

此题看似跟前面“含绝对值的最值”不是同一类问题，但把 $x=-1$ 代入不等式 $-x-1\leqslant f(x)\leqslant 2x^2+3x+1$ 后，得到 $0\leqslant f(-1)\leqslant 0$，这显然就是“两边夹”思想的直接应用。然后利用 $f(1)=2$，$f(-1)=0$，联立方程即可求出函数

$f(x)$ 的解析式。

【情境拓展 2】已知函数 $f(x)$ 的定义域为 $\mathbf{R}$，且对 $x,y\in\mathbf{R}$ 都有 $f(x+3)\leqslant f(x)+3$，$f(x+2)\geqslant f(x)+2$，若 $f(1)=2019$，则 $f(2019)=$ ________。

两组不等式 $f(x+3)\leqslant f(x)+3$，$f(x+2)\geqslant f(x)+2$ 的不等号方向相反，可以利用“两边夹”思想建立两个不等式之间的等量关系。

由 $f(x+3)\leqslant f(x)+3$，$f(x+2)\geqslant f(x)+2$ 得：

$f(x)\geqslant f(x+3)-3\Rightarrow f(x+1)\geqslant f(x+4)-3\geqslant f(x+2)-1\geqslant f(x)+1$；

$f(x)\leqslant f(x+2)-2\Rightarrow f(x+1)\leqslant f(x+3)-2\leqslant f(x)+1$。

所以 $f(x+1)=f(x)+1$，$f(2019)=f(2018)+1=f(2017)+2=\cdots=f(1)+2018=4037$。

【方法拓展】设函数 $f(x)=\left|\sqrt{x}-ax-b\right|$，$a,b\in\mathbf{R}$，若对任意实数 a,b，总存在实数 $x_0\in[0,4]$使得不等式 $f(x_0)\geqslant m$ 成立，求实数 m 的取值范围。

此题虽然与前面的例题存在相似之处，但无法直接套用前面“两边夹”的解题步骤，需要对“两边夹”思想进行改进。

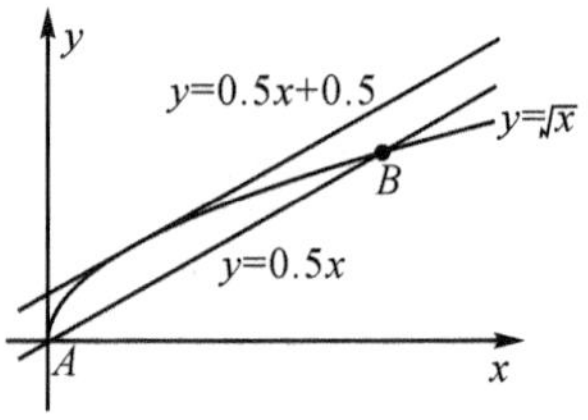

图 4

因为绝对值的几何意义表示“距离”，则 $f(x)=\left|\sqrt{x}-ax-b\right|$可以看作函数 $f_1(x)=\sqrt{x}$ 与 $f_2(x)=ax+b$ 图象上横坐标相同的两点之间的距离，令 $f(x)_{\max}=M$，则 M 的取值应该“夹”在 $f_1(x)$ 与 $f_2(x)$ 之间，如图 4，不难发现 $M\geqslant\dfrac{\frac{1}{2}-0}{2}=\dfrac{1}{4}$，所以 $m\leqslant\dfrac{1}{4}$。

问题是数学的心脏，这是人们对数学发展史的高度概括，对数学本质的深刻认识。在数学微专题中引入问题链，能够促进学生的数学知识体系在不断发现矛盾、解决问题、寻找缺陷、补充不足中逐步走向成熟。众多的问题链构成了数学学习中的方法链、思维链、探究链，通过问题链的导航，最终实现学生从“想学”到“学会”，再到“会学”“乐学”的跨越。

2.7 基于“稚化思维”理念的数学“微专题”设计

——以“多元最值问题”为例

“稚化思维”就是教师把自己的外在权威隐藏起来，在教学时不以一个知识丰富的教师自居，而是把自己的思维降格到学生的思维水平上，亲近学生，接近学生，有意识地退回到与学生相仿的思维状态，设身处地地揣摩学生的学习水平、状态等，有意识地发生一种陌生感、新鲜感，以与学生同样的认知兴趣、学习情绪、思维情境、探究行为来完成教学的和谐共创。简而言之，“稚化思维”就是“惑学生所惑，错学生所错，难学生所难”。那么具体应该如何操作呢？下面笔者就结合“多元最值问题”微专题的设计来谈谈。

一、以学生的实际需求为起点确定主题

学习过程是一个知识生成的过程，“学”蕴涵着“知”的发生与发展，明确“知什么”有助于促进“学”的发生。学生是教学的主体，是教师在课堂上直接的对话者。从表面上看，教师是“教育者”，学生是“被教育者”，但事实上，教学中的思维、决策和行为都是立足于学生的需求而展开的。毋庸置疑，学生才是教师学习与成长中真正的教育者。因此，将微专题的主题定位于“回应学习者需求”才能使微专题发挥应有的功效。微专题的选题一般可以围绕考点细化、知识点延伸、易错点辨析、难点突破、思维角度转换等视角进行，如图1。但具体采用哪个视角，就需要明确学生的实际需求。

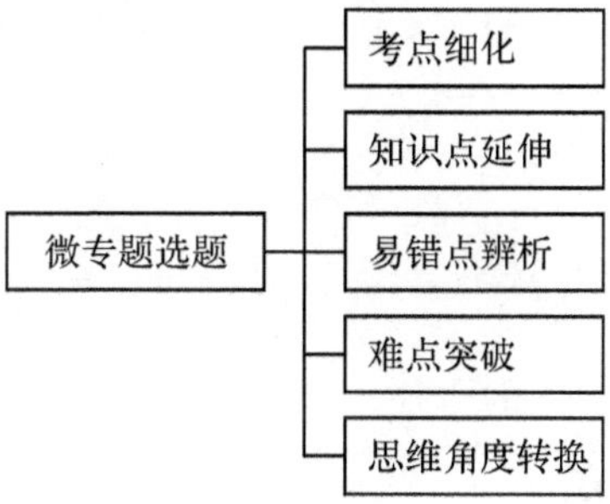

图1

多元最值问题是高中数学学习的重点、难点，也是高考考查的热点。多元最值问题中以二元问题最为常见，也相对简单；对于超过二元的问题，要善于将其转化成二元问题或一元问题。在设计本微专题之前，笔者先对学生存在的问题进行了调查，结果统计如表 1。

表 1　学生在多元最值问题上存在的问题及其比例

存在的问题	所占比例
化简变形能力弱	80.5%
缺乏消元意识	65.7%
函数方程思想薄弱	55.3%
数形结合能力薄弱	47.1%
无法读懂题意	15.5%

根据统计结果，本专题设计的原则是"立足难点和易错点，展现数学思想方法"。基于上述分析，笔者设计了以下微专题。

例 1　已知实数 x,y 满足 $x>y>0$，且 $x+y\leqslant 2$，则 $\frac{2}{x+3y}+\frac{1}{x-y}$ 的最小值为________。

例 2　已知 $x,y,z\in \mathbf{R}_{+}$，$x-2y+3z=0$，则 $\frac{y^2}{xz}$ 的最小值为________。

练习 1　设 x,y 为实数，若 $4x^2+y^2+xy=1$，则 $2x+y$ 的最大值是________。

意图：体会基本不等式在解决此类问题中的重要作用，掌握基本的变形方法。

例 3　已知任意非零实数 x,y 满足 $3x^2+4xy\leqslant\lambda(x^2+y^2)$ 恒成立，则实数 λ 的最小值为________。

例 4　设实数 a,b,c 满足 $a^2+b^2\leqslant c\leqslant 1$，则 $a+b+c$ 的最小值为________。

练习 2　已知 $x+y=1$，$y>0$，$x>0$，则 $\frac{1}{2x}+\frac{x}{y+1}$ 的最小值为________。

意图：消元是化归与转化的方法。针对多元最值问题，可以先消元转化为一元问题，再利用函数知识求解。

例 5　已知 $x,y\in\mathbf{R}$，则 $(x+y)^2+\left(x-\frac{1}{y}-1\right)^2$ 的最小值为________。

意图:数形结合是高中数学的基本思想之一,对于一些看似复杂的代数问题,构造几何模型,以形助数,有“柳暗花明又一村”的效果。

二、以学生的认知结构为起点分析问题

分析问题要以学生已有的认知结构为基础,促进学生从原有知识和经验中构建知识的生长点,通过构建认知“脚手架”,实现从旧知识到新知识的自然过渡。因此,教学设计时教师要尽量避免从数学教材或假想的问题和经验出发,而是要立足学生真实的问题和经验。所谓真实的问题,就是学生头脑中真正存在的问题,它是新知识的固着点。因此,把握学生的固有认识与新现象、新事物之间的矛盾,是分析问题的关键,通过引导学生主动发现这一矛盾,引发有效的数学学习活动,实现让学生学有所思、学有所“成”。

对于例1,我们可以多角度进行问题分析。

视角1:求解二元函数的最值问题,通常有两条途径:一是通过消元,转化为一元函数,再用单调性或基本不等式求解;二是直接用基本不等式求解。因为已知条件中既有和的形式,又有积的形式,不能一步到位求出最值,考虑用基本不等式放缩后,再通过不等式的途径进行。

解法1:因为 $4\geqslant 2x+2y$,

所以 $4\left(\frac{2}{x+3y}+\frac{1}{x-y}\right)\geqslant\left(\frac{2}{x+3y}+\frac{1}{x-y}\right)[(x+3y)+(x-y)]$

$=3+\frac{2(x-y)}{x+3y}+\frac{x+3y}{x-y}$

$\geqslant 3+2\sqrt{2}$,

当且仅当 $x=2\sqrt{2}-1, y=3-2\sqrt{2}$ 时取等号,故 $\frac{2}{x+3y}+\frac{1}{x-y}$ 的最小值为$\frac{3+2\sqrt{2}}{4}$。

解法2:因为 $x>y>0, x+y\leqslant 2$, 所以 $0<y<1$。

又因为 $\frac{2}{x+3y}+\frac{1}{x-y}\geqslant\frac{2}{2+2y}+\frac{1}{2-2y}=\frac{3-y}{2(1+y)(1-y)}$

$=\frac{1}{2}\cdot\frac{1}{6-\left(3-y+\frac{8}{3-y}\right)}\geqslant\frac{3+2\sqrt{2}}{4}$,

当且仅当 $x=2\sqrt{2}-1, y=3-2\sqrt{2}$ 时取等号，故 $\frac{2}{x+3y}+\frac{1}{x-y}$ 的最小值为 $\frac{3+2\sqrt{2}}{4}$。

视角 2：将二元函数的最值转化为一元函数的最值，从而利用导数研究函数最值，但在处理过程中应充分考虑变量的取值范围，否则容易出错。

解法 3：因为 $2\geqslant x+y$，

所以 $\frac{2}{x+3y}+\frac{1}{x-y}\geqslant\frac{x+y}{x+3y}+\frac{x+y}{2x-2y}=\frac{1+k}{1+3k}+\frac{1+k}{2-2k}$，其中 $k=\frac{y}{x}$。

记 $g(k)=\frac{1+k}{1+3k}+\frac{1+k}{2-2k}, k\in(0,1)$。

因为 $g'(k)=\frac{28k^2+40k-4}{(2+4k-6k^2)^2}$，令 $g'(k)=0$，得 $k=\frac{4\sqrt{2}-5}{7}$。

由于 $g(k)$ 在 $\left(0,\frac{4\sqrt{2}-5}{7}\right)$ 上递减，在 $\left(\frac{4\sqrt{2}-5}{7},1\right)$ 上递增，

故 $g(k)_{\min}=g\left(\frac{4\sqrt{2}-5}{7}\right)=\frac{3+2\sqrt{2}}{4}$，所以 $\frac{2}{x+3y}+\frac{1}{x-y}$ 的最小值为 $\frac{3+2\sqrt{2}}{4}$。

三、以学生的思维方式为起点提炼方法

学生的思维方式是教学设计的重要依据。教师能否准确把握学生的思维心理和思维特点，能否对学生接受知识的心理进行切合实际的判断，是教师提炼解题方法的关键。为了使教师的思维契合或顺应学生的思维，让两种思维“合拍”，教师需要设身处地地从学生实际的思维方式出发来进行方法提炼。当教师的思维带上了学生的色彩，甚至达到“学生化”之后，方法提炼的过程就自然与学的过程融为一体，专题设计就会进入一种自然流畅的状态。

对于多元最值问题的解题方法的提炼，可以从“宏观方法”与“微观操作”两大视角进行，如图 2。

那么，哪种视角更加符合学生的思维呢？“宏观方法”视角所提炼的方法并不是相互独立的，而是有“重叠”的，比如，在利用“不等式法”时经常要用到“消元法”“换元法”“整体代入法”等，因此，这样的提炼方式缺乏针对性，容易使学生混淆。“微观操作”视角就比较符合学生的思维，方法的目的性明确，就是为了“转换”，通过“代入”“放缩”“设参数”等手段把不熟悉的问题转化为易于学生理解的

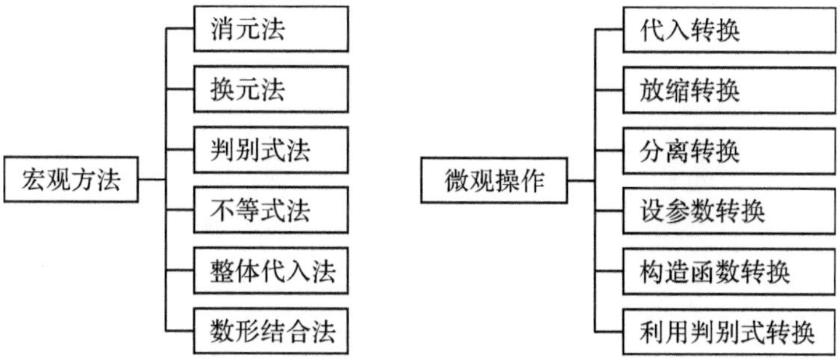

图 2

问题。

微专题在知识的整合和优化上有得天独厚的优势，在教学过程中有效地避免了题海训练，注重数学思想的学习感悟，弥补了传统教学的不足，发挥了学生的主体作用。微专题设计的核心是理解学生，而基于“稚化思维”的微专题设计的实质是教师把思维的触角深入到学生思维的领地进行探索、发掘和研究，然后跳出学生的思维框架，通过有选择的模拟，想学生之所想，从而使微专题更加贴近学生学习的实际情况。

第三章 HPM实践与创新命题研究

在当下的数学课堂教学中，教师往往更多地关注数学的科学性，而忽视数学的人文性。因此，我们需要将“真、善、美”的人文元素融入课堂，以弥补数学课堂人文性的缺失。荀子云：“学至于行而止矣。行之，明也。”融合数学与人文的最好方法就是进行HPM课堂教学的实践。只有在实践中不断打磨，才能将数学文化完美地融入课堂。

哈尔莫斯说：“数学真正的组成部分应该是问题和解，解题才是数学的心脏。”波利亚认为：“掌握数学就是意味着善于解题，中学数学教学的首要任务就是加强解题训练。”苏步青则说：“学习数学要多做习题，边做边思索。先知其然，然后知其所以然。”在新高考、新理念、新命题方向的大背景下，教师更需要与时俱进地去研究新题型、新解法、新策略，进行创新命题设计。

3.1　HPM 微课融入课堂各环节重构教学的尝试

随着新一轮课程标准实施和“互联网＋”教学的不断推进，基于 HPM 视角的微课越来越受到重视。一方面，数学教育承载着落实立德树人根本任务、发展素质教育的功能，数学史不仅见证了数学知识形成与发展的过程，而且还蕴含了大量的人文精神，因此它是数学教育中不可多得的资源；另一方面，尽管目前数学史的价值已经得到普遍认可，但教师将它融入课堂的意识不强，运用的手段也不多。微课技术则可以促使数学史融入课堂，成为发展学生数学核心素养的重要抓手。

一、借 HPM 微课引入，激发学习兴趣

（一）微课片段

“数列的概念与简单表示”第一课时，教材以古希腊毕达哥拉斯学派的三角形数和正方形数引入数列的概念，突出了数列中序的特征，为数列通项公式概念做铺垫。但人们对数列的研究不仅源自对数的认识，更源于对实践和生活需要的思考。作为数列的起始课，采用 HPM 微课引入，目的是凸显数列的应用价值。教学场景重构如表 1。

表 1　“数列的起源”教学场景

教学环节	内容简介	画面	时间
片头	标题：数列的起源	第 1 张 PPT	5 秒内

续表

教学环节	内容简介	画面	时间
正文讲解	1. 播放月相变化的视频 “人有悲欢离合，月有阴晴圆缺”。“圆缺”就是月相变化，人类很早就开始研究月相变化。大英博物馆所藏的公元前7世纪巴比伦泥版上就记录着月相变化：将满月分成240部分，从新月开始，将每天月亮的可见部分按时间顺序排成一列数：5，10，20，40，80，96，112，128，…。	第2张PPT	40秒内
	2. 展示莱茵德纸草书上的等差数列 1858年，莱茵德购自埃及的约公元前1650年的纸草书（后称莱茵德纸草书）上记载了如下问题：10人分10斗玉米，从第2个人开始，每个人所得依次比前1个人少$\frac{1}{8}$斗，则每个人分得多少玉米？	第3张PPT	40秒内
	3. 演示谢尔宾斯基三角形，欣赏美丽的分形图案 谢尔宾斯基三角形由谢尔宾斯基在1915年提出。按照面积大小，将白色三角形的个数按顺序记录下来，可得到一列数：1，3，9，27，81，…，该三角形的任何部分都与整体相似。这是数学的一个分支——分形几何，它不仅是数学，更是艺术，应用于生态学、气象学等领域。	第4张PPT	60秒内
结尾	数列与人们的生活息息相关。	第5张PPT	30秒内

（二）评析与反思

HPM视角下的微课既可以采用“附加式”“复制式”，直接展示历史上的数学问题、解法或者数学家的生平、趣闻，也可以采用“顺应式”“重构式”，结合教学内容与史实改编问题或重构知识。无论采用哪种方式，借HPM微课引入不仅能激发学生的学习热情，让学生快速融入知识内部结构的逻辑体系，还可以让学生了解学习新知识的必要性。本节课的引入简洁明了，采用“附加式”数学史植入，让学生感受到数列源自生活，揭示数列学习的必要性，提高学生的数学抽象能力。对于特殊数列的列举也为后续等差、等比数列的学习埋下伏笔。

二、助力揭示本质，突破教学难点

（一）微课片段

对于“球的体积和表面积”这一内容，教材直接给出了球的体积公式，并在“探究与发现”中介绍了用祖暅原理得出球的体积公式的方法。教材编排的意图是让学生理解公式推导过程，但并未让学生经历数学家刘徽和祖暅的思考过程，体会其中的质疑和创造精神及“祖暅原理”丰富的数学内涵。中国是世界上最早正确得出球的体积公式的国家，利用数学史激发学生的民族自豪感也是实现立德树人根本任务的途径之一。教学场景重构如表2。

表2 “祖暅及球的体积计算公式”教学场景

教学环节	内容简介	画面	时间
片头	标题：祖暅及球的体积计算公式	第1张PPT	5秒内
正文讲解	1.《九章算术》呈现 “置积尺数，以十六乘之，九而一，所得开立方除之，即立圆径”，就是说，球的体积公式为 $V=\frac{9}{16}D^3$（D为球的直径）。	第2张PPT	30秒内
	2.刘徽的反驳 （动画演示“牟合方盖”的形成以及截取过程，绘制牟合方盖三维图加深理解） 根据“化圆为方”的思想，构造“牟合方盖”，使任意等高处圆截面面积与正方形面积的比都为 $\pi:4$，则 $V_{球}=\frac{\pi}{4}V_{牟}$。	第3张PPT	100秒内
	3.牟合方盖体积的计算 （动画演示“外棋”体积的转化过程） ①提出“幂势既同，则积不容异”——祖暅原理。 ②计算小立方体扣除八分之一“牟合方盖”的“外棋”体积：由祖暅原理，转化为四棱锥体积 $V_{四棱锥}=\frac{r^3}{3}$（r为球的半径），故 $V_{牟}=\left(r^3-\frac{r^3}{3}\right)\times 8=\frac{16}{3}r^3$。 ③根据刘徽的思路，$V_{球}:\frac{16r^3}{3}=\pi:4$，得出 $V_{球}=\frac{4}{3}\pi r^3$。	第4张PPT	120秒内
结尾	球的体积公式蕴含了“以方套圆，化圆为方”的思想，体现了中华民族的哲学智慧。	第5张PPT	30秒内

（二）评析与反思

这节课的内容涉及多种几何模型，对于主角“牟合方盖”，很多学生表示不曾见过，也较难想象，教学有一定难度。因此微课制作应充分发挥其直观、动态的优势，并突破以下三个难点：①构造“牟合方盖”的缘由；②如何理解“牟合方盖”；③如何利用“牟合方盖”计算球的体积。教师可以引导学生简化过程，介绍教材给出的方法，让智慧的火花在课堂上碰撞。数学素养的形成是“润物细无声”的，在潜移默化中影响学生的思维习惯和生活方式。因此在教学中教师要慢一点，让学生有更多"悟"的时间。HPM 微课教学可以突破传统课堂的限制因素，有趣、直观、精准地展现人类知识发生的过程，帮助学生在合情合理的认知中理解概念，领会思想方法，揭示数学本质，助力难点突破。

三、呈现 HPM 微课重构，实现教学目标

（一）微课片段

椭圆是日常生活中常见的图形，生动鲜活的椭圆实物模型构成了学生对椭圆最初的印象。教学干预后，学生有了对椭圆的另一种印象：椭圆的轨迹定义、方程、几何意义等。但是传统教学并未融合椭圆的原始形态和解析几何形态，学生容易将这两种印象割裂。因此，在"椭圆及其标准方程"这节课的练习中，笔者展示了下面的例题。

例题 （2008 年浙江高考理科第 10 题）如图 1，AB 是平面 α 的斜线段，A 为斜足，若点 P 在平面 α 内运动，使得 $\triangle ABP$ 的面积为定值，则动点 P 的轨迹是（　　）。

A. 圆　　B. 椭圆　　C. 一条直线　　D. 两条平行直线

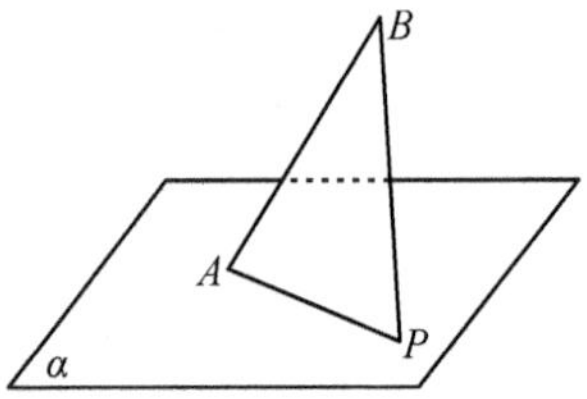

图 1

此题的突破口在于发现点 P 到 AB 的距离为定值，即点 P 在以 AB 为轴的圆柱面上，圆柱面与斜平面的交线为椭圆。如果学生形成了思维定式，按照椭圆轨迹定义求解，则无法找到定点，很难作答。因此，有必要制作微课实现从椭圆的截线定义到教材上第一定义的过渡，教学场景重构如表 3。

表 3 "椭圆的两类定义"教学场景

教学环节	内容简介	画面	时间
片头	标题：双球模型——揭示椭圆的两类定义	第 1 张 PPT	5 秒内

续表

<table>
<tr><th>教学环节</th><th>内容简介</th><th>画面</th><th>时间</th></tr>
<tr><td rowspan="3">正文讲解</td><td>1. 椭圆截线定义
动画演示不同角度的平面截对顶正圆锥，观察截线为椭圆的情形，介绍该方法记载于阿波罗尼斯的《圆锥曲线论》。</td><td>第 2 张 PPT</td><td>60 秒内</td></tr>
<tr><td>2. 椭圆轨迹定义
动画演示舒腾给出的椭圆作图方法，即教材做法。</td><td>第 3 张 PPT</td><td>40 秒内</td></tr>
<tr><td>3. 旦德林双球模型
展示旦德林双球模型，并证明截线为椭圆。
如图 2，由圆和球的几何性质，$PA=PE$，$PB=PF$，得 $PE+PF=PA+PB=AB$，所以截面曲线上任意一点 P 到定点 E，F 的距离之和为常数，证得点 P 的轨迹为椭圆。
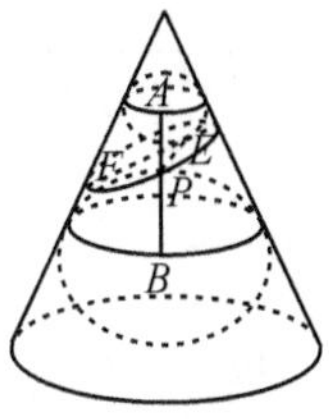

图 2</td><td>第 4 张 PPT</td><td>120 秒内</td></tr>
<tr><td>结尾</td><td>旦德林双球模型填平了椭圆的截线定义和轨迹定义之间的鸿沟。</td><td>第 5 张 PPT</td><td>30 秒内</td></tr>
</table>

（二）评析与反思

直观想象不等同于“数形结合”，它是指借助几何直观和空间想象感知事物的形态与变化，利用图形理解和解决数学问题的过程，主要包括：借助空间，认识事物的位置关系、形态变化与运动规律；利用图形，描述、分析数学问题；建立数与形的联系，构建数学问题直观模型，探索解决问题的思路。数学家克莱因曾说：“当一个数学主题在直观上变得显然时，才可以认为研究到头了。”教材中本节课内容所在的一章，章头图中给出了椭圆的截线定义，但教学中易被忽视。日常教学侧重研究椭圆解析几何的性质，但学生对椭圆本质的认识越深刻，越有助于理解解析几何的价值。旦德林双球模型既有几何直观又有严谨证明，帮助学生更深层次地把握椭圆的本质，在讲授新课时应当作为补充。利用微课形式把数学本质呈现出来，对于发展学生的直观想象能力大有裨益。

四、小结植入 HPM 微课，拓展学生视野

（一）微课片段

历史上，余弦定理由勾股定理推广而来，其出身就带有几何色彩，直到 1950 年，它的证明才有了简洁易懂的向量方法。教材选择了呈现这种向量方法，充分体现最优化教学理念。但是几何方法的缺失使得余弦定理成了无源之水。因此，在这节课的小结时，笔者利用微课介绍了三种经典的证法，让学生体会其几何本质，拓展学生的视野。教学场景重构如表 4。

表 4 "余弦定理的几何证明"教学场景

教学环节	内容简介	画面	时间
片头	标题：余弦定理的几何证明	第 1 张 PPT	5 秒内
正文讲解	1. 韦达证法 以韦达为代表的数学家以三角形的短腰为半径作圆，利用割线定理证明余弦定理。	第 2 张 PPT	60 秒内
	2. 斯内尔证法 斯内尔在著作《三角新论》中另辟蹊径，以三角形长腰为半径作圆，利用相交弦定理，也证得余弦定理。	第 3 张 PPT	60 秒内
	3. 杨氏证法 英国数学家杨借助射影公式完成证明。	第 4 张 PPT	60 秒内
结尾	余弦定理根植于几何土壤中，为几何而生，由几何而证，因几何而美。	第 5 张 PPT	30 秒内

（二）评析与反思

新课标指出："高中数学课程以学生发展为本，培育科学精神和创新意识。数学教育既要促进每一个学生的发展，使每一个学生都具有数学基本素养，也要对学有余力的学生适当拓展，使其开阔眼界，提升数学内涵。"余弦定理是勾股定理的拓展，从欧几里得发现余弦定理直至 1950 年，在两千多年里，各种有趣巧妙的证明都逃不出几何的范畴。正是这些脑洞大开的几何方法，使余弦定理充满了迷人的魅力。因此，在这节课的小结时植入微课，既弥补了新授课中向量法的不足，又让学生感受了不同时空下精彩纷呈的数学思想方法。拓展知识类的微课，应注意知识的精简与衔接，以引发兴趣、丰富数学知识为主。

数学的发展历史悠久，很多知识的产生都经历了曲折的过程，这为数学教育

提供了借鉴。利用数学史的教育价值，赋予数学人文意义，让学生将数学知识内化为核心素养，这才是 HPM 微课教学的意义。HPM 教学并不是将历史素材“拿来就用”，也不是“为用而用”，而是基于教材和史料的再创造——“为教而用”。因此，HPM 微课设计建立在对教材深入理解的基础上，突出 HPM 微课教学的科学性、史实性、人文性、趣味性等。数学教师要革新教育理念，大胆创新，潜心钻研，将数学史的“料”与微课的“形”相结合，使数学史焕发新活力，精准有效地为教学服务，为课堂添砖加瓦，助力学生素养提升。

3.2 HPM实践让学生在历史重现中感悟数学的魅力

——以“数系的扩充和复数的概念”教学为例

本节课摒弃了只是依据高考要求把教学重点放在复数的运算上、忽略学生对复数概念的深度理解、不利于培养学生数学核心素养的一些做法，而是让学生充分地感悟复数存在的合理性以及数系扩充的必要性。通过数学史重构设计教学新思路，对教材进行二次开发，构建了区别于传统教学的新模式，使学生经历在历史重现中体会复数魅力的教学过程。

一、引入问题，激发好奇

（一）教学片段

例题 已知关于 x,y 的方程组 $\begin{cases}x^2+y^2=20,\\ xy=40。\end{cases}$

(1)求 $x+y$ 的值；

(2)分别求 x,y 的值。

学生：(1)由 $x^2+y^2=(x+y)^2-2xy$ 得 $(x+y)^2=100$，所以 $x+y=\pm 10$。(2)由(1)得 x,y 是方程 $t^2-10t+40=0$ 或方程 $t^2+10t+40=0$ 的两根，而这两个方程的 $\Delta=-60<0$，所以方程没有实数根，即在实数集中没有 x,y 这两个数。

教师：满足上述方程组的 x,y 满足 $x+y=\pm 10$，而第(2)问中在实数范围内没有 x,y 这两个数。这样的例子还有很多，如：已知 $x+\frac{1}{x}=1$，求 $x^2+\frac{1}{x^2}$。把已知等式两边平方，移项后得 $x^2+\frac{1}{x^2}=-1$。这个式子左边大于等于0，右边等于 -1，在实数范围内不可能成立。使 $x+\frac{1}{x}=1$ 成立的不是实数，那是什么数呢？通过上面两个例子，同学们想一想：为何产生这个问题？如何解决这个问题？数学家在研究这个问题时有没有类似的困惑？

（二）评析与反思

教材中的“思考”写道：“方程 $x^2+1=0$ 在实数集中无解。”学生对这个“思考”的感知或许只会停留在“方程无解”与“x 不存在”上，把这个方程解出来，学生缺乏足够的动力，原因在于“思考”不能够让学生感到 x 的存在。为了优化教材中的“思考”，本节课创设问题情境，引入方程组，目的是引起学生的认知冲突，引发矛盾，激发学生好奇心和学习兴趣。正如托尔斯泰所说：“成功的教学需要的不是强制，而是激发学生的学习兴趣和好奇心。”复数在数学史上，也是源于方程的求解问题，所以方程与之后的“历史重构”在思维逻辑上一脉相承。同时，相比教材中引入的方程，本节课的教学设计更能让学生感受到 x，y 的存在，却又求不出来，学生心生焦急，跃跃欲试。那么此处可否给出复数的概念呢？笔者认为，概念的给出如同烹饪，此时如同食材刚刚入味，但仍旧欠火候，毕竟这个杜撰的方程组分量还是不够重。此时就得把数学家研究复数的历程呈现出来，给学生复数概念的“历史重现”。

二、重现史料，贵在参与

(一)教学片段

笔者借用16世纪意大利数学家邦贝利运用卡尔丹诺公式解三次方程 $x^3=15x+4$ 时遇到的一个问题进行展开，如下。

如果用卡尔丹诺公式解三次方程 $x^3=15x+4$，解得的三个根为：

$x=-2\pm\sqrt{3}$ 或 $x=\sqrt[3]{2+\sqrt{-121}}+\sqrt[3]{2-\sqrt{-121}}$。

在此，邦贝利遇到了一个新问题：$\sqrt{-121}$ 到底是什么？

同时，邦贝利用因式分解也解出了方程的三个根。此处，让学生参与到研究中来，自己解决三次方程的因式分解问题。不难得到 $x^3-15x-4=(x-4)(x^2+4x+1)=0$。由此可见，方程的三个根为 $x=-2\pm\sqrt{3}$ 或4，言外之意即为：

$\sqrt[3]{2+\sqrt{-121}}+\sqrt[3]{2-\sqrt{-121}}=4$。

这时，学生和邦贝利一样，已经感觉到 $\sqrt{-121}$ 的存在感是那么强烈，一种对数系新领域的探索欲油然而生。此时就可以顺理成章地引入复数的概念了。

(二)评析与反思

首先，学生的参与度是教学质量的关键。对学生来说，邦贝利遇到的三次方程求解问题并非十分容易，卡尔丹诺公式也不适宜在课堂上进行教学。但即使如此，也需要尽量提高学生的参与度，没有学生的自主参与，就没有“历史问题”的再体验，历史重构课堂教学就会沦为历史故事讲述。其次，“史料”必须进行选择与重构而不是照搬，否则带给学生的将是因问题太复杂而感到的无穷困惑。先人研究复数时留下来的问题、故事有很多，教师选择时，既要考虑是否能凸显数系扩充的必要性，也要考虑现实学情。美国教育学家布鲁纳的“掌握学习理论”认为，只要有合适的学习条件，绝大多数学生在学习能力、学习效率和继续学习的动机方面将变得十分接近。这也表明创设合适的历史情境是保证学生参与度的前提。

三、揭示本质，问题解决

（一）教学片段

学生迫切想知道“$\sqrt{-121}$”这个负数开平方的意义，现在可以顺理成章地插入复数的概念：$i^2=-1$。同时，紧跟以下教学设计。

问题 1　$\sqrt{-121}$可以用 i 来表示吗？

不少学生说出了 11i 或 −11i，经计算，最后统一为正确答案 11i。

问题 2　$\sqrt[3]{2+11i}$与$\sqrt[3]{2-11i}$又怎么计算呢？

这一个问题的难度较大，笔者直接给出 $\sqrt[3]{2+11i}=2+i$，让学生反向验证 $(2+i)^3=2+11i$。学生利用实数的运算法则轻松搞定，成就感满满。

至此，学生对复数的存在与数系扩充的必要性都有了切身的体会，同时也被浓浓的、充满理性的数学文化深深感染，并陶醉于其中。

（二）评析与反思

以解决问题为目的的学习才能真正提高学生的学习能力，何况是解决“高大上”的历史问题。问题是数学的心脏，“问题解决”已成为当前数学教育的主流及中心任务。问题解决既是一种心理活动、一种能力，更是一种教学类型，当学生在课堂上遇上邦贝利所遇到的问题时，他们就会尝试用所学的新知识解决问题，教师就要利用学生的这一心理，提前给出复数的加减乘除运算，让学生把这个“历史遗留问题”彻底解决，让其在解决问题的过程中获得新知。

四、类比总结，知识升华

（一）教学片段

学生们当了一回“数学家”后，对数系的扩充和复数的引入已经充满了探究的兴趣，从宏观上向学生展示数系扩充历史的火候已经到了。笔者再次利用方程这一载体，把课堂研究的气氛推向高潮。教学设计如下。

1. 自然数集 **N** 中，方程 $x+2=1$ 无解，由此引入负整数及运算，数系扩充：**N**→**Z**。

2. 整数集 **Z** 中，方程 $3x=1$ 无解，由此引入有理数，数系扩充：**Z**→**Q**。

3. 有理数集 **Q** 中，方程 $x^2=2$ 无解，由此引入无理数，数系扩充：**Q**→**R**。

4. 实数集 **R** 中，方程 $x^2=-1$ 无解，由此引入什么数？数系扩充：**N**→？

同时指出，每一次数系的扩充，都是在原来的基础上“添加”新数得来，今天遇到的负数开平方的问题就超出了实数的范围，这样就需要进行数系的扩充。通过验证，引入新数后原来的运算性质仍然适用。

（二）评析与反思

对事物本质的探索符合人类认知世界的心理，且具有相似性。由复数的扩充联想到整个数系扩充的历史，给了学生一个思考问题的机会，让学生在连贯的逻辑体系中提升自身的数学核心素养。学生对概念的理解与历史上该概念的形成与发展具有相似性，按照历史发展顺序编写教材，能实现科学知识的序和学习心理的序的有机统一。可见“重构式”教学营造的知识发展历史符合个体的学习心理发展原则，从而取得较好的教学效果。

总之，先人的研究成果以及研究过程中的各种经历是学生学习数学的“源头”，也是广义的数学文化的一部分。对于一些概念课的设计，如果教师能够在学生易于接受的前提下合理进行教学重构，注重数学文化的渗透，那么数学史这块“韫玉”就会散发出高贵灿烂的光辉，使学生在历史重现中体会到数学的美好。

3.3 将“真、善、美”的人文元素融入课堂

——以“正弦函数、余弦函数的周期性”一课为例

数学是科学性与人文性的统一体，数学的科学性已变得越来越“可见”和“直接”，而其人文性则显得有些“害羞”，总是藏在“科学性”的后面而被忽视，显得有些“灰色”。如果能在数学课堂中融入丰富多彩的人文元素，便能更好地将数学的“学术形态”转化为“教育形态”，数学课堂也会变得更加“生机勃勃”。张奠宙教授认为，带有人文元素的数学教学，应从“真、善、美”三个方面展开。从数学的文化视角来看，遵循知识的历史轨迹，就是求“真”；弘扬数学的精神，就是求“善”；呈现数学的多样美感，则是求“美”。那么如何将数学“真、善、美”这些人文元素“随风潜入夜，润物细无声”地融入课堂？本文以人教 A 版新教材必修第一册“正弦函数、余弦函数的性质——周期性”一课为例，进行探讨，希望能抛砖引玉。

一、教学分析

（一）教材分析

周期性是三角函数有别于以往学过的其他函数的特殊性质，对周期性的学习可以拓宽学生研究函数性质的思路，也为今后更深入地研究函数的其他性质做铺垫，具有深远的意义。周期性也是培养学生数学思维的好素材，教材把周期性作为三角函数的第一条性质，足见其重要性。周期现象在现实生活中比比皆是，教材也在章头引言中列举了大量现实中存在的周期现象，可见研究周期性是很有实用价值的。

（二）学情分析

学生虽然是第一次接触周期性的概念，但之前已学过单调性、奇偶性等函数的性质，已经初步掌握了研究函数性质的方法，而且又刚刚学完正弦、余弦函数的图象，无论是在方法储备上还是知识储备上都达到了一定的高度，正是研究正弦、余弦函数性质的大好时机。

（三）教学目标

让学生通过观察、归纳、抽象、概括，自主建构周期性的定义，理解正弦函数、余弦函数的周期性及最小正周期的含义，会求简单三角函数的最小正周期，能运用定义解决简单的求周期问题。培养学生发现问题、分析问题、解决问题的能力，培养学生善于观察、勇于探索的良好习惯和严谨的科学态度，提升学生的数学核心素养。

（四）教学重难点

重点：正弦函数、余弦函数的周期性。

难点：周期性定义的形成及完善。

二、教学过程

（一）情境导入

教师利用多媒体播放四季更替、月圆月缺、潮起潮落等周而复始的自然现象的动画，并在课件上展示白居易的著名诗句"离离原上草，一岁一枯荣"。

问题 1：大家从刚才的动画和诗句中发现了自然界中普遍存在的什么现象？

生：周而复始现象。

问题 2：回忆我们刚刚学过的正弦函数的图象，你认为这个函数是否也存在"周而复始"的规律？

教师利用多媒体展示正弦函数的图象，截取正弦函数上宽度为 2π 的图象，并不断改变截取的位置，引导学生发现图象每隔 2π 都会"周而复始"。

问题 3：你能用一个三角函数的公式来反映这种"周而复始"的现象吗？

生：$\sin(2\pi+x)=\sin x$。

设计意图：让学生通过观察身边"周而复始"的自然现象，对"周期性"先有一个感性的认识，接着让学生从正弦函数的图象中提炼出周期性，再从诱导公式中重新理解周期性，这是一个从"形"的感官认识上升到"数"的抽象认识的过程，培养了学生用数学方法研究问题的能力。

（二）概念形成

问题 4：在数学上，我们用周期性来定量地刻画这种"周而复始"的变化规律，比如刚才的正弦函数就是周期函数，2π 为它的一个周期。那你能给一般的周期函数下一个定义吗？

学生迅速得出如下定义。

第一次定义：对于函数 $f(x)$，如果 $f(x+T)=f(x)$，则称函数 $f(x)$ 是周期函数，且周期为 T。

设计意图：从具体的正弦函数抽象出一般的周期函数的概念，培养学生数学抽象、归纳的能力，同时，也使学生对周期性的概念有初步的理性认识。

（三）概念完善

问题 5：根据刚才得出的定义，请判断函数 $f(x)=x$ 是否是周期函数。

生：不是。

师：但是它也满足定义“$f(x+0)=f(x)$”呀！

生：应该对“T”给个限制，补上“非零”两字。

经过师生共同完善，得到如下新定义。

第二次定义：对于函数 $f(x)$，如果存在一个非零常数 T，使得 $f(x+T)=f(x)$，则称函数 $f(x)$ 是周期函数，且周期为 T。

问题 6：我们知道，$\sin\left(\frac{\pi}{4}+\frac{\pi}{2}\right)=\sin\frac{\pi}{4}$，那么是否可以认为正弦函数 $y=\sin x$ 的周期为$\frac{\pi}{2}$？

生：好像不行。

师：但它也符合我们刚才的新定义呀！

生：可以举一个反例，比如 $\sin\left(\frac{\pi}{3}+\frac{\pi}{2}\right)\neq\sin\frac{\pi}{3}$，因此 $\sin\left(x+\frac{\pi}{2}\right)=\sin x$ 不是总成立的。

师：那我们应如何修正定义呢？

师生再次共同完善，得到如下新定义。

第三次定义：对于函数 $f(x)$，如果存在一个非零常数 T，使得当 x 取定义域内的任意数时，都有 $f(x+T)=f(x)$，则称函数 $f(x)$是周期函数，且周期为 T。

设计意图：通过两个典型的反例帮助学生对定义进行推敲、修正，提醒其对“非零”和“任意”的重视，培育了学生思维的严谨性，让学生学会用批判的眼光看问题。这个过程也让学生明白，任何数学概念的形成过程都并非一蹴而就，需要不断修正和完善，是个螺旋上升的过程，这个过程其实就是数学概念发展史的一个缩影。

(四)概念深化

问题 7：请判断下列哪些函数是周期函数。

(1) $f(x)=\sin x, x\in[0,+\infty)$；

(2) $f(x)=\sin x, x\in[-2\pi,2\pi]$；

(3) $f(x)=\sin x, x\in\mathbf{R}$；

(4) $f(x)=\sin x(x\neq 0)$；

(5) $f(x)=\sin x(x\neq k\pi)$。

生：只有(3)(5)是周期函数。

设计意图：此题既可以让学生从形的角度来研究，培养学生的直观想象能力，亦可以从数的角度来思考，利用周期性的定义来判断，培养学生的概念运用能力。通过对此题的探究，学生感悟到周期函数的定义域必定是无穷的，但不一定是连续的，对周期性的概念有了更深的理解。

问题 8：$f(x)=\sin x, x\in\mathbf{R}$ 的周期是否一定为 2π?

生：应该是 $2k\pi(k\in\mathbf{Z})$。

师：一般来说，若 T 为周期函数 $f(x)$ 的周期，则 $kT(k\in\mathbf{Z})$ 也是它的周期。在众多的周期中，存在一个最小的正数，我们称之为最小正周期。

问题 9：你认为正弦函数的最小正周期是多少？

生：2π。

师：能不能更小？

生：好像不行。

师：你能证明吗？

在教师的启发下，学生获得如下证明方法。

生：假设 T 是正弦函数的一个周期，且 $0<T<2\pi$，则由周期函数定义，当 x 取定义域内任意值时，都有 $\sin(x+T)=\sin x$。令 $x=\frac{\pi}{2}$，代入上式得 $\sin\left(\frac{\pi}{2}+T\right)=\sin\frac{\pi}{2}=1$，即 $\cos T=1$。而当 $0<T<2\pi$ 时，$\cos T<1$，故假设错

误,因此正弦函数的最小正周期为 2π。

设计意图:引出最小正周期的概念,同时培养学生严谨、批判的治学态度。

问题 10:你能类比正弦函数探索一下余弦函数的周期性吗?

生:$f(x)=\cos x, x\in \mathbf{R}$ 也是周期函数,它的周期是 $2k\pi(k\in \mathbf{Z})$,最小正周期为 2π。

设计意图:培养学生对知识的归纳、类比、迁移能力。同时,在学生的最近发展区延伸知识,可以建构起知识之间的关联性,让知识网络更加牢固,有效形成知识群。

问题 11:是否所有的周期函数都有最小正周期?

生:是的。

问题 12:那 $f(x)=1$ 是否是周期函数?若是,它的最小正周期是多少?

生:……

师:这个函数符合周期函数定义,它是周期函数,但所有非零常数都是它的周期,因此它没有最小正周期。

设计意图:纠正学生"周期函数必有最小正周期"这个错误的认知,加深学生对最小正周期的理解,培养学生严谨的治学态度。

师:让我们学以致用,请看下面的例子。

(五)概念运用

例题 求下列函数的最小正周期。

(1) $y=3\cos x, x\in \mathbf{R}$;

(2) $y=\sin 2x, x\in \mathbf{R}$;

(3) $y=2\sin\left(\frac{1}{2}x-\frac{\pi}{6}\right), x\in \mathbf{R}$。

第(1)(2)问略,第(3)问学生给出了两种解法。

生 1:因为 $2\sin\left[\frac{1}{2}(x+4\pi)-\frac{\pi}{6}\right]=2\sin\left[\left(\frac{1}{2}x-\frac{\pi}{6}\right)+2\pi\right]=2\sin\left(\frac{1}{2}x-\frac{\pi}{6}\right)$,所以原函数的最小正周期 $T=4\pi$。

生 2:设最小正周期为 T,则 $f(x+T)=2\sin\left[\frac{1}{2}(x+T)-\frac{\pi}{6}\right]=2\sin\left[\left(\frac{1}{2}x-\frac{\pi}{6}\right)+\frac{T}{2}\right]$,又 $f(x)=2\sin\left(\frac{1}{2}x-\frac{\pi}{6}\right)$,要使 $f(x+T)=f(x)$,只需 $\frac{T}{2}=2\pi$,

即 $T=4\pi$。

问题 13:从上面的解答过程中你能归纳出函数的周期与解析式中的哪个量有关吗?

生:与 x 前的系数有关。

师:那你能发现怎样的关系呢? 比如函数 $y=A\sin(\omega x+\varphi)$,其最小正周期是多少?

生: $T=\dfrac{2\pi}{\omega}$。

师:你能证明吗?

生: $f\left(x+\dfrac{2\pi}{\omega}\right)=A\sin\left[\omega\left(x+\dfrac{2\pi}{\omega}\right)+\varphi\right]=A\sin(\omega x+2\pi+\varphi)=A\sin(\omega x+\varphi)$ $=f(x)$。

设计意图:由简到繁的例题设计符合学生的认知规律,能更好地激发学生可持续的学习兴趣,同时通过对第(3)问的两种解法的探究,培养了学生灵活多变地运用定义的能力。从具体数据中发现规律,并归纳、抽象出正弦函数周期的计算公式,培养了学生的数据分析能力和数学抽象能力。而大胆猜想,小心求证,则是再现了人类发现数学定理的过程,在无形中培养了学生研究数学问题的一般方法。

师:请再利用此公式求解以下问题。求函数 $y=2\sin\left(-\dfrac{1}{2}x-\dfrac{\pi}{6}\right),x\in\mathbf{R}$ 的最小正周期。

生:利用刚才的公式 $T=\dfrac{2\pi}{\omega}$,得 $T=-4\pi$。

师:大家觉得有何不妥?

生:不是最小正周期了。

师:那该怎么办?

生:$y=2\sin\left(-\dfrac{1}{2}x-\dfrac{\pi}{6}\right)=-2\sin\left(\dfrac{1}{2}x+\dfrac{\pi}{6}\right)$,由公式 $T=\dfrac{2\pi}{\omega}$得 $T=4\pi$。

师:大家对公式 $T=\dfrac{2\pi}{\omega}$ 的使用有什么要补充说明的吗?

生:它只在 x 前的系数为正时才有效,要使用此公式,必须先利用诱导公式将函数中 x 前的系数变为正。

师:一定要这么麻烦吗?

生:把公式修正为 $T=\dfrac{2\pi}{|\omega|}$ 就行了。

设计意图:通过"示错",让学生自主发现问题,并修正公式,这种"授人以渔"的方法不但让学生对公式的理解更加到位,也让学生明白了公式的来龙去脉,体会到数学公式产生的自然性。

(六)课堂小结

问题 14:这节课给你留下最深刻印象的是什么?

生 1:自然界中存在的大量周期现象。

生 2:周期性概念一波三折的发现过程。

生 3:周期公式 $T=\dfrac{2\pi}{|\omega|}$ 的方便性。

师:在课堂接近尾声时,我想请几位同学根据自己的理解有感情地读一下这副对联:海水朝朝朝朝朝朝朝落,浮云长长长长长长长消。

生 1:海水朝,朝朝朝,朝朝朝落;浮云长,长长长,长长长消。

生 2:海水朝朝,朝朝朝,朝朝落;浮云长长,长长长,长长消。

生 3:海水朝朝朝,朝朝朝朝落;浮云长长长,长长长长消。

设计意图:课堂结尾处的对联与课堂开始时的诗句遥相呼应,让学生再次感悟生活中比比皆是的周期现象,而不同的朗读方式也让学生耳目一新,让他们感悟世界的多元性。

三、教学反思

(一)求真:课堂教学要遵循知识发生的轨迹

数学课堂教学要遵循知识发生和发展的真实历史轨迹,这就是求真。在历史上,人类发现自然界存在着大量周而复始的现象,于是才有了对周期性研究的好奇心,为了解释周期现象,人们才去研究三角函数,并发现了三角函数是刻画周期性的一种优良载体。人们通过对大量周期函数的研究,逐步抽象并完善了周期性的概念,同时利用周期性的概念,成功地解释了各种周期现象,并且还找到了一些非常有代表性的周期函数,比如著名的狄利克雷函数。在课堂教学中,遵循历史的轨迹,真实地还原人类发现数学概念的过程,这有助于脱去数学"冰冷而美丽”的外衣，展现“真实而温暖”的数学，让数学的课堂更具人文性。本课的教学正是遵循了人类发现周期性的历史轨迹，以生活中存在的四季更迭、潮起潮落等大量周而复始的现象引入，然后探究正弦函数周而复始的现象，研究其周期性，并提炼出一般的周期函数的概念，最后运用周期性的概念解决实际问题。整节课的教学过程就是对人类研究周期性的历史过程的凝练，在学生面前展开了一幅生动的数学史画卷。

（二）求善：课堂教学要弘扬数学的精神

数学课堂教学要弘扬数学的精神，这就是求善。数学的精神是数学文化的一部分，它包括数学的思维方法、数学的思维品质、数学的理性思考、数学的探究热情等。数学的精神应当潜移默化地渗透在数学学习的每个环节，这有助于培养学生用数学的眼光观察世界、用数学的语言表达世界、用数学的思维思考世界的能力。上课伊始，教师以生活中的各种周期现象引入，激发学生的数学学习热情，自然地引出周期性的概念，这个教学的过程培养了学生用数学的眼光观察世界的能力。以正弦函数的图象为切入口，层层深入，有针对性地设计了一串问题组，不急于将概念直接抛出，而是不惜笔墨地循循善诱，引导学生自主探究，为的是充分暴露学生的思维过程，让学生切身经历知识形成的艰辛过程，“从而动心忍性，增益其所不能”。整个周期性的定义经历了从形成到完善再到深化三个过程，可以说是“一波三折”，培养了学生用数学的语言表达世界的能力。而随后的概念运用过程也并非“一帆风顺”，从定义的简单模仿，到大胆猜想出周期计算公式，再到对猜想的完善及证明，以及后来的牛刀小试，教学过程环环相扣，让学生在潜意识中领悟学数学既需要大胆猜想，也需要小心求证，更需要追求简洁的渴望。整个探究过程为学生今后的研究指明了方向，培养了学生用数学的思维思考世界的能力。

（三）求美：课堂教学要呈现数学的美感

数学课堂教学要呈现数学多样的美感，这就是求美。数学有多种形态的美，这些美可以用耳朵去倾听，比如带有节奏感的惊涛拍岸声；可以用眼睛去发现，比如花开花落、月圆月缺等自然美景；可以用思维去感知，比如物理周期、经济周期等各种规律。在数学课堂中融入对数学之美的欣赏，可以培育学生喜爱并乐于学数学的情怀。在本节课中,教师为学生呈现了数学的多样美感,课堂上不但有看得见的周而复始的自然现象,也有听得见的带有周期韵律的对联、诗句,还有需要用思维去领悟的隐藏在函数背后奇妙的周期规律。通过这些美的渗透,让人文的种子在课堂上生根发芽。

3.4 HPM视角下数学教学的“理性重构”

——以“常用对数”与“自然对数”为例

笔者在“浙派名师进象山”课堂教学展示活动中开设了一堂公开课，上课主题是人教A版新教材必修第一册的“对数运算”复习课。众所周知，对数的发明具有丰富的历史文化背景，但教材却把对数定位于“刻画现实世界的重要数学模型”，以“对数是指数的逆运算”来定义“对数”，从而导致学生对于对数产生与发展过程的认知几乎为空白，这不得不说是件憾事。鉴于上述思考，笔者决定在本次复习课中弥补这一遗憾，尝试借助HPM教学理念，打造一堂与众不同的复习课。

一、问卷调查，确定选题方向

复习课不仅仅是对知识的回顾与整理，它还承载着思想方法的沟通与生长。复习课不应该面面俱到，而是要做到有所侧重，集中力量解决某一块知识或某一类问题。因此，复习课的选题就显得尤为重要。对于“对数运算”这一内容而言，其实主题已经很明确，就是“运算”，而运算必然要涉及运算法则、化简技巧，这需要通过例题来强化学生的运算技能，但单凭几个运算公式显然无法承载HPM教学理念，这就需要找到适合开展HPM教学的知识载体。

笔者就“你认为‘对数’一课中，最令人困惑的或者难以理解的是什么”对学生进行了问卷调查，结果有88.73%的学生对“常用对数”与“自然对数”的名称感到困惑：“为何将以10为底的对数称为常用对数？为何将以e为底的对数称为自然对数?”或许有不少教师认为这根本不算什么问题，数学概念的命名带有浓郁的主观色彩，根本没有必要深究其背后的原因。实际上，这种认识是不全面的，我们知道，人的姓名不仅仅是一种称呼，同时还承载着众多的社会文化功能，比如代表个体或群体、表明等级身份、弥补人生缺憾、体现社会评价等。数学概念的命名也是如此，它并不是简单的主观随意行为，在数学概念、名称与定义的表述中往往会有一些体现其本质属性的关键字词隐藏其中。

在此之前，笔者也从来没有刻意研究过“常用对数”与“自然对数”这两个名称的由来，但鉴于对数深厚的历史背景，我们可以相信这两个特殊对数的命名背后必然蕴藏着不一般的数学道理。

二、追根溯源，厘清来龙去脉

弗赖登塔尔曾说过："历史意味着寻根。"HPM 就是通过追寻历史上数学知识的发生过程、数学思想方法产生和发展的过程，呈现数学家的困惑、解决问题的种种尝试以及付出的艰辛和火热的思考，从而实现对知识的追根溯源。

对数产生的根源是为了满足"简化运算"的现实需求。17 世纪，随着航海技术和天文学的发展，人们需要面对越来越繁难的计算，耗费的时间也越来越长，于是各种简化运算的方法应运而生，对数就是其中的佼佼者，其原理是把乘方、开方这些第三级运算转化成乘、除这些第二级运算，而第二级运算又可转化成加、减这些第一级运算，于是大大减少了计算量。因此，恩格斯称对数的发明是 17 世纪"最重要的数学方法"之一，法国著名天文学家拉普拉斯也称赞"对数的发明使天文学家延寿一倍"。当然，对数的产生过程非常曲折，经过了斯蒂菲尔德、纳皮尔、布里格斯、费拉格、欧拉等数学家的不懈努力，对数才得以由最初的"计算工具"上升为"刻画现实世界的重要模型"。那么，常用对数与自然对数的根源又在哪里呢？

（一）常用对数的由来

"常用"从字面上理解，即经常用到。为什么会经常用到呢？以 10 为底的对数肯定在运算上有其独特的性质，而这些性质恰恰能大大加快运算的进程。这点在具体的运算中可以得到验证。比如，计算式子：$\lg 10=1$，$\lg 100=2$，$\lg 1000=3$，$\lg 0.1=-1$，$\lg 0.01=-2$，$\lg 0.001=-3$。

容易发现，10 的正整数幂的常用对数值等于真数里 0 的个数；10 的负整数幂的常用对数值是一个负数，它的绝对值等于小数点后面的位数。

对于非 10 的整数幂的常用对数，虽然不能求出它的精确值，但很容易估计这个值所在的区间，比如：$\lg 314\in(2,3)$，$\lg 314159\in(5,6)$，其运算规则是 $\lg N\in$（N 的位数-1，N 的位数）。

上述两个运算性质是以 10 为底的对数所特有的，从某种程度上讲，正是这两个性质提升了运算效率。当然，常用对数之所以"常用"，还是要归功于"十进制”这个运算大背景，如果采用二进制的话，那么以 2 为底的对数就会成为常用对数。但反过来说，如果没有上述运算例题的佐证，单凭一句“十进制”就决定常用对数的“常用”，显然无法令学生信服。

（二）自然对数的由来

“无理数 e＝2.71828…”，这就是教材对“e”的解释，令人感到“e”是从天而降的。因此，对自然对数追根溯源的关键是要搞清楚“e”的来历。

众所周知，对数简化运算的功能是通过对数表来实现的，因此，在 17 世纪，编制足够精确的对数表成了很多数学家的首要任务。那时有以 10 为底的常用对数表，也有以 2 为底的对数表，当然还有以其他数为底的对数表。编制对数表的过程是非常烦琐的，对纯手工运算来说简直是“噩梦”。比如，求 5 的 14 位常用对数，就需要做开方、求算术平均数各 22 次，如表 1。

表 1　求 5 的 14 位常用对数运算过程

做开方和求算术平均数的次数	真数	常用对数
—	$A=1$ $B=10$	$A'=0.000\ 000\ 000\ 000\ 00$ $B'=1.000\ 000\ 000\ 000\ 00$
1	$C=\sqrt{AB}=3.162277$	$C'=\dfrac{A'+B'}{2}=0.500\ 000\ 000\ 000\ 00$
2	$D=\sqrt{BC}=5.623413$	$D'=\dfrac{B'+C'}{2}=0.750\ 000\ 000\ 000\ 00$
3	$E=\sqrt{CD}=4.216904$	$E'=\dfrac{C'+D'}{2}=0.625\ 000\ 000\ 000\ 00$
…	…	…
22	$X=\sqrt{VW}=5.000000$	$X'=\dfrac{V'+W'}{2}=0.698\ 970\ 000\ 000\ 00$

于是数学家们不禁要思考，能否找到一个合适的底数以便减少编制对数表的运算量。经过一番探索，他们发现以 $a=b^{10000}$ 为底制作对数表不仅能够减少运算量，而且当 b 越接近 1 时，相应的真数间隔也越小，制成的对数表也越精确。于是数学家们分别以 1.1^{10000}，1.01^{10000}，1.001^{10000}，1.0001^{10000} 为底制作对数表进行比较，发现 1.0001^{10000} 表现最佳。经过进一步研究，最后得出结论：以 $a=$

$\left(1+\frac{1}{n}\right)^n$ 为底的对数在制表中无论是运算量还是精确度都是最好的，当 n 越大时，精确度越高。当 $n \to +\infty$ 时，$a=\left(1+\frac{1}{n}\right)^n \to e$，这便是“e”的由来。

三、加工素材，重构教学过程

通过研究数学史，我们获得了一些重要的历史素材，似乎可以对“常用”与“自然”进行合理的解释，但这些原始素材无法直接用到教学中，还需要结合具体的学情与课型，对历史素材进行加工改造。

（一）常用对数素材的加工

对于常用对数，可以让学生在运算中体会以 10 为底的对数的先进性，从而为“常用”提供佐证。又考虑到本节课是复习课，对于学生运算能力的培养应该在原有的基础上有新的突破，于是笔者结合常用对数的性质，对历史素材进行加工，设计了一个具有挑战性的问题：一个 35 位正整数的 31 次方根的整数部分是多少？

此题看似复杂，但实际上用常规的思路很容易解答。设这个 35 位正整数为 A，其 31 次方根为 x，则 $\sqrt[31]{A}=x \Rightarrow \lg\sqrt[31]{A}=\lg x \Rightarrow \lg x=\frac{\lg A}{31}$，因为 $\lg A \in (34,35)$，所以 $\lg x \in \left(\frac{34}{31},\frac{35}{31}\right) \Rightarrow \lg x \in (1.096,1.129)$。查常用对数表发现只有 $\lg 13 \in (1.096,1.129)$，所以 x 的整数部分为 13。

此题还可以变式为：计算 13^{31} 的位数。

把“$\lg x=\frac{\lg A}{31}$”一般化，可以得到等式“$\lg x=\frac{\lg A}{n}$”，利用“知二求一”的思想，可以设计更多的所谓“难题”。

（二）自然对数素材的加工

对自然对数的底数 e 的阐述显然不能按照“编制对数表的需要”进行展开，原因有两点：一是制表原理不在教学目标之内，容易冲淡复习主题；二是在计算技术高度发达的今天，再大谈特谈对数表容易脱离学生实际。

自然对数中的“自然”有多重含义，其中之一指的是“自然界”，即自然对数在自然界中是普遍存在的，也就是说 e 在自然界中是普遍存在的。那么我们能否从日常生活现象中发现 e 的存在呢？

我们知道，$\left(1+\frac{1}{n}\right)^n \rightarrow e$ 的现实背景是银行中的“复利”，公式 $\lim\limits_{n\rightarrow+\infty}\left(1+\frac{1}{n}\right)^n=e$ 又称为“复利模型”，但因为高一学生还没有接触过数列，对于“复利”的理解存在着比较大的认知障碍，因此，需要对“复利”的实际背景稍加改造。笔者做了如下尝试。

假设小明初始的学习水平为 1，年进步幅度为 100%。

(1)一年后小明的学习水平是多少？

(2)若小明半年进步一次，计算一年后他的学习水平。

(3)若小明一季度进步一次，计算一年后他的学习水平。

(4)若小明每个月进步一次、每天进步一次、每小时进步一次、每秒进步一次……分别计算一年后他的学习水平。

(5)通过上述计算，你有什么发现？

把学生陌生的“复利”问题改编成与学习息息相关的“进步”问题，不仅提升了趣味性，而且降低了思维难度。

为了进一步说明 e 的自然属性，笔者还找到了大量跟 e 有关的数学模型，如图 1。

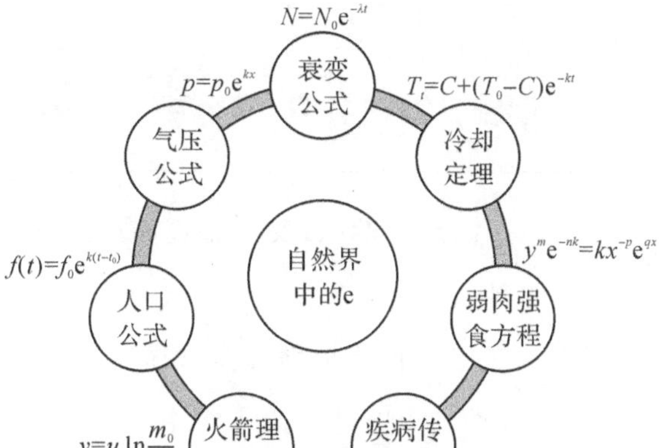

图 1　与 e 有关的数学模型

（三）重构教学过程

通过素材加工，复习课的主体内容已经明确，接下来要做的是构建合理的教学过程，设计必要的过渡与衔接，表2是笔者的教学过程。

表2 “对数运算”复习课教学过程

教学环节	主要内容
复习引入	(1)回顾对数的定义。 (2)简单阐述对数发明的背景——简化运算。 (3)提出问题：常用对数为何“常用”？自然对数因何“自然”？
探究常用对数	(1)计算常用对数的值，提炼运算规则。 (2)计算一个35位正整数的31次方根的整数部分是多少。 ①揭示计算原理； ②进行变式研究。 (3)总结常用对数“常用”的理由。
探究自然对数	(1)“励志”数学公式：$(1+0.01)^{365}\approx37.78$，$(1-0.01)^{365}\approx0.0255$。 ①阐释公式的现实内涵； ②计算$(1+0.01)^{365\times2}$，$(1+0.01)^{365\times3}$，体会指数爆炸； ③从数学的角度思考公式的科学性：能一直“进步”下去吗？真实的“进步”情况是怎样的？ 意图：通过“励志”数学公式激发学生的理性思考，为“复利”公式的引入做好必要的铺垫。 (2)“学习进步”的现实思考。 ①假设小明初始的学习水平为1，年进步幅度为100%，那么一年后小明的学习水平是多少？（再把一年细分为2个半年、4个季度、12个月、365天……） ②总结规律，引出“e”。 (3)利用$\left(1+\frac{1}{n}\right)^n\to e$解决问题：比较$2018^{2017}$与$2017^{2018}$的大小。 (4)展示生活中与e有关的数学模型。 (5)总结自然对数“自然”的理由。
课堂小结	对联：提升运算效率舍常用对数其谁，揭示世界规律非自然对数莫属。 横批：爱你没商量。

至此，一堂既洋溢着浓厚的历史韵味，又具备较高思维含量的对数复习课正式打造完成。

正如弗赖登塔尔所倡导的：“我们不应该完全遵循发明者的历史足迹，而应遵循经过改良、同时有更好引导性的历史过程。”HPM视野下的数学教学不只是对历史的简单还原，而且要在历史脉络中比较数学家所提供的不同方法，寻找数学教育的规律和经验；从历史的角度深入挖掘数学活动的文化意义，充分发挥历史材料的文化价值；在尊重历史真相的基础上实现教学过程的理性重构，把数学知识的历史形态加工整理成便于学生理解的教育形态，最终促进学生对数学知识的深度理解。

3.5　新高考背景下创新试题的命制历程

提出一个问题往往比解决一个问题更为重要，因为解决一个问题也许只是一个数学或实验的技巧问题，而提出新的问题、新的可能性，从新的角度看旧问题，却需要创造性的想象力。提出问题需要创新能力，因而命制一个问题比解决一个问题更困难。命制创新试题没有一般性的准则，充满着不可预知的魅力，也向无数喜爱命题的研究者及一线教师提出了挑战。只要掌握科学命题的基本原理和方法，提高考试命题的技术和水平，发挥以评价引领课堂教学的作用，就能够促进教师的专业成长。

一、改编教材题目

教材是教师教和学生学的主要载体，是教师进行教学、搞好教书育人工作的具体依据，是学生获得系统知识、发展智力、提高素养的重要工具。教材中有很多体现核心知识、基本方法的学习内容，也有很多经典模式的例题、习题。可以根据需要，通过变更问题的结构、改变题设的数据和设问的方向等来改编教材题目。

（一）题目来源

例题　（人教 A 版新教材选择性必修第一册第 108 页例 3）设 A，B 两点的坐标分别为 $(-5,0)$，$(5,0)$，直线 AM，BM 相交于点 M，且它们的斜率之积是 $-\frac{4}{9}$，求点 M 的轨迹方程。

“我们一再地改变它，重新叙述它、变换它，直到最后成功地寻到某些有用的东西为止。”旧的问题解决后再从新的角度多方向探究问题，对发现和设计新问题来讲显得弥足珍贵，能用创造性的想象探究更为一般的结论。

探究方向 1：探索从特殊到一般是否成立

改编 1　设点 A，B 的坐标分别为 $(-a,0)$，$(a,0)$，直线 AM，BM 相交于点 M，且它们斜率之积是 $-\frac{b^2}{a^2}(a>0,b>0)$，求点 M 的轨迹方程。

改编 2 设点 A,B 是椭圆$\frac{x^2}{a^2}+\frac{y^2}{b^2}=1(a>b>0)$上关于坐标原点 O 对称的两点，M 是椭圆上异于点 A,B 的任意一点，记直线 AM,BM 的斜率分别是 k_1，k_2，则 k_1k_2 是否为定值？

解析：设 $A(x_1,y_1),B(-x_1,-y_1),M(x_0,y_0)$，那么 $k_1k_2=\frac{y_0-y_1}{x_0-x_1}\cdot\frac{y_0+y_1}{x_0+x_1}=\frac{y_0^2-y_1^2}{x_0^2-x_1^2}$，而点 A,B,M 在椭圆上，所以 $\frac{x_1^2}{a^2}+\frac{y_1^2}{b^2}=1$，$\frac{x_0^2}{a^2}+\frac{y_0^2}{b^2}=1$，联立化简可得 $\frac{y_0^2-y_1^2}{x_0^2-x_1^2}=-\frac{b^2}{a^2}$，所以 $k_1k_2=-\frac{b^2}{a^2}$，为定值。

结论 1 设 AB 为任意一条过椭圆 $\frac{x^2}{a^2}+\frac{y^2}{b^2}=1(a>b>0)$ 中心的弦，M 为椭圆上异于 A,B 的任意一点，若直线 AM,BM 的斜率都存在且记为 k_1,k_2，那么 k_1k_2 为定值 $-\frac{b^2}{a^2}$。

探究方向 2：探究逆命题是否成立

改编 3 已知点 $M(x_0,y_0)$ 为椭圆 $\frac{x^2}{a^2}+\frac{y^2}{b^2}=1(a>b>0)$ 上任意一点，直线 AM,BM 分别交椭圆于 A,B 两点，直线 AM,BM 的斜率分别为 k_1,k_2，且满足 $k_1k_2=-\frac{b^2}{a^2}$，求证：直线 AB 过椭圆中心 O。

证明：直线 AM 的方程为 $y-y_0=k_1(x-x_0)$，与椭圆方程 $\frac{x^2}{a^2}+\frac{y^2}{b^2}=1$ 联立得 $(a^2k_1^2+b^2)x^2-(2a^2k_1^2x_0-2a^2k_1y_0)x+a^2k_1^2x_0^2-2a^2k_1x_0y_0+a^2y_0^2-a^2b^2=0$，点 A 的坐标为 $\left(\frac{a^2k_1^2x_0-2a^2k_1y_0-b^2x_0}{a^2k_1^2+b^2},\frac{-a^2k_1^2y_0-2b^2k_1x_0+b^2y_0}{a^2k_1^2+b^2}\right)$，同理可得点 B 的坐标，化简可知直线 OA 的斜率等于直线 OB 的斜率，所以 A,O,B 三点共线，直线 AB 过椭圆中心 O。

结论 2 已知椭圆 $\frac{x^2}{a^2}+\frac{y^2}{b^2}=1(a>b>0)$，椭圆一条弦的两端点与椭圆上任意一点连线的斜率之积为 $-\frac{b^2}{a^2}$ 的充要条件是这条弦经过椭圆中心。

探究方向3:探究定值为何是 $-\frac{b^2}{a^2}$

记 $\begin{bmatrix}1 & 0\\ 0 & \frac{b}{a}\end{bmatrix}$ $(a>b>0)$ 对应变换 T,圆 $x^2+y^2=a^2$,M 为圆上任意一点,AB 为圆的一条直径。由圆的性质可知,若直线 AM,BM 的斜率分别为 k_1,k_2,则 $k_1k_2=-1$。

结论3 变换 T 将圆变换为椭圆,结论也成立。

结论4 变换 T 将直线变换为直线,变换后直线的斜率是原直线斜率的 $\frac{b}{a}$。

设执行变换 T 后,直线 AM,BM 的斜率分别为 k'_1,k'_2,$k'_1k'_2=\left(\frac{b}{a}k_1\right)\left(\frac{b}{a}k_2\right)=\frac{b^2}{a^2}k_1k_2=-\frac{b^2}{a^2}$。

结论5 若 $k_1k_2=m$,$M(x_0,y_0)$ 为椭圆 $\frac{x^2}{a^2}+\frac{y^2}{b^2}=1$ 上的一个定点,此时直线 AB 过定点 $\left(\frac{x_0(a^2m+b^2)}{a^2m-b^2},\frac{-y_0(a^2m+b^2)}{a^2m-b^2}\right)$。

(二)创新题目

已知椭圆 $\frac{x^2}{2}+y^2=1$,点 $M\left(1,\frac{\sqrt{2}}{2}\right)$,若过点 M 的两条弦 AM,BM 的斜率之积为1,则直线 AB 过定点________。

(三)解题思路

设 AM 的斜率为 k_1,表示出点 A 的坐标,同理表示出点 B 的坐标,从而求出直线 AB 的方程,最后得到定点。

答案:$\left(3,-\frac{3\sqrt{2}}{2}\right)$。

本题考查椭圆的几何性质、圆锥曲线中斜率定值问题等知识点,命题立意是提升学生的数学运算、逻辑推理等数学核心素养以及数形结合的能力。本题难度系数为0.65,通过考试统计和预估相吻合。

（四）命制说明

这一道题目的改编通过对条件和结论进行一般化，互换条件和结论的位置，利用高等代数中的矩阵变换知识，最后得到了一道有关圆锥曲线定点的题目，达到了举一反三、触类旁通的目的。在往年全国各地的数学高考题中，有时会发现一些题目有教材中练习题、例题的影子。因此，在平时的教学中，应该好好利用教材中的资源和素材进行发散和探究。对一个简单问题进行一般化、条件互换，就可以获得很多新的资源。一道题的发散是多方向的，要根据命题目标来确定这道题的关注点在哪里。总之，根据教材中提供的素材编制创新试题，不仅遵循考试说明，符合课程标准，而且还能抵制题海战术等增加学生负担的行为，引导高三复习教学重视教材和钻研教材的良好风气。

二、类比原有考题

（一）题目来源

研究历年全国各地的高考试题，会发现有些题目的数量关系有着深刻的几何背景，考查数学思想方法有一定的典型性。可以利用数形结合揭示内在的本质，通过类比数量关系的几何意义构造新颖的数量关系进行设问，也可以通过改变设问的视角和方式编制试题。下面以 2017 年高考浙江卷数学第 15 题为原型进行改编。

（二）创新题目

已知向量 $\boldsymbol{a},\boldsymbol{b}$，满足 $2|\boldsymbol{a}+\boldsymbol{b}|+|\boldsymbol{a}-\boldsymbol{b}|=15$，$|\boldsymbol{a}|=3$，则 $|\boldsymbol{b}|$ 的最小值是________，最大值是________。

（三）解题思路

解法 1：平行四边形的性质与线性规划。

如图 1，设 $|\boldsymbol{a}+\boldsymbol{b}|=x$，$|\boldsymbol{a}-\boldsymbol{b}|=y$，由平行四边形的四边关系得 $|\boldsymbol{a}+\boldsymbol{b}|^2+|\boldsymbol{a}-\boldsymbol{b}|^2=2|\boldsymbol{a}|^2+2|\boldsymbol{b}|^2$，可得 $x^2+y^2=18+2|\boldsymbol{b}|^2$。

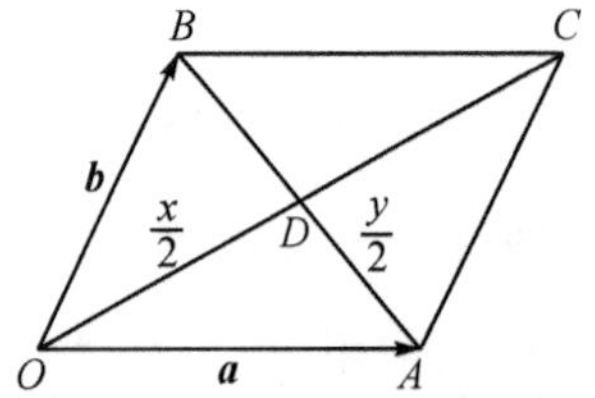

图 1

由三角形三边大小关系可得 $\begin{cases} 2x+y=15, \\ \dfrac{x}{2}+\dfrac{y}{2}\geqslant 3, \\ \left|\dfrac{x}{2}-\dfrac{y}{2}\right|\leqslant 3, \\ x\geqslant 0, \\ y\geqslant 0。\end{cases}$

如图 2,画出可行域为线段 PQ(含端点),所以可行域上的点到原点的距离平方的最大值在点 P 处取到,最小值在点 H 处取到,即 $x^2+y^2=18+2|\boldsymbol{b}|^2\in[45,90]$,可得 $|\boldsymbol{b}|$ 的最大值为 6,最小值为 $\frac{3}{2}\sqrt{6}$。

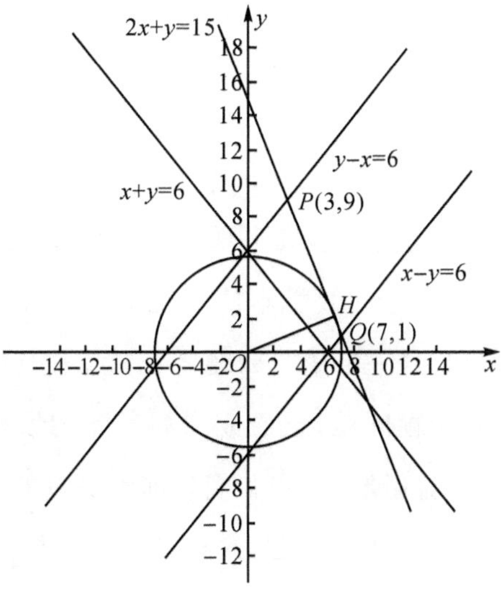

图 2

解法 2:换元后求二次函数最值。

设 $|\boldsymbol{a}+\boldsymbol{b}|=x$, $|\boldsymbol{a}-\boldsymbol{b}|=y$,则 $2x+y=15$,如图 3,由平行四边形的四边关系得 $x^2+y^2=18+2|\boldsymbol{b}|^2$,要求 $|\boldsymbol{b}|$ 的最值,即求 x^2+y^2 的最值,由三角形两边之和大于第三边,易算得 $x\in[3,7]$,则 $x^2+y^2=x^2+(15-2x)^2=5(x-6)^2+45\in[45,90]$,从而 $|\boldsymbol{b}|\in\left[\frac{3}{2}\sqrt{6},6\right]$。

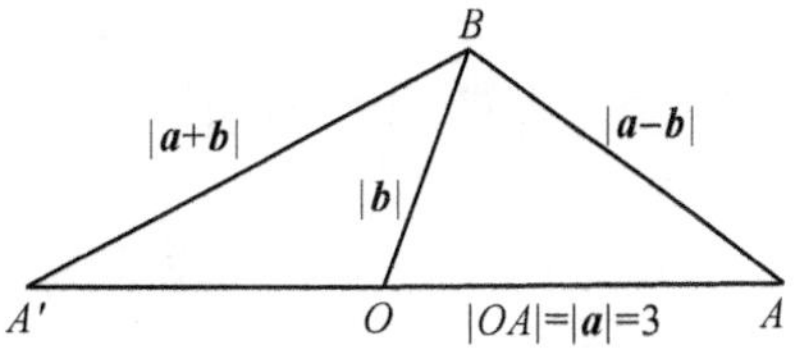

图 3

解法 3:向量三角不等式与柯西不等式。

由柯西不等式得 $2|\boldsymbol{a}+\boldsymbol{b}|+|\boldsymbol{a}-\boldsymbol{b}|\leqslant\sqrt{2^2+1^2}\sqrt{|\boldsymbol{a}+\boldsymbol{b}|^2+|\boldsymbol{a}-\boldsymbol{b}|^2}$,即 $15\leqslant\sqrt{5}\sqrt{2|\boldsymbol{a}|^2+2|\boldsymbol{b}|^2}=\sqrt{5}\sqrt{18+2|\boldsymbol{b}|^2}$,可得 $|\boldsymbol{b}|\geqslant\frac{3}{2}\sqrt{6}$,当 $|\boldsymbol{a}+\boldsymbol{b}|=2|\boldsymbol{a}-\boldsymbol{b}|$ 时,$|\boldsymbol{b}|_{\min}=\frac{3}{2}\sqrt{6}$。

由三角不等式得 $2|\boldsymbol{a}+\boldsymbol{b}|+|\boldsymbol{a}-\boldsymbol{b}|\geqslant|2(\boldsymbol{a}+\boldsymbol{b})-(\boldsymbol{a}-\boldsymbol{b})|=|\boldsymbol{a}-3\boldsymbol{b}|\geqslant 3|\boldsymbol{b}|-|\boldsymbol{a}|$,可得 $15\geqslant 3|\boldsymbol{b}|-3$,即 $|\boldsymbol{b}|\leqslant 6$,当 $\boldsymbol{a},\boldsymbol{b}$ 同向且 $|\boldsymbol{a}|=3$ 时,$|\boldsymbol{b}|_{\max}=6$。

本题主要考查平面向量运算的几何意义、向量模的性质、三角不等式,以及推理运算、数形结合等基本的数学思想方法。以能力立意为命题者的指导思想,灵活多变的解题方法是本题命制的一大亮点。本题难度系数为 0.55,达到预期目标。

(四)命制说明

本题命制的立意是评价学生掌握平面向量加减法的概念及几何意义的程度。这道创新题目和高考真题的数学本质都是运用“平行四边形的四边平方和等于两条对角线的平方和”这一结论。命题者紧紧抓住这个结论,巧妙地根据现有的试题类比改编,形成新颖问题,这已成为高考命题惯用的手法。“我们几乎不能想象有一个问题是绝对新颖的,和我们以前解决过的问题都不相似、都无关系。”作为数学教师,应多研究高考真题,这样才能更好地把握高考的命题方向。从向量加减法的三角形法则和平行四边形法则出发,通过置换结论和条件,可以延伸出很多问题,本试题的成功改编就是一个精彩例证。

三、构造合理图形

构造是一种重要的数学思想方法,它是创造力较高的表现形式。在数学解题中,要认真审题,依据题目条件捕捉“特征信息”,类比相关知识,构造数学模型,来寻求解题的切入点,从而获得简捷、明快、新颖的方法。构造法是中学数学中最具有挑战性的解题方法,也是考查学生创新能力的最好载体之一。要构造合理图形来命制试题,命题者就要做有心人,做题留心方能偶得好题。正所谓:“踏破铁鞋无觅处,得来全不费工夫。”请看下面的例子。

（一）命题来源

例题 如图4，正方体 $AEDF-BGHC$ 的边长为1，P 是 AD 的中点，点 M 在 BD 上，点 N 在 BC 上，求 $PM+\frac{\sqrt{2}}{2}MN$ 的最小值。

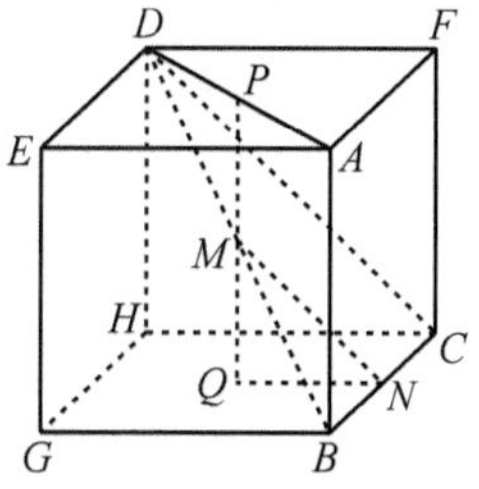

图4

解析：由于二面角 $D-CB-H$ 的余弦值为 $\frac{\sqrt{2}}{2}$，作 $MQ\perp$ 平面 $BGHC$，Q 为垂足，当 $MN\perp BC$ 时，有 $MQ=\frac{\sqrt{2}}{2}MN$。

所以 $PM+\frac{\sqrt{2}}{2}MN=PM+MQ\geqslant PQ\geqslant 1$，当 P,M,Q 三点共线且 $PQ\perp$ 平面 $BGHC$ 时取等号。

所以 $PM+\frac{\sqrt{2}}{2}MN$ 的最小值为1。

将 $\triangle ABD$ 沿直线 BD 翻折不影响问题的解决，且当点 M 在 BD 上，点 N 在 BC 上，$MN\perp BC$ 时，$PM+\frac{\sqrt{2}}{2}MN$ 都能取得最小值。由此得到下面的创新试题。

（二）创新题目

如图5，在平面四边形 $ABCD$ 中，$\angle DAB=\angle DCB=90^\circ$，$AB=BC=1$，$AD=CD=\sqrt{2}$，$P$ 为 AD 的中点，M,N 分别在线段 BD,BC 上，则 $PM+\frac{\sqrt{2}}{2}MN$ 的最小值为________。

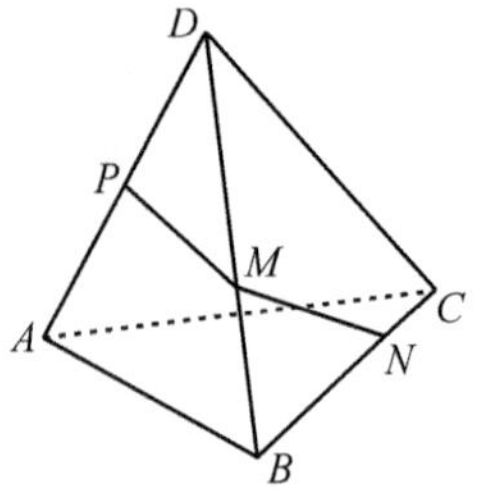

图 5

（三）解题思路

解法 1(代数法)：设 $DM=t(0\leqslant t\leqslant\sqrt{3})$，

则 $PM=\sqrt{\frac{1}{2}+t^2-2\cdot\frac{\sqrt{2}}{2}t\cdot\frac{\sqrt{2}}{\sqrt{3}}}=\sqrt{\left(t-\frac{\sqrt{3}}{3}\right)^2+\frac{1}{6}}$。

当 $MN\perp BC$ 时，$MN=\sqrt{2}\cdot\frac{\sqrt{3}-t}{\sqrt{3}}$。

所以 $y=PM+\frac{\sqrt{2}}{2}MN=\sqrt{\left(t-\frac{\sqrt{3}}{3}\right)^2+\frac{1}{6}}+\frac{\sqrt{3}-t}{\sqrt{3}}$

$=\frac{1}{\sqrt{6}}\sqrt{(\sqrt{6}t-\sqrt{2})^2+1}-\frac{\sqrt{3}t}{3}+1$。

去根号得 $\frac{2}{3}t^2-\frac{2\sqrt{3}}{3}yt+\frac{1}{2}-(y-1)^2=0$。

由 $\Delta=\frac{4}{3}y^2-\frac{8}{3}\left[\frac{1}{2}-(y-1)^2\right]\geqslant 0$，得 $3y^2-4y+1\geqslant 0$，所以 $y\geqslant 1$ 或 $y\leqslant\frac{1}{3}$。

又 $PM\geqslant\frac{\sqrt{6}}{6}>\frac{1}{3}$，所以 $y\geqslant 1$，当 $t=\frac{\sqrt{3}}{2}$ 时取等号。

所以所求最小值为 1。

解法 2(构造三角形法)：如图 6，过点 B 作 AD 的平行线 l，设 d 为平行线 AD 与 l 之间的距离，过点 M 作 BC 的垂线，交 BC 于点 E，过点 M 作 l 的垂线，交 l 于点 F。

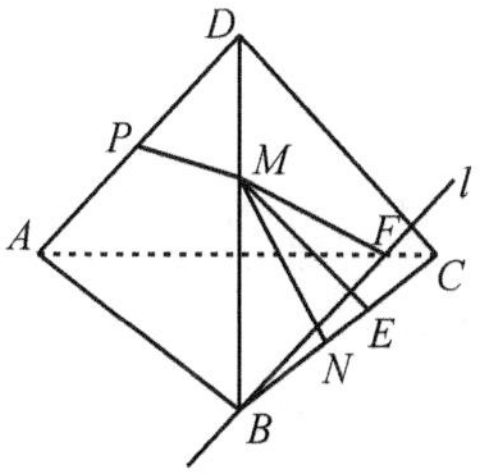

图 6

因为 $\sin\angle MBF=\dfrac{MF}{MB}=\dfrac{1}{\sqrt{3}}$，$\sin\angle MBE=\dfrac{ME}{MB}=\dfrac{\sqrt{2}}{\sqrt{3}}$，则 $MF=\dfrac{\sqrt{2}}{2}ME$。

所以 $PM+\dfrac{\sqrt{2}}{2}MN\geqslant PM+\dfrac{\sqrt{2}}{2}ME=PM+MF\geqslant d=1$。

解法 3(构造全等法)：如图 7，过点 M 作 BC 的垂线，交 BC 于点 E，作 AB 的垂线，交 AB 于点 F。

由于 $BE=\dfrac{\sqrt{2}}{2}ME$，因此 $PM+\dfrac{\sqrt{2}}{2}MN\geqslant PM+\dfrac{\sqrt{2}}{2}ME=PM+BE=PM+BF\geqslant AF+FB=1$。

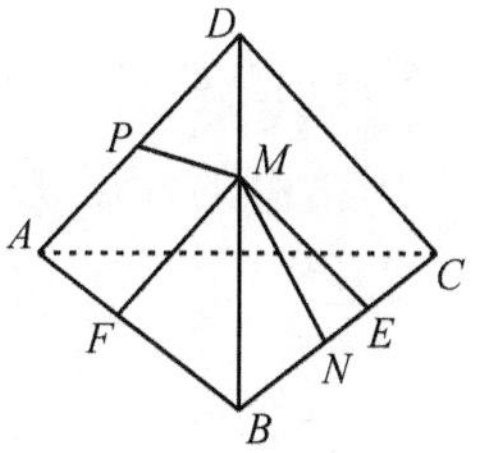

图 7

推广：在有公共斜边的 $\mathrm{Rt}\triangle ABD$ 和 $\mathrm{Rt}\triangle CBD$ 中，$\angle DAB=\angle DCB=90°$，$AD=CD=1$，$AB=BC=k$（$k$ 为大于零的常数），P 为 AD 的中点，M，N 分别在线段 BD，BC 上，则有 $PM+k\cdot MN\geqslant k$。

构造法的合理使用往往能使复杂问题简单化，使“一筹莫展”的问题“柳暗花明”。构造法的最大难点是学生不易想到如何合理地构造，因此本题考查的是学生的直观想象能力和数学运算能力，不但要求学生理解知识，还要迁移知识，更要创造知识。本题的难度系数为 0.35，和预估相吻合。

(四)命制说明

本题是以几何动态方法命制的求最小值问题，创作的灵感源于在研究正方体线面结构关系时，一个偶然的机会发现可以构造"求形如 $PM+k\cdot MN$ 的式子的最小值"这样的题目。构造立体图形是这道题目的精妙之处。"画一个假设图形，假设它的各个部分都满足题目条件，也许正是迈出解题的重要一步。"根据所求的特征，构造出相应的几何体，使等式中的一些数量关系显现在几何体中，有时能使我们茅塞顿开。只需借助几何体的性质，即可得到简捷的证明途径。试题呈现方式简洁新颖，内涵丰富。立体几何平面化是解立体几何题目的重要方法，将平面几何蕴含于立体几何中能显示命题者的高超技术，而学生在具体解题过程中又有不同途径可以解决它，体现了以生为本的命题情怀。因为有诸多优点，本题被选为宁波市期末考试的填空压轴题。

创新试题的命制犹如加工一件精致的艺术品。一般来讲，题目命制是有法可循的，要真正命制一道好题，需要有创新精神，要大胆猜想、小心求证，经历反复斟酌、艰难探究、多次修改、科学验证等过程才能定稿。命题成型时，既要关注试题整体呈现的形式，又要关注细节是否有瑕疵。正如罗增儒教授在《数学解题学引论》一书中所说："命制数学题需要深厚的知识功底、良好的思维素质和熟练的编题技巧。有时候，创造一个问题比解决一个问题更困难。"这就要求命题教师平时学会在解题中欣赏试题，学会用数学的眼光观察世界和思考问题，不断总结命题方法，加强解题研究，学会用精湛的命题艺术去呈现数学的美妙。

3.6　直线分三角形面积之比问题的研究

三角形被直线所截得到一个小三角形和一个四边形，图形虽然简单，但它们面积之比与直线方程的关系如何？其中大有学问。笔者通过研究，得到如下具体结论。

一、三个命题

引理　如图 1，若直线 l 与 $\triangle ABC$ 的边 AB，AC 分别相交于点 D，E，点 D 分 $\overrightarrow{BA}$ 所成的比为 $\lambda(0\leqslant\lambda\leqslant1)$，四边形 $BDEC$ 与 $\triangle ADE$ 的面积之比为 k，则点 E 分 $\overrightarrow{CA}$ 所成的比 $\lambda'=\dfrac{k-\lambda}{1+\lambda}$，或写成 $k+1=(\lambda+1)(\lambda'+1)$ 的形式。

证明： 因为 $S_{\triangle ABC}=\dfrac{1}{2}|AB|\cdot|AC|\cdot\sin A$，

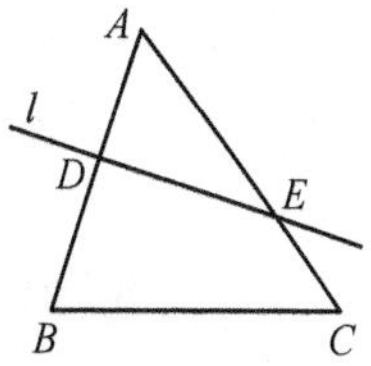

图 1

$S_{\triangle ADE}=\dfrac{1}{2}|AD|\cdot|AE|\cdot\sin A$，

所以 $k+1=\dfrac{S_{\triangle ABC}}{S_{\triangle ADE}}=\dfrac{|AB|\cdot|AC|}{|AD|\cdot|AE|}$。

由 $\dfrac{|BD|}{|AD|}=\lambda$，得 $\dfrac{|AB|}{|AD|}=\lambda+1$，

因此 $\dfrac{|AC|}{|AE|}=\dfrac{k+1}{\lambda+1}$，所以 $\lambda'=\dfrac{|EC|}{|AE|}=\dfrac{k+1}{\lambda+1}-1=\dfrac{k-\lambda}{1+\lambda}$。

由引理不难得到以下结论。

结论 1　若 $k=1$，即 l 平分 $\triangle ABC$ 的面积，则 $\lambda'=\dfrac{1-\lambda}{1+\lambda}$。

结论 2　若 $k=1$，$\lambda=0$，则 $\lambda'=1$，即 DE 是 AC 边上的中线。

结论 3　若 $k=\lambda$，则 $\lambda'=0$，即直线 l 过点 C。

特别地，当 $k=\lambda=1$ 时，DE 是 AB 边上的中线。

结论 4　若 $\lambda=0$，则 $\lambda'=k$，即直线 l 过点 B，且直线 l 分 $\triangle ABC$ 所得的两个小三角形的面积之比等于同高三角形的底边之比。

定理　把图 1 放到平面直角坐标系中，若点 A，B，C，D，E 的横坐标分别为

x_1, x_2, x_3, x_D, x_E，则$\dfrac{S_{\triangle ABC}}{S_{\triangle ADE}}=\dfrac{(x_2-x_1)(x_3-x_1)}{(x_D-x_1)(x_E-x_1)}$。纵坐标的情况类似。

证明：由定比分点公式得 $x_D=\dfrac{x_2+\lambda x_1}{1+\lambda}$，从而 $\lambda=\dfrac{x_2-x_D}{x_D-x_1}$，

同理 $\lambda'=\dfrac{x_3-x_E}{x_E-x_1}$。

由引理得 $k+1=(\lambda+1)(\lambda'+1)=\left(\dfrac{x_2-x_D}{x_D-x_1}+1\right)\left(\dfrac{x_3-x_E}{x_E-x_1}+1\right)=\dfrac{(x_2-x_1)(x_3-x_1)}{(x_D-x_1)(x_E-x_1)}$，

因此 $\dfrac{S_{\triangle ABC}}{S_{\triangle ADE}}=\dfrac{(x_2-x_1)(x_3-x_1)}{(x_D-x_1)(x_E-x_1)}$。

推论 如图 2，在平面上，若 $AF /\!/ EJ /\!/ DK /\!/ CH /\!/ BG$，则 $\dfrac{S_{\triangle ADE}}{S_{\triangle ABC}}=\dfrac{S_{\triangle FJK}}{S_{\triangle FGH}}$。

证明：以垂直于直线 AF 的射线为 x 轴、任意点为坐标原点建立平面直角坐标系，A,F；B,G；C,H；E,J；D,K 这五组点的横坐标分别相等。由定理即可得到结论。

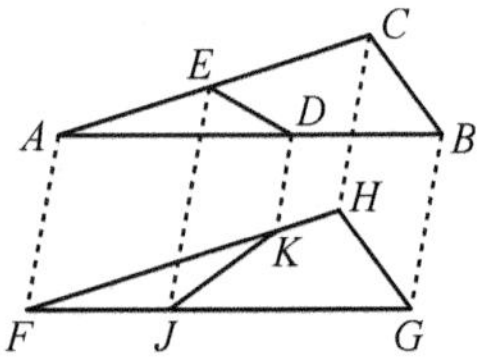

图 2

二、应用举例

例 1 已知 $A(1,1)$，$B(4,4)$，$C(6,2)$，直线 l 的方程为 $x+y-4=0$，求直线 l 分△ABC 所成的两部分的面积之比。

解析：如图 3，直线 AB：$x-y=0$，直线 AC：$x-5y+4=0$，则 $D(2,2)$，$E\left(\dfrac{8}{3},\dfrac{4}{3}\right)$。

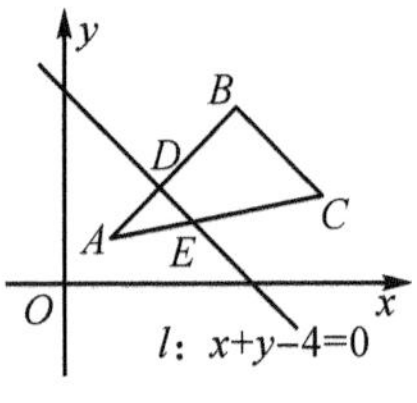

图 3

由定理得 $\dfrac{S_{\triangle ABC}}{S_{\triangle ADE}}=\dfrac{(4-1)\times(6-1)}{(2-1)\times\left(\dfrac{8}{3}-1\right)}=9$，

所以直线 l 分△ABC 所成的四边形与小三角形面积之比为 8∶1。

例 2 在△ABC 中，已知 $A(3,4)$，$B(1,2)$，$C(6,1)$，点 M 的纵坐标为 3，过点 M 的直线 l 分△ABC 所成的四边形与三角形面积之比为 3∶1，求直线 l 的方程。

解法 1：分两种情况讨论。

(1) 如图 4，当直线 l 与 BC 交于点 N 时，设点 M 分 $\overrightarrow{AC}$ 所成的比为 λ，点 N

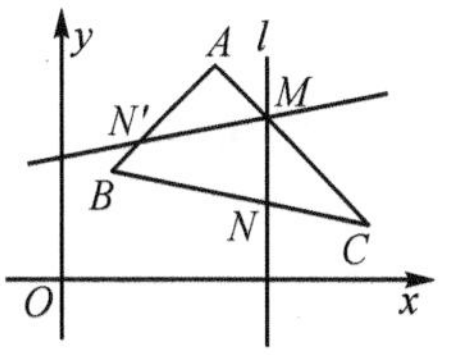

图 4

分$\overrightarrow{BC}$所成的比为λ'。

由定比分点公式得$3=\dfrac{4+\lambda}{1+\lambda}$，得$\lambda=\dfrac{1}{2}$，$x_M=4$。

而$k=3$，由引理得$\lambda'=\dfrac{k-\lambda}{1+\lambda}=\dfrac{5}{3}$，所以$N\left(\dfrac{33}{8},\dfrac{11}{8}\right)$。

因此$k_{MN}=\dfrac{y_N-y_M}{x_N-x_M}=-13$。

所以直线l的方程为$y-3=-13(x-4)$，即$13x+y-55=0$。

(2)当直线l与AB交于点N'时，仿(1)的做法得直线l的方程为$x-5y+11=0$。

综上所述，直线l的方程为$13x+y-55=0$或$x-5y+11=0$。

解法 2：作图同解法1，设点N的纵坐标为y_N，由定理得$\dfrac{4}{1}=\dfrac{(4-1)\times(2-1)}{(3-1)\times(y_N-1)}$，解得$y_N=\dfrac{11}{8}$，所以$N\left(\dfrac{33}{8},\dfrac{11}{8}\right)$，下同解法1。

例 3　已知$A(4,2)$，$B(1,-1)$，$C(5,-4)$及$\triangle ABC$外一点$P\left(2,\dfrac{21}{4}\right)$，求过点$P$且平分$\triangle ABC$面积的直线$l$的方程。

解析：分两种情况讨论。

(1)当l与AB和CB相交时，如图5，设点M分$\overrightarrow{AB}$所成的比为λ，点N分$\overrightarrow{CB}$所成的比为λ'，由定比分点公式知$M\left(\dfrac{4+\lambda}{1+\lambda},\dfrac{2-\lambda}{1+\lambda}\right)$。

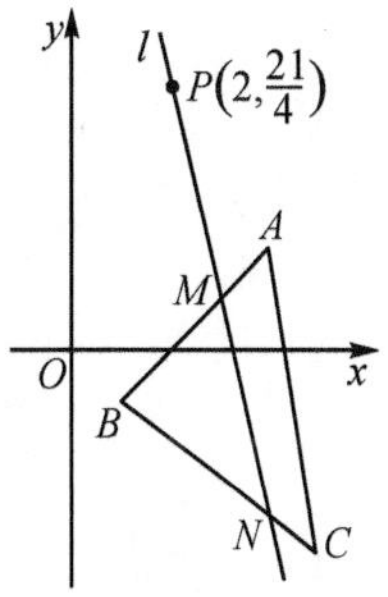

图 5

根据引理的结论1得$\lambda'=\dfrac{k-\lambda}{1+\lambda}=\dfrac{1-\lambda}{1+\lambda}$，因此$N\left(2\lambda+3,\dfrac{-5-3\lambda}{2}\right)$。

因为P,M,N三点共线，所以$k_{PM}=k_{PN}$，即$\dfrac{\dfrac{-5-3\lambda}{2}-\dfrac{21}{4}}{3+2\lambda-2}=\dfrac{\dfrac{2-\lambda}{1+\lambda}-\dfrac{21}{4}}{\dfrac{4+\lambda}{1+\lambda}-2}$，

化简得$8\lambda^2+10\lambda-7=0$，解得$\lambda=\dfrac{1}{2}$或$-\dfrac{7}{4}$。

因为 $0\leqslant\lambda\leqslant 1$，所以 $\lambda=\dfrac{1}{2}$，故 $M(3,1)$。因此 $k_{PM}=\dfrac{\dfrac{21}{4}-1}{2-3}=-\dfrac{17}{4}$。

所以直线 l 的方程为 $y-1=-\dfrac{17}{4}(x-3)$，即 $17x+4y-55=0$。

(2)当 l 与 BA，CA 相交时，假设 l 与 BA 的交点为 M'，点 M' 分 $\overrightarrow{BA}$ 所成的比为 λ_1。仿(1)的做法得 $\lambda_1=\dfrac{1\pm\sqrt{126}}{5}$。因为 $0\leqslant\lambda_1\leqslant 1$，所以过点 P 且平分 $\triangle ABC$ 面积的直线 l 不存在。

综上所述，过点 P 且平分 $\triangle ABC$ 面积的直线 l 的方程为 $17x+4y-55=0$。

3.7　基于核心素养的问题设计的三个原则

——以利用待定系数法求多项式最值的问题设计为例

史宁中教授认为:“数学教育应当遵循的一个原则是设计并且实施合理的教学活动。”众所周知,问题是数学的心脏,因此在课堂教学中,教师如何设计例题就显得非常关键。不同的例题承载着不同的育人功能,教师通过合理的例题设计,进行有针对性的教学,能有效培育学生的数学核心素养。

高中阶段的数学核心素养包括六个要素,其中最为重要的有三个:抽象、推理和模型。发展学生的数学核心素养,有助于学生学会用数学的语言表达世界,用数学的思维分析世界,用数学的眼光观察世界。下面笔者就以“利用待定系数法求多项式最值”这堂课为例,从核心素养的维度出发来谈谈课堂上的问题设计。

一、核心素养的三个维度

(一)维度一:用数学的语言表述问题——让学生学会建立模型

数学的语言就是数学模型,数学模型搭建了数学与现实世界的桥梁。为了更好地培育学生用数学的语言表达世界的能力,教师应当在课堂上设计一些能指向数学建模能力培育的例题,培养学生举一反三的能力,促进学生在脑海中建构知识和方法。

问题 1　若 $x,y,z\in(0,+\infty)$,且 $4x+5y+8z=30$,求 $8x^2+15y^2+48z^2$ 的最小值。

分析:由题目的特征,我们马上能联想到柯西不等式 $(a_1b_1+a_2b_2+\cdots+a_nb_n)^2\leqslant(a_1^2+a_2^2+\cdots+a_n^2)(b_1^2+b_2^2+\cdots+b_n^2)(a_ib_i\in\mathbf{R},i=1,2,\cdots,n)$,利用此模型,再结合待定系数法即可获解。

解答:设$(\sqrt{8a}x+\sqrt{15b}y+\sqrt{48c}z)^2\leqslant(8x^2+15y^2+48z^2)(a+b+c)$,

令 $\sqrt{8a}=4,\sqrt{15b}=5,\sqrt{48c}=8$,即 $a=2,b=\dfrac{5}{3},c=\dfrac{4}{3}$,

则 $(8x^2+15y^2+48z^2)\left(2+\frac{5}{3}+\frac{4}{3}\right)\geqslant(4x+5y+8z)^2=900$，

所以 $8x^2+15y^2+48z^2\geqslant 180$。

由 $4x^2=9y^2=36z^2$ 及 $4x+5y+8z=30$ 可得 $x=3,y=2,z=1$，

所以当 $x=3,y=2,z=1$ 时，$(8x^2+15y^2+48z^2)_{\min}=180$。

（二）维度二：用数学的思维思考问题——让学生学会逻辑推理

用数学的思维思考问题，也就是进行逻辑推理，体现了数学的另外一个重要特征——严谨性。为了培养学生的逻辑推理能力，教师在进行例题设计时，需要给学生适当增加“障碍”，让学生必须先通过推理和分析，选择出最优的模型，有时甚至需要多次综合运用不同的模型，才能解决问题，这是一种更高级的要求。

问题 2 已知正实数 x,y,z 满足 $x^2+y^2+z^2=1$，求 $xz+xy+2yz$ 的最大值。

分析：观察题目结构，初步确定可以选择基本不等式这个模型来解决，但是对题目的数据进行仔细分析后，我们发现需要多次运用基本不等式才能顺利求解。

解答：由 $x^2+y^2+z^2=1$，

不妨设 $x^2+mz^2+x^2+ny^2+(2-m)z^2+(2-n)y^2=2,m,n\in(0,2)$。

因为 $x^2+mz^2+x^2+ny^2+(2-m)z^2+(2-n)y^2\geqslant 2\sqrt{m}xz+2\sqrt{n}xy+2\sqrt{(2-m)(2-n)}yz$，

令 $\sqrt{m}:\sqrt{n}:\sqrt{(2-m)(2-n)}=1:1:2$，则 $m=n=\frac{(2-m)(2-n)}{4}$，解得 $m=n=4\pm2\sqrt{3}$。

又 $m,n\in(0,2)$，故 $m=n=4-2\sqrt{3}$。

从而 $\sqrt{4-2\sqrt{3}}(xz+xy+2yz)\leqslant 1$，即 $xz+xy+2yz\leqslant\frac{1}{\sqrt{3}-1}=\frac{\sqrt{3}+1}{2}$。

所以，当且仅当 $x=\frac{\sqrt{3}-1}{\sqrt{6-2\sqrt{3}}},y=z=\frac{1}{\sqrt{6-2\sqrt{3}}}$ 时，$(xz+xy+2yz)_{\max}=\frac{\sqrt{3}+1}{2}$。

（三）维度三：用数学的眼光看问题——让学生学会数学抽象

抽象是数学最重要的一个特征。让学生学会剥离原题的数学情境，进行数学

抽象，是数学最基本的“童子功”，只有练好了这个“童子功”，才能学会用数学的眼光看问题，用数学的眼光洞察世界。当然，在数学的抽象过程中，适当的等价转化是不可或缺的，因为这能让我们更好地看清问题的实质，从而成功地实现数学抽象。

问题 3　已知函数 $f(x)=ax^2+bx+c(a,b,c\in\mathbf{R})$，若存在实数 $a\in[1,2]$，对任意的 $x\in[1,2]$，都有 $f(x)\leqslant 1$，则 $7b+5c$ 的最大值为________。

分析：此题是一个具有约束条件的二次函数图象问题，解决此问题的关键在于如何将具体情境进行抽象提炼。其实，结合原题所给条件，我们不难抽象出与条件等价的两个不等式 $\begin{cases}b+c\leqslant 1-a,\\2b+c\leqslant 1-4a,\end{cases}$ 接下来再运用待定系数法，构造不等式模型即可解决问题。

解答：因为对任意的 $x\in[1,2]$，都有 $f(x)\leqslant 1$，

所以只要满足 $\begin{cases}f(1)=a+b+c\leqslant 1,\\f(2)=4a+2b+c\leqslant 1,\end{cases}$ 即 $\begin{cases}b+c\leqslant 1-a,\\2b+c\leqslant 1-4a。\end{cases}$

令 $\lambda(b+c)+\mu(2b+c)\leqslant\lambda(1-a)+\mu(1-4a)$，

整理得 $(\lambda+2\mu)b+(\lambda+\mu)c\leqslant\lambda+\mu-(\lambda+4\mu)a$。

再令 $\begin{cases}\lambda+2\mu=7,\\\lambda+\mu=5,\end{cases}$ 解得 $\begin{cases}\lambda=3,\\\mu=2,\end{cases}$

所以 $7b+5c\leqslant 5-11a$　（*）。

因为存在实数 $a\in[1,2]$ 使不等式（*）成立，又因为 $5-11a\in[-17,-6]$，所以 $7b+5c\leqslant -6$，当且仅当 $a=1,b=-3,c=3$ 时取等号，此时 $7b+5c$ 的最大值为 -6。

二、基于核心素养的问题链设计的三个原则

（一）原则一：问题设计要有明确的素养指向性

基于核心素养的问题设计要有明确的核心素养培育的指向性。正所谓“有的”才能“放矢”，教师在设计课堂例题时要特别关注例题设计的目的，即关注如何通过例题教学来有效提升学生的不同数学核心素养。因为不同的问题对学生素养培育的侧重点有所不同，因此教师应当先明确这堂课要重点培育学生哪方面的素养，然后根据这个目标来设计例题，让每个问题都有明确的指向性。具有

明确指向性的问题设计，能有效驱动、引领学生学习，也能避免重复地、机械地在课堂中进行“满堂灌”，让课堂更从容，也更具有厚度和底蕴。

上述案例中的三个问题的指向性都非常明确，紧紧围绕核心素养培育的目标。问题 1 的设计旨在培养学生数学建模的素养，着重考查了学生对柯西不等式这个数学模型的灵活运用。问题 2 重点培养学生的逻辑推理素养，学生通过对题目条件的推理分析，发现在众多数学模型中，基本不等式模型是最适合解决此题的，但同时也发现，运用一次基本不等式还无法解决问题，需要多次运用才能成功，这个分析的过程其实就是学生逻辑推理素养的培育过程。问题 3 的设计则指向了学生数学抽象素养的培育。我们知道，数学抽象主要包括：从数量与数量关系、图形与图形关系中抽象出数学概念及概念之间的关系；从事物的具体背景中抽象出一般规律和结构，并用数学语言予以表征。本题就需要学生先从具体的二次函数的情境以及纷繁复杂的题设条件中，抽象提炼出两个关键的不等式 $\begin{cases} b+c\leqslant 1-a, \\ 2b+c\leqslant 1-4a, \end{cases}$ 从而揭开题目的真面目，为后续的解答铺平道路。

（二）原则二：问题设计要有合理的层次梯度性

问题的设计需要遵循梯度性原则。行为主义认为，学习是刺激与反应的联结，是有机体在接受外界的刺激后做出相应的反应，是反应的强化和经验的获得。而带有梯度性的问题有助于学生可持续注意力的激发，能提升学生的学习效能。同时，这种循序渐进的做法也遵循了学生的认知规律，让学生的能力在课堂上不断螺旋上升。

在上述案例中，问题 1 直接利用柯西不等式这一模型即可解决，是最简单的建模思想的运用，因此也是最浅层的设计，作为第一道例题是恰当的。问题 2 则需要多次运用基本不等式才能解决，这个过程需要一定的逻辑分析，因此问题 2 的层级是高于问题 1 的。而问题 3 的情境更复杂，需要先进行数学抽象，才能进行模式识别和模型建构，问题的难度更高，因此将其作为第三道例题。这种由浅入深、环环相扣、带有梯度性的问题设计从不同的维度培养了学生的数学核心素养。

（三）原则三：问题设计要有紧密的内在关联性

维果茨基认为，在学生的“最近发展区”展开教学，更能加速学生的发展。具有前后关联的例题串就是在学生的“最近发展区”中设置的一个个“补给站”，让学生不断补充“能量”，从而能到达更远的目的地。因此，具有前后关联性的例题链对学生学习的推动性是远远大于“各自为政”的例题链的。

虽然每一种数学核心素养都有自身的独立性，在学习数学的过程中，在发现、提出、分析、解决数学问题和实际问题的过程中，数学核心素养在不同的环节发挥不同的作用，但我们更需要强调整体性。数学核心素养的六个要素是一个有机联系的整体，它们不是两两“不相交”的，而是相互“交叉”、相互“渗透”的。既然如此，那我们有什么理由不在问题设计时关注一下问题的前后关联性，让问题之间也能做到相互“交叉”与“渗透”呢？

在上述案例中，就选择了非常“紧凑”的三个问题，围绕同一个中心和同一种方法进行设计，问题前后关联，你中有我，我中有你。这三个问题都围绕“求多项式的最值”这个中心问题来展开，采用的核心方法也是一致的，都是利用待定系数法来解决。同时，三个问题都渗透了数学建模的思想，它们组成了一个有机的整体。正因为设计问题时注重了其内在的关联，学生对知识和方法的理解才更加深刻，核心素养的培育才更加有效。

第四章　数学概念理解与 HPM 教学案例

华罗庚先生认为:“数学的学习过程,就是不断建立各种数学概念的过程。”李邦河院士也说:“数学根本上是玩概念,不是玩技巧。技巧不足道也!”可见数学概念在这些数学大师心中的地位。对数学概念本质的探索一直是推动数学发展的内在动力因素,毫不夸张地说,数学史就是一部数学概念的发展史。对数学概念本质的探求、对数学概念教学的优化与创新,是每一个数学教育工作者不懈奋斗的目标。

在新一轮的数学课程改革中,数学史对数学教育的价值已被越来越多的专家和一线老师认同和接受,并且研究重心正由理论向实践应用转化,HPM 在高中数学课堂上找到了其用武之地。要让更多的教师关注和接受 HPM,就必须让他们看到 HPM 教学案例的成功之处。因此,HPM 教学案例的开发和研究成为当务之急。

4.1 “工具性理解”“关系性理解”和“创新性理解”

在日常教学设计中，教师常常关注的问题有：学生理解了知识还是没有理解知识，是部分理解还是全部理解等。但是，很少有教师考虑到是不是还有不同类型的理解。当代颇负盛名的英国数学心理学家斯根普(R. Skemp)有一篇著名论文，题目是“关系性理解和工具性理解”(*Relational and Instrumental Understanding*)，这是对“理解”的认识层次的一次重大突破。

一、国内学者对工具性理解和关系性理解的介绍与评论

斯根普指出：工具性理解是指一种语义性理解，即符号 A 所指代的事物是什么；或是指一种程序性理解，即一个规则 R 所指定的每一个步骤是什么，如何操作等。简言之，就是按照语词的本意和计算程序进行操作，即“只知是什么，不知为什么”。

关系性理解则还需要具备对知识意义和替代物本身结构上的认识，获得概念和规律(定律、定理、公式、法则等)的途径，以及规则本身有效性的逻辑依据等。简言之，就是不仅知道要做什么，而且知道为什么。那么通常所说的理解是指哪一种理解呢？

《辞海》将“理解”解释为：“运用已有知识揭露事物之间联系而认识该事物的过程。”《全日制义务教育数学课程标准(实验稿)》(简称《课程标准》)将“理解”解释为：“能描述对象的特征和由来，能明确地阐述此对象与有关对象之间的区别与联系。”李士锜则认为，理解一个数学对象，是指“在心理上能够组织起适当而有效的认知结构，并使之成为个人内部知识网络的一部分”。《辞海》《课程标准》和李士锜所说的“理解”，涉及“事物间的联系”“对象的区别与联系”“认知结构”“知识网络”等关键词，实质上都是指关系性理解。因此，在通常的教学实践中，工具性理解几乎被忽视。

21 世纪以来，国内学者对斯根普的“理解分类”进行了研究。马复首先分析了斯根普的两种理解，然后指出，传统的“定义(定理)—实例—练习—习题”的数学教学模式所表现出来的对于理解的定位就是“工具性理解”。但教学设计应当让学生获得的是关系性理解，要想达到关系性理解，显然还需要让学生从事其他类型的数学学习活动。魏民、钟志华等的研究都侧重于如何从工具性理解向关系性理解转变，加强过程性教学，却都未对工具性理解的价值进行更多的阐述。

二、对工具性理解进行本土化的解释

斯根普认为，工具性理解也是一种理解，并进一步指出，这种理解还有许多优点。有些知识，如两个负数相乘或分数相除，很难从关系上去理解。“负负得正”以及“除以分数等于乘以这个分数的倒数”是很容易记住的规则，但不易解释其原因。

斯根普的这种说法和中国研究者的一些固有理念存在冲突。长期以来，中国研究者一直认为“知其然而不知其所以然”乃是一种机械记忆，不能归属于理解的范围。新课改更强调课堂教学要设定“过程性目标”，即认为学习必须“知其然而且知其所以然”，必须揭示知识的发生过程。因此，需要结合本土的有关论述，进一步阐明工具性理解的意义。

钱伟长有一则关于“刀”的故事。他曾发表了一篇文章，其中提到数学工具与工程技术的关系。他说：“做一番事业，用的工具要恰到好处，目的是解决问题。就像屠夫杀猪要用好刀，但这把刀能用好就行，不要整天磨刀、欣赏刀，称赞‘刀磨得多好啊’，那是刀匠的事。”他还说：“不要做刀匠，要做屠夫，去找最合适的‘刀’，去‘杀’最难的问题。”

钱伟长对数学这把“刀”在工程应用上的论述，和斯根普所说的“工具性理解”意思是相通的。仔细想来，钱伟长所说的“刀”就是工具。对于“刀”，使用者必须能加以识别，了解它的价值、效能、用途，会用它解决各种问题，即知悉“刀”之“然”。这是大多数“屠夫”应知应会的内容。一些好的“屠夫”虽然不是刀匠，不会制造“刀”，但是知道一些“刀”的制造过程，即“知其所以然”，这有助于用好“刀”。这相当于对“刀”的关系性理解。至于一些使用“刀”的专家，除了能够创造性地利用“刀”解决一些复杂的问题，还能转而发现“刀”的不足，对“制刀”提出改革建议。这就不仅“知其所以然”，还能发现新的“然”，由此可以进入创新的层面了。

另一个与工具性理解相关的概念是“教学平台理论”。“平台”是借用计算机科学的名词，例如“Word”文字处理平台，会拿来用就是了。除少数专家外，一般人只知其“然”，不必详细了解它的“所以然”（即编制过程）。事实上，许多数学内容已经作为平台在使用，例如希尔伯特的《几何基础》、戴德金的实数分割说、康托的实数序列说、公理化的实数系等。除非是这方面的专家，普通数学学习者不必都理解其所以然，只要懂得其意义和作用，能够站到这个平台上往前走就可以了。

中学数学里一个突出的例子是数轴，数轴上的点和全体实数能够建立起一一对应关系，即实数能恰好一对一地填满数轴。这是一个平台，只要知其“然”，明了它的意义，会在架设直角坐标系时加以使用就可以了。至于它的“所以然”，要使用“可公度”和“不可公度”线段的理论来解释，相当费时费事。这一理论在 20 世纪 50 年代还曾出现在中学数学教材中，后来就被删除了。现在对数轴只做工具性理解，将它当作平台加以使用即可。

三、数学理解的 3 个层次——“工具性理解”“关系性理解”和“创新性理解”

（一）工具性理解对教学有指导意义

中小学数学里，只做“工具性理解”要求的内容很多，大致说来有以下几类。

第一类，前人使用的语言。数学课程里出现的许多专有名词、符号以及表述格式等，都是一种语言，乃是前人形成的习惯，只要记忆、模仿（知其然）即可。比如，三角函数之一的正弦，为什么叫正弦？为什么用 sin 符号？又比如，为什么二次曲线之一叫椭圆，不叫扁圆？几何证明为什么用因为（∵）、所以（∴）那样的格式书写？这些都是前人总结选择、后人继承修订的结果。对于数学语言，主要是使用而不是问其渊源。当然，数学史专家会进行研究。

第二类，约定俗成的规则。例如，为什么自然数从零开始？复数的乘法为何如此定义？“负负得正”的理由何在？设置平行公理是否合理？为什么数学要用逻辑论证？数学的严密性是怎样形成的？这些问题都是前人根据经验加以概括而成的运算法则和思想体系，只能理解其价值，无法说明其所以然。就“负负得正”而言，它是一种运算规则，这里可以举出一些实例（火车开的方向和时间先后等），也可以约定一些运算规则（如分配律的保持等）。但是这些不过是一种合理化的说明，并非其全部的“所以然”。弄得不好，这种情境创设反而越说越糊涂，于理解并无大益，反倒是一些简单的比喻学生更容易接受和认可。比如，反面的反面是正面；不得不做就是要做；左的反面是右、右的反面又是左等，用来理解“负负得正”的含义倒会容易些。至于其确切的“所以然”，就需要用有理数公理化体系加以诠释，那就超出了基础教育的范围。

第三类，无法严格处理的内容。中小学数学中有许多概念，学生只能先模糊地承认下来，当作平台使用，而无法知其所以然。例如圆周率 π 是无理数，证明起来很麻烦，但是不知道为什么 π 是无理数，不影响学生求圆的面积、球的体积。再如什么是面积和体积的定义？在中小学阶段根本无法严格定义。现行教材的说法是：“物体表面的大小叫作面积。”没有面积何谈大小？因此，这是一个不够严谨的描述。大家知道，依照测度理论，面积是一个有限可加、运动不变、单位正方形取值为 1 的平面点集类上的函数，这要在大学的“测度论”课程中才能搞清楚。对于这类知识，学生当然无法在中小学就知其所以然。

第四类，一些基本技能的训练。中小学课程里有大量的基本技能训练要求，在一开始时无法说清为什么要这样做，学生只能将其当作平台接受，例如初中的有理数运算、式的运算等，高中的恒等变换（如三角变换）、绝对值不等式的证明等，一开始也只能接受并进行工具性理解。一个典型的例子是因式分解，为什么要将一个多项式分解成两个多项式的乘积？这在一开始是无法说明白的，只有在求解一元二次方程时才显示其作用。然而这也只是因式分解功能的一部分，而且永远也不能把其“所以然”说完整。因式分解的教学只能从“和差化积”“积化和差”这种哲学的“互逆”机制上加以解释，进行工具性理解。

下面以平面直角坐标系的教学为例，分析工具性理解对教学的指导意义。

许多坐标系的教案，通常都试图进行关系性理解，即想回答“笛卡尔是怎样想到坐标系的”“如何探索、发现坐标系”等问题。于是就有蜘蛛在天花板上的位置、经纬度的启发、电影院里第几排第几座等情景被创设出来，并抽象为“两个数确定平面位置”的思想，以此作为坐标系的来源，以为这就找到了它的“所以然”，其实这是一种肤浅的教学设计。中小学进行平面直角坐标系教学的关键点，首先在于原点的设置。电影院没有 0 排 0 座，教室里的学生座位也没有 0 排 0 座。教师应该问：“老师的讲台应该是第几排第几座呢？”由此引出 0 排 0 座。其次，要知道坐标系中的点和有序实数对是一一对应的，然后认识原点和象限。最后，让两个横坐标相等的同学站起来，表示一条直线。这样做可以体现坐标系能够表示数学对象的功能。这些都属于对坐标系进行深刻的工具性理解，也就是说，工具性理解不等于死记硬背。要真正做到工具性理解并把握其数学本质，并不是容易的事情。

（二）研究关系性理解的含义有助于学生形成认知结构

对于关系性理解的含义，马复在其著作中进行了解说。他认为，对于某对象获得了关系性理解，包含以下 4 个层面的意思。

1. 知道——知道该对象的定义。即知道一些本质属性，若干典型实例及其与若干其他对象之间的差异。

2. 应用——能归纳、概括事物的特征与规律。可以在与最初接触该对象的相似情境中应用该对象的某些性质，通过模仿范例去解决一些问题，并且知道求解过程的合理性。

3. 联结——可以在该对象与自我认知结构中已有的相关数学概念之间构成本质上的联系，扩展知识网。

4. 新题解决——能够在全新的问题情境中，把所学的对象作为一种解决问题的手段、方法甚至思路，用于新问题的解决，并产生新的思想和观念。

以上对关系性理解的界定，有作者自己的理解，并向前走了重要的一步。但是其中的“知道”，似乎和工具性理解有所重叠。在“应用”这层意思里，“初步应用”如套公式、按规则运算等，也属于工具性理解的要求。至于“新题解决”，能解决全新的数学问题，则已经超出关系性理解的范畴，达到创新性理解的水平了。

关系性理解有以下特征。

1. 揭示知识发生过程。包括情境创设、抽象概括、去粗存精、形式化表示等。

2. 进行演绎逻辑分析。对数学定理、原理、规则进行逻辑证明，与周围知识进行逻辑连接。

3. 提升为数学思想方法。将数学知识的形成和论证提升为数学思想方法。

4. 形成自身的认知结构。学习者经过以上认知活动之后，形成个人的数学图式网络，并能运用于变式状态下的数学情景。

下面以对数的教学为例进行说明。

对数和对数函数的工具性理解，在于能够识别符号 log，知道对数运算是指数运算的逆运算，对数函数是指数函数的反函数。能用对数表进行计算，将数字的乘法化为较为简单的加法来进行。

进一步，对于对数的关系性理解，有以下 4 个层面。

1. 展示“对数”知识的发生过程。高中阶段进行“对数”教学，因为已经有了集合对应的概念，在引入时不妨也使用“对应”的概念，加强学生对“对数”的直观了解。先给出以下两个对应的数列。

1	2	3	4	5	6	7	8	9	10	11	12	…
2	4	8	16	32	64	128	256	512	1024	2048	4096	…

探索下列问题：找出两个数列之间的对应关系。其目的是培养学生的观察发现、归纳类比、概括抽象、符号表示等数学思维能力。显然，对应关系为 $N = a^b$（这里 $a = 2$）。模仿算术运算的符号，如＋、－、×、÷，用 $b = \log_a N$ 表示对数运算。

2. 对数性质的逻辑证明。掌握对数性质的关键在于把握运算规则 $\log_a MN = \log_a M + \log_a N$。

例如，计算 16×256 的值，可以先计算 $\log_2 16 + \log_2 256 = 4 + 8 = 12$。

第一行中的 12 对应第二行中的 4096，于是就有 $16 \times 256 = 4096$，然后用指数式进行逻辑推导。

3. 提升为数学思想方法。对数概念的建立涉及“互逆”运算的数学思想方法。特别地，对 $\log_a MN = \log_a M + \log_a N$ 的证明过程，可以提升为关系—映射—反演(RMI)方法。

4. 形成认知结构。这需要学习者进行反思，将相关知识融汇为一体。符号 log 作为一个特殊的运算和函数，能与其他运算和函数互相区别又互相联系，从而构成网络。

（三）创新性理解能促进学生创造性思维的形成

关系性理解再深入一步，就会进入创新性理解。所谓创新性理解，就是在认识知识本身结构的基础上，对已有知识进行提高、推广和拓展，或者对某种操作进行更新或改变，又或者进行文化、美学的欣赏，具有创新的特征。简言之，即知其“然”并且知其新的“然”和“所以然”。

创新性理解的起点是要能够清晰而准确地把握数学对象的本质。一个概念或一个问题经过各种变式以后，学习者仍能剥离那些非本质因素，透彻地看清其本质所在，就可能产生创新的冲动。数学的发展总是在推陈出新，没有“陈”，怎能知道“新”？在学习过程中同样也要推陈出新，只有站到前人的肩膀上，才能看到更远的地方。华罗庚的读书法告诉大家，先把书从薄读到厚，那是在努力获得关系性理解；然后从厚读到薄，就是能够提纲挈领地掌握其本质，以形成个人的知识网络。一旦知道问题的关键，达到熟能生巧的境界，就会出现创新的契机。

创新性理解是在提出新问题、进行新猜想、拓展新内容的过程中完成的。学习者在新的层次或者更宽的领域里进行居高临下的观察，多角度地思考原有的概念和问题，达到一种新的思维水平。创新性理解的结果是将原有的学习内容置于新的认知图景之中，通过比较、分辨，形成新的认知结构。

四、以二元一次方程和分数的乘法及基本不等式为例进行三个层次的剖析

用以下三个例子进行说明。

例 1　对二元一次方程组的理解。

工具性理解：会用消元法、代入法解数字系数的一元二次方程。会用二元一次方程求解鸡兔同笼等问题。

关系性理解：知道字母系数的二元一次方程求解的过程，理解代入法是一种化归为一元一次方程的数学思想方法。注意到系数行列式不为 0 的要求。能够比较代数方法和算术方法求解鸡兔同笼等问题的区别与联系。

创新性理解：经过大量的变式练习之后，掌握解方程组的本质是将二元化为一元。那么其他二元方程和三元一次方程的求解也应该可以进行，进而用行列式和矩阵进行居高临下的观察。

例 2　分数的乘法。

美国教授尤西斯金（Z. Usiskin）在第十二届国际数学教育大会（ICME-12）上的演讲中提出了数学理解的五个维度。他所举的一个例子就是分数的乘法。

1. 程序性理解：$\frac{2}{3}\times\frac{4}{5}=$？能够得出答案是$\frac{8}{15}$。

2. 应用性理解：如果一个长方形农场的长和宽分别是$\frac{2}{3}$km 和$\frac{4}{5}$km，那么它的面积是多少？能得到答案为$\frac{8}{15}\text{km}^2$。

3. 证明性理解：能够推理证明$\frac{a}{b}\times\frac{c}{d}=\frac{ac}{bd}$(用乘法交换律、乘法结合律、乘法的意义等加以证明)。

4. 表示性理解：用图形表示，如图 1。

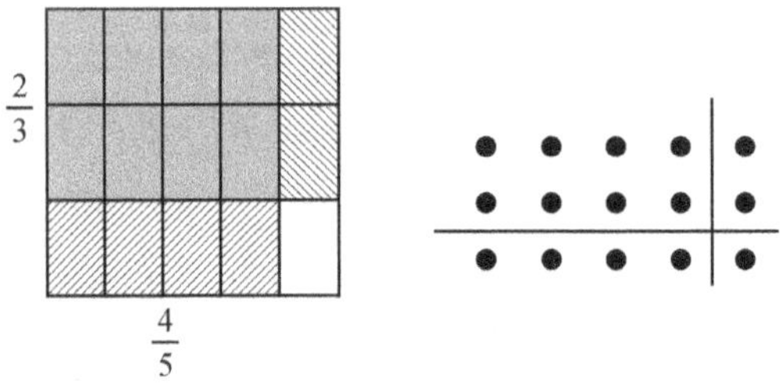

图 1　表示性理解

以上四个维度，前两者属于工具性理解，后两者相当于关系性理解。

尤西斯金还给出了以下例子：如图 2，设大梯形的边 $AB=\frac{4}{5}$，从点 C 出发连接大梯形的 4 个顶点，再在这 4 条线上截取各自的$\frac{2}{3}$，得到的 4 点构成小梯形，小梯形各边的长度是原来大梯形各边长度的$\frac{2}{3}$，即 $A'B'=\frac{2}{3}\times\frac{4}{5}=\frac{8}{15}$。

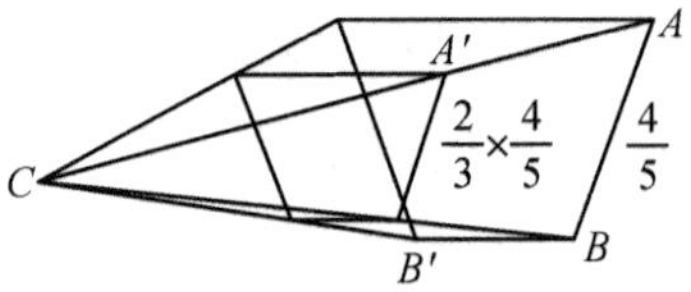

图 2　创新性理解

图 2 已经超出了分数乘法的基本含义，进入了平面几何的领域，构成了新的认识。这实际上是把$\frac{2}{3}$当作一种施加于$\frac{4}{5}$之上的操作，有了新的含义。因此，这是一种创新性理解。

此外，尤西斯金给出的第五个维度是历史文化维度(说明埃及最早使用分数等)。历史文化维度则是一种人文思考，也超出了分数乘法演算的范围。

以上两个例子都有居高临下的观察和思考，具有一定的创新性。

例 3　基本不等式：如果 $a,b\in\mathbf{R}$，那么 $a^2+b^2\geqslant 2ab$ (当且仅当 $a=b$ 时取“=”号)。

对它的工具性理解，是知道这是一个绝对不等式，即恒不等式。它条件少、结论明确，能够应用于数字大小的比较、函数的最值、参数的适用范围等简单问题的求解。

进一步，要对它进行关系性理解。首先是演绎证明。

综合法：因为 $(a-b)^2 \geqslant 0$，所以 $a^2+b^2 \geqslant 2ab$。

比较法：因为 $a^2+b^2-2ab=(a-b)^2 \geqslant 0$，所以 $a^2+b^2 \geqslant 2ab$。

反证法：假设 $a^2+b^2<2ab$，则 $(a-b)^2<0$，矛盾。

分析法：欲证 $a^2+b^2 \geqslant 2ab$，只要证 $a^2+b^2-2ab \geqslant 0$，而 $(a-b)^2 \geqslant 0$，得证。

通过演绎证明，揭示了基本不等式各个量之间的相互关系，理解了这一不等式成立的根据。与此同时，将之提升到数学思想方法的高度，认识到它们最后都是化归为 $(a-b)^2 \geqslant 0$。

基本不等式还可以有超越关系性理解的更高级的理解成分。首先通过变式练习和反思，获得此不等式的巨大的应用价值，把握其本质，进一步体会"基本"的含义。如推演以下不等式。

① $\dfrac{a+b}{2} \geqslant \sqrt{ab}\,(a, b \in \mathbf{R}_+)$；

② $\dfrac{a^2}{b} \geqslant 2a-b\,(b \in \mathbf{R}_+)$；

③ $\dfrac{a}{b^2} \geqslant \dfrac{2}{b}-\dfrac{1}{a}\,(ab^2 \in \mathbf{R}_+)$；

④ $a(a-b) \geqslant b(a-b)$；

⑤ $a+\dfrac{1}{a} \geqslant 2\,(a \in \mathbf{R}_+)$；

⑥ $a-1 \geqslant 1-\dfrac{1}{a}\,(a \in \mathbf{R}_+)$；

⑦ $x^2 \geqslant 2ax-a^2$。

在这些变式的引领下，所获得的理解成为进一步推陈出新的基础。

由此出发进行开拓可以获得创新性理解，即在更高思维层次上推演一些全新的不等式，如下。

① $ab \leqslant \dfrac{1}{2}\left(\lambda^2 a^2+\dfrac{b^2}{\lambda^2}\right)(\lambda \neq 0)$；

② $a^3+b^3 \geqslant a^2 b+ab^2\,(a, b \in \mathbf{R}_+)$；

③ $a^4+b^4 \geqslant 2a^2 b^2$。

这些不等式的推演，已经不是简单的运用了，具有明显的创新成分。

进一步，基本不等式可以和其他领域的知识联系起来，进行新的创新思考。

1. 与不等式、方程知识相联系。把 $a^2+b^2\geqslant 2ab$ 转化为 $(a+b)^2-4ab\geqslant 0$，这个形式与根的判别式（$\Delta=b^2-4ac$）很像，可构造以 a,b 为根的一元二次方程 $x^2-(a+b)x+ab=0$，则 $\Delta=(a+b)^2-4ab\geqslant 0$，即 $a^2+b^2\geqslant 2ab$ 成立。

2. 与函数知识相联系。设 a,b 同号，把 $a^2+b^2\geqslant 2ab$ 转化为 $\frac{a}{b}+\frac{b}{a}\geqslant 2$，设 $\frac{a}{b}=x$，可构造函数 $f(x)=x+\frac{1}{x}$，根据函数的单调性定义可证，$f(x)$在$(0,1)$上是减函数，在$(1,+\infty)$上是增函数，则 $f(x)=x+\frac{1}{x}$的最小值是 2，即 $x+\frac{1}{x}\geqslant 2$ 成立，所以 $a^2+b^2\geqslant 2ab$。将 $a^2+b^2\geqslant 2ab$ 化为$\frac{a}{b}+\frac{b}{a}\geqslant 2$，条件是 a,b 同号。如果 a,b 异号，原式依然成立。

从以上三个例子中已经可以看到三种数学理解的联系与差异。

五、一个多层次的数学理解分类

如上文所述，数学理解有工具性理解、关系性理解和创新性理解三个层次。皮瑞-基伦的理解模型（如图 3）的最后一个层次是“发明创造”，由此可见，将创新作为理解的最高层次早有先例。

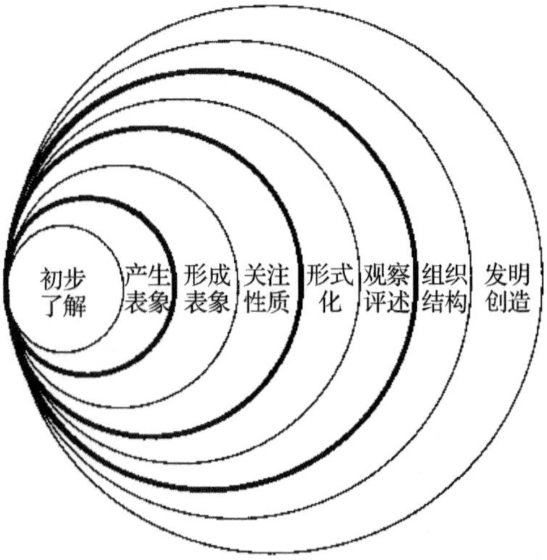

图 3　皮瑞-基伦的理解模型

在理解的各个层次中，创新性理解自然属于最高级，如图 4。三种理解既相对独立又相互联系，它们的交融促成综合性的理解教学的实现。

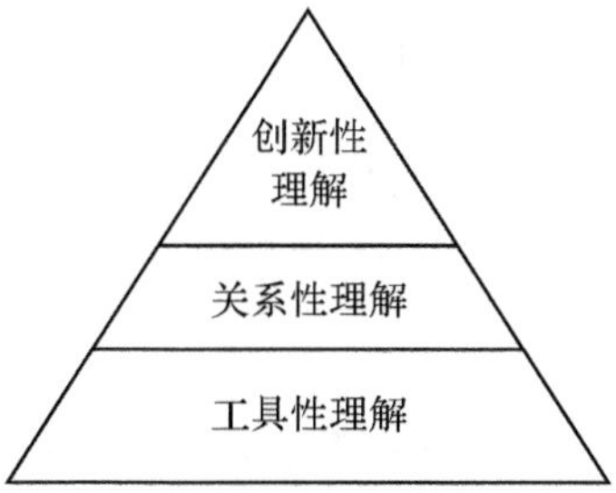

图 4　数学理解的三个层次

具体地说，每层理解又可以分为不同类型的理解要求。

（一）工具性理解的分类

1. 识记性理解。认识并能记忆。例如正弦的定义与符号。

2. 描述性理解。描述其意义，便于识记。例如"负负得正"，并做一些合理的解释。

3. 确认性理解。举例说明正确性，获得确认。例如对分数的颠倒相乘，能举一些具体数字的实例加以确认。

4. 功能性理解。说明其作用，便于使用。例如对直角坐标系，关注其原点并用其表示数学对象。

5. 平台式理解。接受并投入使用。例如理解并接受数轴上的点和实数集中的数是一一对应关系。

（二）关系性理解的分类

1. 证明性理解。运用逻辑演绎方法展示其生成过程，证明其正确性，说明结论为什么成立。例如定理的证明。

2. 反思性理解。将本原的理解提升为数学思想方法的运用。例如对数，本原理解是指数运算的逆运算，进一步用 RMI 方法说明乘法运算映射为加法运算，形成同构关系。

3. 结构性理解。用公理化方法揭示其内部结构。例如从有理数公理化体系说明"负负得正"的合理性，揭示其内在结构的特质。

（三）创新性理解的分类

1. 拓展性理解。跳出概念本身的领域，在拓展领域内揭示其内涵。例如基本不等式和函数、方程知识的关联以及进一步发展到几何领域理解。

2. 复杂问题解决的理解。将本原的理解通过应用获得新的理解。大部分解题过程都是一种创新过程，例如用向量的数量积证明三垂线定理，非常简洁明快。

3. 推广式理解。发现本原知识的不足，并加以改造、推陈出新。例如有限数列向无限数列的推广等。

4. 数学文化与美学层面的理解。

以上理解分类并不能完全概括数学理解的复杂内涵，但是有助于教师进行教学设计，确定合理的教学目标。

4.2　基于“理解”观点的数学概念教学

——以“充要条件”一课为例

在实际教学中,忽视“理解”的现象仍然相当普遍。比如,“快讲多练”被奉为法宝,还没有给学生充分呈现丰富的数学材料,教师就给出数学概念,更有甚者直接让学生通过死记硬背去学习数学概念。又比如,教师虽然重视理解,但方式单一,使得学生的理解只停留在表层阶段,而无法触及本质。虽然忽视“理解”有时也能取得一定的教学效果,但这样的效果只能是短期的,无法促进学生数学能力与思维的可持续发展。下面,笔者就以“充要条件”一课为例,谈谈基于“理解”观点的数学概念教学。

一、分析类别,确定“理解”的重点

教师首先要对概念的属性特征进行解读,明确概念的类别,方能在概念教学中做到有的放矢。根据概念的具体特征,数学概念一般被分为以下几类。

元素性概念:反映不同层次的数、式、方程、函数、图形等基本的数学元素,它们是数学学科的基本单元,数学中多数概念均属于此类。

操作性概念:对数学基本元素进行某种操作活动的概念,如对数、式等进行加减乘除等运算,对图形进行镜像、平移、旋转、位似等变换。

属性性概念:反映具体数学元素内部所具有的某种属性(性质),如函数的周期性、单调性、奇偶性、连续性等。

关系性概念:反映两个或两个以上数学基本元素之间的某种联系,如整除、大小、相等、相反数、平行、垂直、全等、相似、互为反函数、等价、包含等。

度量性概念:比较两个事物某个方面的差异,并对该方面的差异进行量化,如长度、面积、体积等。

显然,“充要条件”属于关系性概念,它反映了两个对象的相互关系,具有关联性、对称性。从静态角度看,它是一种结构关系;从变化观点看,它则是运动过程中的某种特殊状态,反映了相对于另一概念对象而言的对象,具有相依性、滋生性。具体说来,就是在判别充要条件时,要注意条件之间的相对性与统一性,要强调“谁是谁”的充分条件和“谁是谁”的必要条件，这种相互关系就是充要条件概念教学中“理解”的重点。

二、建立联系，生成“理解”的表征

奥苏贝尔认为，数学有意义学习的实质是“数学的语言或符号所代表的新知识与学习者认知结构中已有的适当知识建立非人为的实质性的联系”。杜威则明确提出：“要理解事物，就要用联系的观点来看待它。”数学概念尽管从表面来看形态各异，但从根本上看，它们都是由一种或多种联系所构成的关联物，其基本的联系形式不外乎这样几种：数学符号之间的联系，数学知识之间的联系，数学活动过程之间的联系，以及现实世界与数学世界之间、数学世界与人的主观世界之间的联系等。通过建立联系，实现数学概念表征的多元化。概念多元表征可以促进学生的多角度理解，从而容易透过表征发现本质。多角度、全面地看问题，远比从一个角度看更透彻。

“充要条件”是一个抽象的数学概念，它揭示了命题的条件与结论之间的因果关系，也是开展数学逻辑推理的重要工具。同时，“充要条件”又是一个生活化的概念，在日常生活、学习、工作中具有广泛的应用。遗憾的是，它在很多时候处于“被人用而不被人识”的尴尬地位，即人们在运用“充要条件”的原理解决实际问题时，却不知道自己所运用的原理源自“充要条件”。比如，人们在制定人员招聘标准时，会设定身高、性别、学历、阅历等条件，符合这些条件的人可以参加应聘，这些条件对于应聘者来说是必须具备的“必要条件”，缺一不可；但有时候，应聘者不需要满足所有的条件，招聘启事中会特别注明“上述条件满足一项即可”，如此一来，这些条件就成了很多个相互独立的“充分条件”。由此可见，“充要条件”的数学内涵与其现实中的生活内涵是一致的。因此，在教学中，可以把“充要条件”与生活联系起来，用生活化的常识来生成“充要条件”的表象，这是促进概念理解的绝佳途径。

三、螺旋上升，厘清“理解”的层次

人的认识一般经历这样三个层次：第一层次，感性的具体，即混沌的、整体的表象；第二层次，理性的抽象，或者说思维的片面的规定性；第三层次，理性的具体，也就是许多规定的综合和多样性的统一。简而言之，就是经历“具体→抽象

→具体”。在这一过程中，思维从具体出发经过抽象最后又回到了具体，表面看好像是回到了起点，但实质上是达到一个更高阶段。这里的两个具体存在着很大的差别，前者是现实中的具体，而后者是思维中的具体。但它们之间也存在着共性，与抽象相比，它们都具有整体性、非逻辑性、不确定性等性质。这一过程反映了人类的理解是一个由“感性具体”（肯定）到“理性抽象”（否定）再到“理性具体”（肯定）的否定之否定的辩证过程。

“充要条件”理解的第一层次主要体现在生活中的“无意”应用，即人们运用“充要条件”的原理来解决实际问题，却不清楚这个原理就是“充要条件”。教学首先应该立足于这个层次，通过具体的生活实例，让学生认识到“充要条件”并不只是存在于抽象的数学中，而是与生活息息相关的。然后，通过生活问题数学化的途径，提炼它们的共性，于是就得到了“充要条件”的一般数学定义，这样就自然进入了理解的第二层次；再借助“充要条件”的判定法则，对具体的数学命题进行判定，从而使得第二层次的理解得到强化。“充要条件”理解的第三层次表现为“有意”应用，即灵活运用其原理，“为生活所用，为我所用”，比如用于信息真假的判定、学习的反思、人生的规划、经验的总结等方面。这样的教学设计不仅体现了“具体→抽象→具体”的思维过程，而且实现了“生活→数学→生活”的建构，呈现出来的是螺旋上升的教学理念。

四、赋予意义，凸显“理解”的本质

数学知识通常是由抽象的数学符号组成的数学语言体系，因此，要真正理解数学的本质，就不能仅仅局限于对数学符号的形式理解，而应该理解数学符号所体现的数学意义，从理解者的角度来说，即是要赋予所理解的数学对象以数学意义。建构主义明确指出，理解应被看成一个“意义赋予”的过程，即主体依据自身已有的知识和经验建构出外部世界的意义的过程。因此，在数学概念教学中，如果无法对数学概念赋予一定的“意义”，比如代数意义、几何意义、物理意义、现实意义等，那么学生最多只能达到识记性理解或工具性理解的层次，而不可能达到关系性理解（即理解数学本质）的层次。

对于“充要条件”，我们可以赋予其科学的物理意义与深刻的代数（集合）意义。

如图1，甲是并联电路，乙是串联电路。如果把“p 开关闭合”作为条件，“q

灯亮”作为结论，那么对甲电路而言，“p开关闭合，q灯一定亮”，也就是说，条件p充分保证了结论q成立。当然，要让“q灯一定亮”，不一定要“p开关闭合”，也可以把“r开关闭合”。因此，“p开关闭合”是“q灯一定亮”的其中一个充分条件。乙电路中“p开关闭合，q灯不一定亮”，因为还取决于“r开关是否闭合”，但“p开关不闭合，q灯一定不亮”，所以条件p是保证结论q成立的一个必要条件。

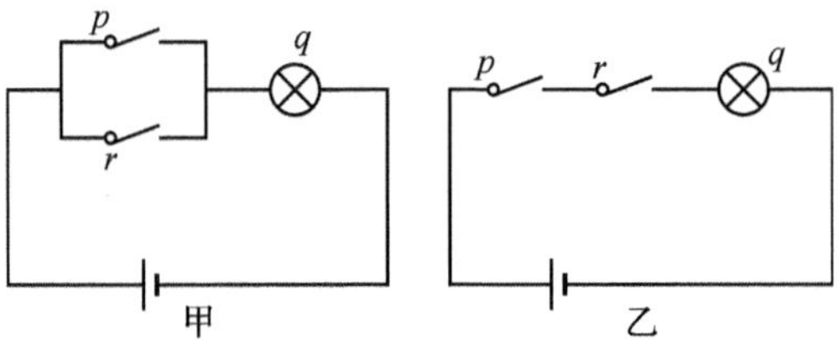

图 1

如图 2，这些集合关系图依次深刻地揭示了p是q的充分不必要条件、p是q的必要不充分条件、p是q的充要条件、p是q的既不充分也不必要条件的情形。

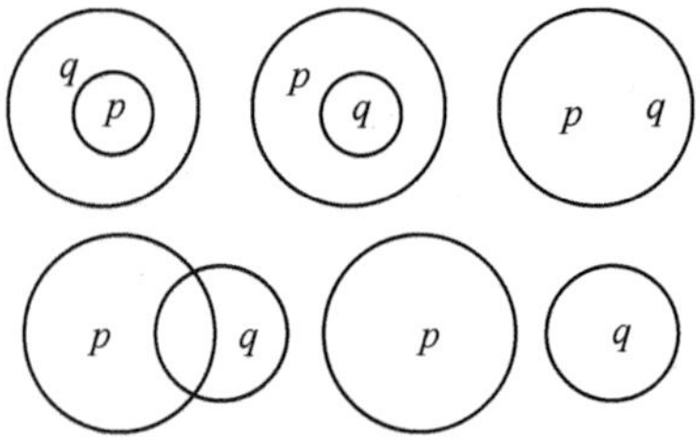

图 2

“为理解而教，为理解而学”，这才是数学概念教学的核心任务。正如数学教育家卡彭特和利让在《理解性的数学学习与教学》中所建议的那样：为了培养面向 21 世纪的具有数学素养的公民，课堂需要被重新构建，从而实现理解性的数学学习。

4.3　韬尔的三个世界学说与向量概念教学认知层次

同一个数学内容,可以划分为若干个认知层次。英国华威大学的大卫·韬尔(David Tall)教授将其划分为具体化、符号化、形式化三个世界。

第一世界:感知和行动的具体化世界,以对事物的感觉和操作为基础,并通过反思形成更精妙的含义。在这个世界中,数学学习的对象是具体的、形象的、可见的。数学表征基本是视觉表征,如画图、数数、拼图等,我们称之为认知的表征。

第二世界:符号的过程概念化世界,在这个世界中,数学学习对象具有符号的过程性和概念性两方面特征。符号的过程性是指对具体化世界的操作过程;符号的概念性是指通过对具体化数学的操作和对这个操作过程的概括、抽象等心智活动而得到数学对象。

第三世界:定义和证明的形式化世界,在这个世界中,通过高度抽象,主要是对符号世界进行自反抽象,形成形式化定义。有时需要证明从而形成形式化公理,如定义或定理的形成、证明、运用等。这是通过反思而建构在概念模型上的,进而导致形式化理论的建构。

下面我们用三个世界学说分析“向量”概念的认知层次。

第一层次:通过分析力的实例,了解向量的实际背景。借由物理的合力,了解有向线段的加减,进而知道平行四边形法则,用作图的方法获得结论。这可以列为初中阶段的数学或物理课程。

第二层次:将向量符号化,引入数乘,使得向量既能合成又能分解,构成一个有加、减、数乘三种运算的数学结构。

第三层次:引入向量的坐标表示以及向量的数量积,构建内积空间。在这个架构上,解决包括几何、物理在内的一系列中学数学问题,并为后来的线性代数课程打好基础。

接下来用三个世界学说对向量教学提出以下具体建议。

一、向量教学的第一阶段:具体化世界中的向量

向量在日常生活中随处可见,例如天气预报提到“风力3级,风向东北”,其中有大小和方向两个因素,不必指出其作用点。至于位置向量,则涉及“距离”和“方向”两个部分,并一律以坐标原点为作用点。在具体的教学要求上,主要是认识向量、表示向量,用平行四边形法则或三角形法则进行向量加减法,并能进行操作度量,从而获得结果。近几年来,上海初中已经引进向量教学,这是一个有意义的尝试。但初中的“向量初步”教学主要运用直观的描述,不过分强调严格性,不会出现向量的线性运算和线性表示、零向量、负向量等名词,否则学生难懂,又收益不大。

二、向量教学的第二阶段:符号化世界中的向量

既然有力的合成,则必有力的分解。力的合成相当于向量的加减法,但是,力的分解只靠加减运算无法完成,必须引进另一个运算——数乘。有了数乘,向量就有了自己的特定数学结构,向量教学就进入了第二阶段。

许多向量计算问题要基于向量分解。因此,通常把向量的分解叫作“向量的基本定理”。该定理是要回答以下问题:如果 $\boldsymbol{e}_1,\boldsymbol{e}_2$ 不共线,那么任意向量 $\boldsymbol{a}$ 能否用 $\boldsymbol{e}_1,\boldsymbol{e}_2$ 表示呢?

事实上,由于 $\boldsymbol{e}_1,\boldsymbol{e}_2$ 的大小是固定的,$\boldsymbol{a}$ 的大小却是任意的,所以一般做不到 $\boldsymbol{a}=\boldsymbol{e}_1+\boldsymbol{e}_2$。但是如果 $\boldsymbol{e}_1,\boldsymbol{e}_2$ 可以拉长或缩短,那就可以做到了。如图1,有且只有一对实数 λ_1,λ_2,使 $\boldsymbol{a}=\overrightarrow{OC}=\overrightarrow{OM}+\overrightarrow{ON}=\lambda_1\boldsymbol{e}_1+\lambda_2\boldsymbol{e}_2$。

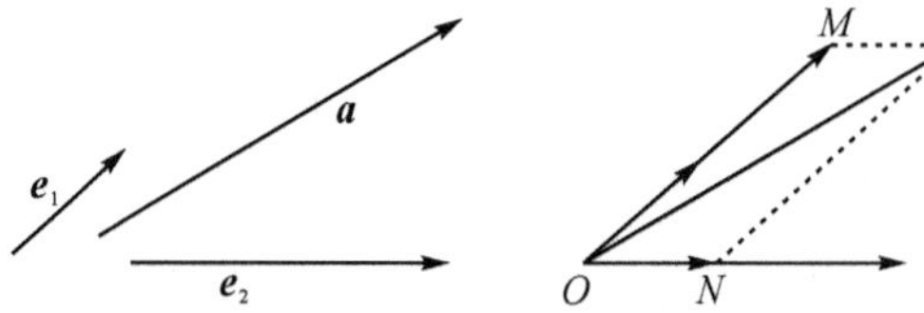

图1

平面上全体向量组成的集合 V,如果其上定义了加法和数乘运算,就成为一种新的数学结构,叫作向量空间,亦称线性空间。这里的“数”,中学里仅涉及实数。向量作为对象,于是有了零向量,负向量。数乘概念的引进,目的是构成向量空间。

第二阶段的向量,不再是孤立地看几个向量的运算,而是形成了一族向量,相当于一个"社会",彼此利益相连,有合有分,浑然一体。如果说第一阶段的向量是"原始人",那么第二阶段的向量就相当于具有社会性质的"文明人"了。

三、向量教学的第三阶段:形式化世界中的向量

中学里"向量的数量积"的使用,提供了处理复杂几何问题的工具。利用向量讨论直线与直线的垂直或平行,空间线面、面面之间的位置关系,比起用综合方法需要"个别处理"的技巧,它则是个"一揽子"解决的手段,显得十分轻松。判断两条直线是否垂直,只需要看相应的两个向量的数量积是否为 0,何等简便! 向量计算,能够精中求简,以简驭繁。接着,三角形的面积也可以用向量的数量积求得。由于面积是平面几何里的"帝王不变量",许多几何问题因此迎刃而解。随着计算机技术的普及,向量方法将进一步拓展,未来还会有更大的发展空间。向量,已经成为中学数学舞台上的一位"主角",其地位将越来越重要。

第三阶段的向量,好比人类掌握了高科技手段,相当于"现代人"了。

4.4 基于系统观理念的周期函数概念的教学设计

一、教学内容解析

周期函数的概念及正弦、余弦函数的周期性是学生学习了诱导公式和正弦、余弦函数的图象之后，进行深入探讨的三角函数的第一个性质，可以为学习后面的三角函数的性质打好基础。函数的周期性是继函数的单调性、奇偶性之后的又一个基本性质，而三角函数为周期性提供了天然的载体。函数的周期性不但能进一步培养学生的数形结合能力、推理论证能力、分析问题和解决问题的能力，而且能促使学生把这些知识迁移到后续的知识学习中去，为以后学习三角函数的其他性质打下扎实的基础。它既是前期知识的发展，又是后续有关知识研究的前驱，起着承前启后的作用。由于三角函数是刻画周期性现象的重要数学模型，因此在高中数学教学中，周期函数的概念是一个重要内容，使学生深层次理解三角函数的周期性显得非常必要。

二、课堂教学简录

（一）创设情境，引入新课

（播放视频）不知细叶谁裁出，二月春风似剪刀；首夏犹清和，芳草亦未歇；自古逢秋悲寂寥，我言秋日胜春朝；隆冬到来时，百花迹已绝。

师：四季轮回，周而复始；春夏秋冬，生生不息。每个季节都有属于自己的美丽，“春有百花秋有月，夏有凉风冬有雪”，只要我们用心去欣赏和品味，岁月无时不溢彩，四季无时不流韵。像这样以相同的间隔重复出现的规律，即“周而复始”的规律，反映的是什么现象？

生 1：四季轮回是周期现象。

师：生活中、自然界中、学科领域中还有周期现象吗？

生 2：日出日落、月圆月缺、潮起潮落、传统节日、十二生肖、物理中的简谐运动。

设计意图： 创设生动有趣的周而复始现象的情境，是系统观下联系性的体现。生活与数学是相互联系的，包括横向联系和纵向联系，这种联系性构成了系统赖以存在和发展的结构体系。如果能洞悉教材编写意图的联系性，便会对内容有更深刻的认识。周而复始现象体现在生活中的方方面面，在数学中也普遍存在，三角函数只是一种显性代表。周而复始现象的情境引入引导学生摆脱了对周期函数认识的局限，另外，周而复始现象也体现了一种迭代思想，有助于知识的拓展和运用。

（二）数形结合，初探概念

问题 1： 在我们所学过的函数中，有没有具有“周而复始”变化规律的函数呢？

生 3： 正弦函数。

师： 正弦函数图象的特点如何？（几何画板展示图象，如图 1。）

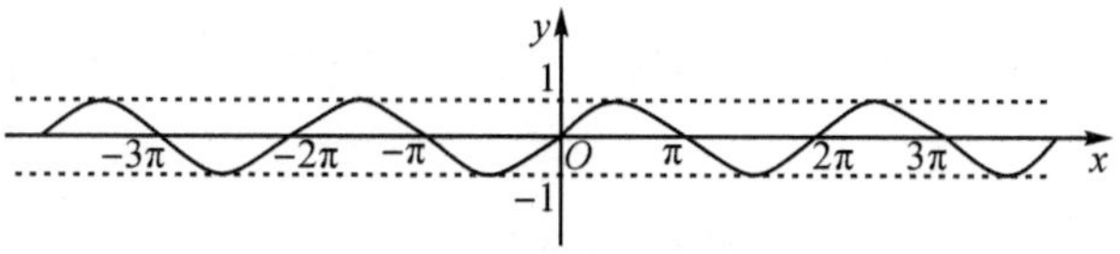

图 1

生 4： 函数图象出现“周而复始”的变化规律。

师： 正弦函数的解析式有何特点？

生 5： “周而复始”变化规律的代数刻画：从诱导公式 $\sin(x+2k\pi)=\sin x$ $(k\in\mathbf{Z})$ 可知，当自变量 x 的值增加 2π 的整数倍时，函数值重复出现。

问题 2： 数学上用周期性这个概念来定量地刻画这种“周而复始”的变化规律。对于任意函数，怎样定义周期性呢？

生 6： 对于一个函数，如果自变量每增加一个不为零的定值（这样的定值可以有很多个），函数值重复出现，那么这个函数就叫作周期函数。例如，正弦函数就是周期函数。

师（追问）： 能否用数学符号表示？

（可以类比正弦函数，引导学生把 $\sin x$ 记作 $f(x)$，把 $2k\pi$ 记作 T。）

师生一起总结周期函数的定义：对于函数 $f(x)$，如果存在一个非零常数 T，使得当 x 取定义域内的每一个值时，都有 $f(x+T)=f(x)$，那么函数 $f(x)$ 就叫作周期函数，非零常数 T 叫作这个函数的周期。

师：今天学习了函数的周期性，以前还学习了函数的哪些性质？

生 7：函数的单调性和奇偶性。

师：函数的周期性定义与函数的单调性和奇偶性定义有什么区别和联系？

（先分组讨论，然后各组代表发言，最后教师总结区别与联系。）

设计意图：问题 1 利用几何画板直观形象地给出函数的图象特点，再数形结合进行代数刻画。问题 2 遵循由特殊到一般的认知规律，逐步对函数值重复出现这一现象加深认识，上升到理论高度，归纳出周期函数的概念。让学生通过感知数学现象来提升数学认识，培养学生的分析、抽象和概括能力。

（三）小组合作，深究概念

角度一：咬文嚼字

师：为什么要取非零常数 T？

生 8：$f(x+0)=f(x)$，这样一来，所有函数都具有周期性，就没有讨论和研究的意义了。

师：为什么 x 要取定义域内的每一个值？

生 9：如果只对定义域内的某些值成立，例如对于函数 $y=\sin x, x\in\mathbf{R}$，$\sin\left(\frac{\pi}{6}+\frac{2\pi}{3}\right)=\sin\frac{\pi}{6}$，那 $\frac{2\pi}{3}$ 也是函数的周期吗？可以从图象角度观察，或由 $\sin\left(\frac{\pi}{3}+\frac{2\pi}{3}\right)\neq\sin\frac{\pi}{3}$ 得到，$\frac{2\pi}{3}$ 不是函数的周期。所以，如果只是对某些 x 有 $f(x+T)=f(x)$，那么 T 就不是 $f(x)$ 的周期。

角度二：刨根问底

师：周期函数的定义域有什么要求？例如，$y=\sin x(x\in[0,2\pi])$ 是周期函数吗？

生 10：可以从图象观察到，它不是周期函数。若 x 是定义域内的一个值，则 $x+T(T\neq 0)$ 也一定属于定义域，所以周期函数的定义域无界。

师：周期函数的周期是否唯一？我们了解了周期函数的定义，请你找出正弦函数的周期是什么。

生 11：$2\pi, 4\pi, 6\pi, \cdots, -2\pi, -4\pi, -6\pi, \cdots$，都是正弦函数的周期。事实上，任

何一个常数 $2k\pi(k\in\mathbf{Z},k\neq0)$都是它的周期。$f(x+2T)=f(x+T)=f(x)=\cdots$，$kT(k\neq0)$ 是它的周期。

师：如果从所有的周期中选定一个作为代表，你会选谁呢？

生 12：最小的一个正周期。

师：如果在周期函数 $f(x)$ 的所有周期中存在一个最小的正数，那么这个最小正数就叫作 $f(x)$ 的最小正周期。今后教材中涉及的周期，如果不加特别说明，都是指函数的最小正周期。

师：所有周期函数都存在最小正周期吗？

生 13：对于常数函数 $f(x)=c$(c 为常数)，所有非零实数都是它的周期，而最小正周期是不存在的，所以常数函数没有最小正周期。

角度三：欣赏经典

师：根据上述定义可知，正弦函数、余弦函数都是周期函数，那么它们的周期分别是多少？最小正周期又是多少？

生 14：正弦函数是周期函数，$2k\pi(k\in\mathbf{Z},k\neq0)$ 都是它的周期，最小正周期是 2π。余弦函数是周期函数，$2k\pi(k\in\mathbf{Z},k\neq0)$ 都是它的周期，最小正周期是 2π。

设计意图：探究时采用先个人独立思考后小组合作互动的方式，使学生通过思维碰撞，擦出智慧的火花，达到共同建构知识的目的；也使不同层次的学生都学有所获，让学生体会发现和创造的趣味感，发展学生的创造性思维。本环节从不同维度对周期函数的定义进行剖析，进一步加深学生对周期函数的认识，同时也教给学生从不同的角度观察身边的事物的方法。

(四)典例研讨，巩固概念

师：阿基米德说："给我一个支点，我将撬动整个地球。"那么现在给你一个权力——编题，看看大家在这个过程中能碰撞出怎样的思想火花。请以正弦函数、余弦函数为原型，编拟类似的函数，同桌交换后求它们的周期。在这个过程中你们有什么发现吗？

(大约经过 5 分钟的学生讨论)把全班编的题归为以下四种类型。

(1) $y=3\cos x,x\in\mathbf{R}$；

(2) $y=\sin 2x,x\in\mathbf{R}$；

(3) $y=2\sin\left(\frac{1}{2}x-\frac{\pi}{6}\right), x\in \mathbf{R}$;

(4) $y=|\sin x|, x\in \mathbf{R}$。

师生共同探究，求出上述函数的周期。

问题 3：你能从解答过程中归纳一下，函数 $y=A\sin(\omega x+\varphi), x\in \mathbf{R}$ 和函数 $y=A\cos(\omega x+\varphi), x\in \mathbf{R}$（其中 A,ω,φ 为常数，且 $A\neq 0,\omega>0$）的周期与解析式中哪些量有关吗？

生 15：只与 ω 有关。因为 $f(x)=A\sin(\omega x+\varphi)=A\sin(\omega x+\varphi+2\pi)=A\sin\left[\omega\left(x+\frac{2\pi}{\omega}\right)+\varphi\right]=f\left(x+\frac{2\pi}{\omega}\right)$，所以函数 $y=A\sin(\omega x+\varphi), x\in \mathbf{R}$ 和函数 $y=A\cos(\omega x+\varphi), x\in \mathbf{R}$（其中 A,ω,φ 为常数，且 $A\neq 0,\omega>0$）的周期 $T=\frac{2\pi}{\omega}$。

问题：求函数的周期一般有几种方法？

生 15：定义法、公式法、图象法。

设计意图：本环节充分调动了学生的积极性，引导学生参与自主编题、解题，培养学生的创造性思维和合作精神，打造高效课堂。

（五）课堂小结，归纳升华

请同学们思考以下问题。

(1)本节课你学到了什么知识？函数周期性的概念与以前学过的哪些概念有密切的关联？

(2)本节课学习过程中蕴含着哪些数学思想方法？

(3)在概括和运用周期函数概念的过程中，你的体会是什么？

(4)研究周期函数概念的意义是什么？

（先分组讨论，然后各组代表发言，最后教师小结。）

设计意图：采用问题启发式课堂小结，充分体现以学生为本的教学理念。问题(1)是为了加深学生对所学周期函数概念的理解，把函数的周期性与单调性、奇偶性等放在一起，形成“概念域”，进行联系与区别的比较，使函数周期性纳入学生知识结构的概念系统中。问题(2)的作用是帮助学生养成归纳总结的良好习惯，在学习过程中关注数学思想方法，形成合理的认知结构，从而达到掌握知识、运用知识、提升能力的目的。问题(3)的答案因人而异，它的作用一是鼓励学生积极参与课堂小结，将学生沉睡的自主学习、自由思考的意识唤醒，激发学生乐于学习的热情；二是增强学生学习数学的自信心，鼓励学生对自己思维的合理性进行主动、自觉的判断，及时调整自己的思维过程，从而培养学生自我监控的能力。问题(4)是为了让学生体会数学的用处，学习周期函数概念的意义在于学习用局部(有限)来探索整体(无限)这种处理问题的有效方法。通过与本节课引入情境中提出的问题相联系，达到首尾呼应的目的，鼓励学生养成用数学眼光看世界的习惯。

三、课后反思感悟

(一)重视知识的整体性

本节课的学生认知冲突是“周而复始”变化规律的刻画和量化。这就要考察组成系统的各要素及其相互关系。从三角函数知识体系来看，系统的各要素有用单位圆定义任意角的三角函数、三角函数线、诱导公式、三角函数的周期性等，这些要素之间关系密切，互为支撑与依赖，比如，用单位圆定义任意角的三角函数的好处在周期性概念中得到淋漓尽致的体现。另外，有了三角函数周期性的知识，只需要研究正弦函数 $y=\sin\alpha$ 和余弦函数 $y=\cos\alpha$ 在一个周期(如区间 $[0,2\pi]$)上的性质。利用周期性，得到正弦函数 $y=\sin\alpha$ 和余弦函数 $y=\cos\alpha$ 在实数集 $\mathbf{R}$ 上的性质，用“有限”的眼光思考“无限”的东西，从而使我们对周期函数无限的“全貌”有更加清晰的认识。学生在学习三角函数周期性的过程中，既可以感受到化归思想的作用，也可以体会到三角函数模型是刻画和描述周期变化的重要工具。三角函数的周期性也是对教材中函数基本性质内容的完善。因此，本节课教学的知识逻辑起点定位于“周而复始”的现象和正弦曲线(源于单位圆正弦线)的变化规律上，先由生活中的实例开始，再到学生已经有一定认知的三角函数图象，经历了概念的产生、发展和完善的全过程，最后到概念的应用，由浅入深，循序渐进，使学生从感性认识到理性认识，再到知识的升华，符合学生的认知规律。这样的教学设计也凸显了知识的整体逻辑结构，为学生学习后续的知识打下扎实的基础。本节课的基本知识脉络结构如图 2。

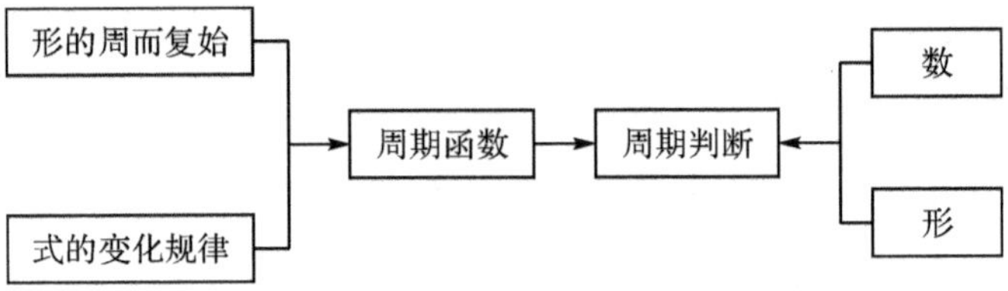

图 2

(二)关注目标的层次性

本节课是研究正弦函数、余弦函数性质的第一个课时,起到承上启下的作用。因此,本节课的教学目标应体现这一定位,具体有以下三个方面的目标层次。

1. 理解周期函数的概念,判断一些简单的、常见的函数的周期性,会求简单三角函数的周期。

2. 通过探究正弦函数、余弦函数的周期性,体会数形结合思想、从特殊到一般的思想在探讨三角函数性质方面的应用,熟悉用定义法、公式法、图象法求函数周期的方法。

3. 通过类比函数的单调性和奇偶性,获得研究的方法,从中得到启发,再次体会研究这类数学问题的基本套路。将正弦函数、余弦函数周期性的研究方法拓展为其他三角函数性质的研究方法,培养学生的创新精神和实践能力。

理解函数周期性概念的系统要素包括生活情境引入、图形展示正弦函数图象具有“周而复始”的变化规律、单位圆正弦线、诱导公式等。概念基本形成后,上升到它的上位系统中,其系统要素有用定义求函数的周期性,用定义法、公式法、图象法求函数周期的方法等。本节课最上位的系统要素为:由函数的单调性和奇偶性概括出周期性定义的准确数学符号语言,将正弦函数周期性的研究方法拓展为其他三角函数性质的研究方法。周期函数的概念形成是基础系统,三种求周期的方法是运用系统,而形成研究问题的方法的迁移系统才是本节课要达成的终极目标。为此,本节课的教学设计不是结论的简单告知,而是一种过程的经历,更是一种体验、一种感悟,立足于函数周期性的数学本质,关注思想方法的回归,体验生成过程,实现教学的有效性。本节课规避死记硬背现象,注重数学知识的内在联系,让学生体验数学的理性精神,感受“冰冷的美丽”与“火热的思考”相结合的美妙,发展学生的思维与智慧,实现育人价值。

（三）注重概念的关联性

系统观理念下的概念是相互依存、相互联系的。本节课中，函数的周期性与函数的定义域、值域、奇偶性、单调性等概念一同形成了“概念域”，“概念域”中概念间的联系又是自然且合情合理的。本节课教学从“周而复始”的变化规律出发，通过实际模型，逐步使语言精确化，从“每隔一定时间出现”“函数值重复出现”等语言逐步过渡到定量刻画“周而复始”的规律变化，从而引出函数周期性的定义。在概念辨析阶段，又将周期性与奇偶性、单调性概念进行比较，充分考虑知识体系的关联性。因此，本节课教学设计更多地让学生直接参与探究活动，让学生经历由正弦函数图象分析归纳正弦函数周期性的过程，加深其对数形结合思想方法的理解，让学生体验从特殊到一般、从具体到抽象的研究过程，从而领悟研究函数性质的一般方法。课堂氛围宽松、自由、充满活力，充分体现了以学生为本的教学观。无论是学生独立思考、师生（生生）对话还是小组研讨，教师始终关注每个学生的真实思维活动，暴露他们的“相异构想”，引导学生在说理、展示、交流中不断矫正、完善认知结构。学生不但学到了数学知识，提升了思维品质，而且培养了数学精神，得到了身心愉悦。不同层次的学生都学有所获，体会到发现和创造的趣味，同时发展了创造性思维。在例题讨论阶段，引导学生自主编题、解题。编题的过程是深入解题的研究过程，从知识的关联性出发，引导学生自己总结和发现求周期的公式和方法，这种将数学概念与学生的最近发展区相关联的做法在本节课中体现得淋漓尽致。

总之，概念教学要在概念的发生、发展过程中揭示它的本来面目，要从系统观的高度设计能让学生参与的、揭示概念本来面目的教学活动，从整体、层次和联系中寻找要素，并与相关概念构成“概念域”，实现学生对概念本质特征的自然建构，从而培养学生的创新精神和实践能力。

4.5 基于 HPM 视角欣赏三角函数波浪起伏的和谐美

——以正弦函数、余弦函数性质的教学设计为例

一、教学分析

(一)教材分析

在此之前,学生已经学习了幂函数、指数函数、对数函数的图象和性质。三角函数作为高中阶段最后一个基本初等函数,学生之前已经对其有了一些基本的了解,通过观察函数图象研究其性质,让学生在探究过程中体会数形结合的数学思想。

三角函数是刻画周期变化现象的重要数学模型,这是三角函数区别于其他类型函数的重要特征。本课内容是在研究三角函数的周期性后,继续研究它的奇偶性和单调性。奇偶性刻画了函数图象的对称特点,单调性则凸显了图象的高低起伏变化规律。让学生由形到数、从感性到理性地去认识三角函数的性质,体会数学的和谐之美。

(二)教学目标

知识与技能:理解正弦函数与余弦函数的奇偶性、单调性、最大值与最小值的概念;会判断三角函数的奇偶性,会求三角函数的单调区间和最值。

过程与方法:培养学生运用函数图象分析、探究问题的能力;通过研究由一个周期内性质推广到整个定义域内性质的过程,让学生体会由部分到整体的思维过程。

情感、态度与价值观:使学生经历三角函数性质的探讨过程,感受研究函数性质的一般思路与方法;通过数形结合思想方法的运用,让学生体会数学之美;用三角函数的图象,比喻人生道路,使学生感受人生之路并不平坦,只有努力攀登才能到达顶峰,培养学生勇于探索、不怕困难的精神。

二、课堂片段

（一）引入古诗，揭示课题

师：“君看一叶舟，出没风波里。”这句诗出自范仲淹的《江上渔者》，用来描述正弦函数、余弦函数的图象最恰当不过了。它们的图象不仅重复着，而且对称，不是平稳向前，而是有起有伏，就像我们的人生道路，起起伏伏。这些变化中一定蕴藏着某种规律。今天我们可以感受这种变化，用良好的心态把控我们的人生。正弦函数、余弦函数具有周而复始的变化规律，可以用单位圆中的正弦线、余弦线及诱导公式等来说明。图象的变化规律不仅周而复始，而且波浪起伏。请观察它们的图象，除了周而复始，大家还能发现它们有什么特点？

生 1：图象具有对称性，起起伏伏有一定的规律。

师：正是“波浪中有对称，起伏中有规律”啊！

设计意图：正弦函数、余弦函数的图象既是中心对称图形又是轴对称图形，波浪起伏、周而复始地向两方无限延伸，给人以形态美。让学生通过观察图象发现其中蕴含的规律，从而产生探究的欲望。“波浪中有对称”说的是函数的奇偶性和对称性，“起伏中有规律”说的则是函数的单调性和最值。“波浪中有对称，起伏中有规律”作为主线贯穿始终，为探究指明了方向。

（二）探究性质，拓展思维

探究一：波浪中有对称

师：函数的什么性质与对称有关？

生 2：函数的奇偶性。

师：函数的奇偶性是一种特殊的对称，我们可以从图象上感觉到这种对称，也需要从理论上解释这种性质。请说说奇偶性的定义和图象特点。

生 3：奇偶性定义如下。若函数 $f(x)$ 的定义域关于原点对称，且对定义域内任意的 x 都有 $f(-x)=-f(x)$，则称 $f(x)$ 为奇函数；若 $f(-x)=f(x)$，则称 $f(x)$ 为偶函数。奇函数的图象关于原点对称，偶函数的图象关于 y 轴对称。

师：正弦函数、余弦函数的图象是否有奇函数和偶函数图象的特点？

生 4：正弦函数的图象关于原点对称，余弦函数的图象关于 y 轴对称。

师：从图象可以看出，正弦函数、余弦函数的图象符合奇偶性的对称特点。

也就是说，对于正弦函数，若点 $P(x,y)$ 在函数图象上，那么它关于原点的对称点 $P'(-x,-y)$ 也在该图象上；对于余弦函数，若点 $P(x,y)$ 在函数图象上，那么它关于 y 轴的对称点 $P'(-x,y)$ 也在该图象上。这只是它们的外在美，同学们能不能从定义出发来描述一下它们的内在美？

（学生用三角函数单位圆定义法证明三角函数的奇偶性。）

设计意图：由图象的对称引出函数奇偶性的概念，再进一步引导学生从图象和定义两方面去探究正弦函数和余弦函数的奇偶性，将奇函数、偶函数的定义和图象特点分别说成它们的内在美和外在美，使学生感受三角函数奇偶性可以转化成我们所体会到的美而存在。

拓展一：对称轴和对称中心

师：正弦函数的这种对称性是否唯一？是否还有其他的对称中心和对称轴？

生 5：正弦函数对称轴为 $x=\cdots,-\frac{5}{2}\pi,-\frac{3}{2}\pi,-\frac{1}{2}\pi,\frac{1}{2}\pi,\frac{3}{2}\pi,\frac{5}{2}\pi,\cdots$。

师：这些对称轴之间有怎样关系？有没有办法把它们写成统一的形式？

生 6：可以将正弦函数的对称轴写成统一的形式 $x=\frac{\pi}{2}+k\pi,k\in\mathbf{Z}$。

师：观察对称轴和对称中心，它们分别出现在什么位置？

生 7：每一条对称轴都经过图象的最高点或最低点，每一个对称中心都在平衡线位置出现。

设计意图：比较对称轴与最值、对称中心与平衡线的位置关系，加深学生对图象的认识，使学生体会到数学知识之间的融会贯通。把对称轴和对称中心写成统一形式，为后面的单调性研究做了铺垫。通过寻找三角函数图象中的对称，使学生领悟对称是正弦函数、余弦函数图象中普遍存在的、奇妙的现象。对称美能给人以整齐、沉静、稳重、和谐的感觉。

探究二：起伏中有规律

师：在探究过程中，我们发现三角函数有最高点和最低点，像人生的低谷和顶峰，要努力向上攀登才能到达顶峰。我们可以用函数的什么性质来刻画函数图象的起起伏伏呢？

生 8：函数的单调性。

师：用五点法画三角函数的图象，要找哪些特殊的点？在描点的过程中从高到低，再到高，要经历一个怎样的过程？

生 9：图象从左到右是从 -1 升高到 0，继续升高到 1，然后下降，经过 0，再到 -1，再上升……从而发现正弦函数的变化过程中的确存在某种单调性。

师：请同学们就正弦函数的单调性展开讨论，然后交流讨论的成果。

生 10：正弦函数的单调递增区间和单调递减区间会间隔着重复出现。对于正弦函数 $y=\sin x$，函数图象在区间…，$\left[-\frac{5\pi}{2},-\frac{3\pi}{2}\right]$，$\left[-\frac{\pi}{2},\frac{\pi}{2}\right]$，$\left[\frac{3\pi}{2},\frac{5\pi}{2}\right]$，…上都是逐渐上升的，函数值从 -1 逐渐增大到 1；在区间…，$\left[-\frac{7\pi}{2},-\frac{5\pi}{2}\right]$，$\left[-\frac{3\pi}{2},-\frac{\pi}{2}\right]$，$\left[\frac{\pi}{2},\frac{3\pi}{2}\right]$，$\left[\frac{5\pi}{2},\frac{7\pi}{2}\right]$，…上都是逐渐下降的，函数值从 1 逐渐减小到 -1。

师生共同完成表 1。

表 1　正弦函数的单调区间

x	$-\frac{5}{2}\pi$	…	$-\frac{3}{2}\pi$	…	$-\frac{1}{2}\pi$	…	$\frac{1}{2}\pi$	…	$\frac{3}{2}\pi$	…	$\frac{5}{2}\pi$	…	$\frac{7}{2}\pi$
$\sin x$	-1	↗	1	↘	-1	↗	1	↘	-1	↗	1	↘	-1

师：这里有无数个增区间，它们能不能并起来？

生 11：不能。

师：为什么这些单调区间有这样的规律？单调增区间重复出现是由正弦函数的什么性质导致的？

生 12：周期性。

师：周期性导致函数值在每一个周期中重复出现，我们只需要研究其中一个周期的单调性，便可以推广到整个定义域。对于正弦函数，我们可以选择它的哪一个周期呢？

生 13：选择区间 $\left[-\frac{\pi}{2},\frac{3\pi}{2}\right]$，因为它恰好包含一个单调增区间和一个单调减区间。正弦函数在每个闭区间 $\left[-\frac{\pi}{2}+2k\pi,\frac{\pi}{2}+2k\pi\right]$（$k\in\mathbf{Z}$）上都是增函数，在每个闭区间 $\left[\frac{\pi}{2}+2k\pi,\frac{3\pi}{2}+2k\pi\right]$（$k\in\mathbf{Z}$）上都是减函数，每一个 k 值对应着一个单调区间。

拓展二：函数的最大值和最小值

例题 对正弦函数 $y=\sin x$，当且仅当 $x=$________时取得最大值 1，当且仅当 $x=$________时取得最小值 -1；对余弦函数 $y=\cos x$，当且仅当 $x=$________时取得最大值 1，当且仅当 $x=$________时取得最小值 -1。

（三）运用新知，巩固提高

师生共同进行课堂练习，巩固知识。

（四）归纳总结，升华知识

师生共同进行知识归纳总结。

（五）结束语

师：前进的道路总是不那么平坦，但只有经历过低谷的人才能领略顶峰的风景。

设计意图：让学生找出五点法作图中的最高点、最低点与三个平衡位置这特殊的五个点，感受正弦函数图象从左到右，先从 -1 升高到 0，再到 1，然后下降到 0，再到 -1，继而又上升的变化规律，体会从量变到质变的哲学思想。用正弦曲线波浪的高峰与低谷、最大值与最小值比喻人生，高峰时不要得意忘形，低谷时不要灰心丧气。“人有悲欢离合，月有阴晴圆缺，此事古难全。”结束语与本节课导入时的比喻首尾呼应。

三、课后反思

（一）欣赏三角函数之真源于单位圆周上的质点运动

世间万物都在运动变化之中，科学的任务在于找出变化中不变的本质规律，体现其科学的、美学的价值。三角函数标志着质点在圆周上运动时，在两个坐标轴上“投影”长度的变化规律，所以三角函数又称“圆函数”。在给出定义时，又可以分为终边定义法与单位圆定义法。单位圆定义法能突出三角函数最重要的性质——周期性，因此笔者视单位圆定义法为三角函数知识体系的根本，把单位圆周上的质点运动看作理解三角函数的一个制高点，在这一制高点上，三角函数的诱导公式、符号变化、数值消长、图象描绘等可以一览无遗，一切变化尽收眼底。

本节课始终从三角函数图象的根源(单位圆)出发解释问题,引导学生进行探究。因为圆有对称性,因此单位圆周上质点运动的"投影"长度也按一定规律变化着。三角函数教学,能达到这样的境界应该是高效的。

(二)欣赏三角函数之善源于积极的人生哲理

本节课题为"欣赏三角函数波浪起伏的和谐美",学生看到标题的那一刻,自然而然地想起三角函数图象的"周而复始",回忆起上一节课的周期性,"波浪起伏"提醒学生还有更多的性质等待探究,从而激发学生探究的欲望。观察三角函数图象后,师生共同总结出三角函数图象有"波浪中有对称,起伏中有规律"的特征,将其作为核心带动全课,为探究指明了方向,顺着学生思路,利用课堂上精彩的"生成",将研究目标尽数达成。在教师的积极引导下,有些学生会用正弦曲线来描写人生的经历:处在顶峰时,要当心"高处不胜寒",务必戒骄戒躁;跌到低谷时,不可失落,确信经过不懈努力能够回归到人生的高点。这些联想,源于三角函数图象的美丽本色。一堂好的数学课,应该在传授知识、提高能力的同时,恰到好处地给学生以积极的人生感悟。

(三)欣赏三角函数之美源于图象的内在和谐

本节课以范仲淹《江上渔者》中的"君看一叶舟,出没风波里"这句诗引入,让学生在脑海里想象一叶小舟在波浪上不断起伏的情景,许多学生都点头微笑。正弦曲线、余弦曲线起伏对称,错落有致,高低相间,平移不变,体现了一种难得的和谐之美。数学教学中的美学教育有四个层次:美观、美好、美妙、完美。三角函数的图象是同时具备这四个层次特性的典范。美观是说三角函数图象以形式的对称、和谐、简洁,给人以波浪之美。波浪之美是一种柔美,它没有棱角,光滑且流畅,就像微风下的涟漪。当我们了解它、熟悉它、运用它、欣赏它时,就会感受到它的美好。正弦曲线与余弦曲线适当平移后能够完全重合,用诱导公式来解释两者的关系,是件美妙的事情。三角函数图象内在的对称和谐与外在的光滑圆润使其具有外美内秀的特点,堪称完美。

(四)欣赏三角函数之用源于它是"波"中之王

在三角函数教学中,我们还要让学生了解三角函数是一座应用的"富矿"。三角函数是"波"的数学模型,而我们每天生活在"波"之中。光,是光波;电,是电波；声，是声波；海浪，是水波；车辆震动，是机械波。手机、电视、网络信号，都是波的传输。波动现象无处不在，时时相伴。世界上的“波”如此丰富多彩，却又如此简单：一切周期现象都可以分解为一族正弦波的叠加。我们每个人说话产生的声波，经过仪器的分析，可以分解为许多基波的叠加，这些基波最经常采用的是正弦波。每个人不同的音色，可以用其中固有的各种正弦波成分来表示。今日的手机通话、互联网的沟通、电视画面的传输，离不开正弦波的分解、组合与传输。可以说，三角函数是“波”中之王，其功能惠及天下。

【张奠宙点评】数学教育领域谈论数学欣赏，已有几十年的历史。早先，所谓欣赏数学之美，无非是指黄金分割、蜂巢结构、五角星之类的外观美。后来，从国际数学名家那里，学习了要领会数学的内在美，包括统一美、和谐美、简洁美、冷峻美、奇异美等。这些美感都源于高等数学，与中学数学的关联实在不多。进入21世纪之后，数学欣赏的内涵扩展到人文领域，本刊（指《中学数学教学参考》）就陆续发表了“数学与诗歌”的美文，既有古代诗歌的介入，也有现代流行歌曲的参与。一部分文章是作者自己写的诗歌，用以表达自己对某一数学内容的欣赏与赞美。这就使得数学欣赏和中学数学发生了一定的联系。不过这样的研究，大多是若干案例的集锦，就某一知识点，引一段诗句，谈自己的感受，并没有与课堂教学紧密地联系在一起。这样导致的结果是零打碎敲，不够系统。下一步要做的事，是尝试在每个数学教学单元甚至每节课上进行数学欣赏的教学，努力将数学欣赏融入日常教学工作中。

本文探讨了如何对三角函数的性质进行数学欣赏的设计，给出了在一堂课上切入数学欣赏的若干做法，具有新意。

我认为，数学欣赏的教学设计，应从真、善、美三个层面加以展开。真，是本真。三角函数（正弦函数和余弦函数）的本真在于将做等速圆周运动的质点在两个坐标轴上的投影变化规律表示出来。善，是美好的表现。三角函数之善，在于它是波动的数学模型。大自然中的机械波、电磁波等充斥着我们的生活。美，则是体现数学对象的美丽形象。三角函数的图象之美，在于它具有无数个对称轴、平移不变、起伏均衡，体现了柔和婀娜的美。本文抓住三角函数的对称美，以及起伏均衡的规律，做了很好的教学设计。

欣赏数学之美，还应有人文的介入。美是一种主观的感受，离不开社会、人文的传统观念。一般来说，数学欣赏要从历史渊源、人文意境、人生哲理三方面介入。数学史上的许多故事，是数学美的重要来源。而人文意境与数学美的关系已经有许多文章做了阐述。本文以范仲淹的文句切入，将人生起伏不定的哲理与三角函数相联系，对数学美与人生哲理相融合做了很好的尝试。

数学欣赏是体现"情感、态度与价值观"教学目标的有机组成部分。在教学方法上，应该遵循"润物细无声"的原则。在日常教学中，数学先要着重理性把握，打好基础，在理解的基础上再谈数学欣赏。没有理解，何谈欣赏？凡是你真正欣赏的人和事，必定已经深入理解了。欣赏，是在理解的基础上进一步深入。因此，日常教学中的数学欣赏，只能结合内容的阐述，点到为止。然而，等到一个单元结束时，我们是不是应该从欣赏的角度，对已经基本理解的内容做一番回顾呢？在进行本章小结的时候，如果说"本章知识逻辑框图"是"以理服人"的回顾与总结，那么，一场充满高尚情感的数学欣赏活动，则是"以情感人"的激励与享受。当然，要做到这一点，并不容易。当前的教材在这方面基本上是空白。

为了给出一个例子，我在本文的基础上，为三角函数单元补充了一些欣赏点，写成题为《三角函数欣赏漫谈》的短文如下，希望得到大家的指教与帮助。

三角函数是一座美丽的数学山峰，我们可以从真、善、美三个层面和人文视角对其进行欣赏。

1. 三角函数之真

圆是世界上最美的图形。你可能没有想到，在单位圆上运动的质点，它在两个坐标轴上的投影可以表示为正弦函数和余弦函数。正弦函数是一个波浪的模型。波浪，同样是美的化身。由勾股定理，我们知道 $\sin^2 x+\cos^2 x=1$，这个美丽和谐的等式，是研究三角函数的一个根本出发点。

张景中院士说，$\sin x$ 是单位菱形的面积。也就是说，将单位正方形压扁为菱形之后，它的面积变小了。变小的程度、所打的折扣率，就是正弦。

理解正弦函数，"投影"是关键词。如果有一个靠墙的梯子（长度为 1），当梯子与地面所成角度为 x 时，$\sin x$ 的意义就是梯子在墙上的投影相比其自身长度的折扣率。角度不同，折扣率也是不一样的。圆上的任意点 A 所成的向量 $\overrightarrow{OA}$ 虽然一样长，但它们在坐标轴上的投影却不一样长。再如，平行四边形或三角形的"高"，也是某边的边长打了折扣的结果，这些折扣率都是正弦函数的本源。

我们从以上大局出发考察，居高临下地看到，理解正弦，不能只记得"对边比斜边”的定义，更要理解它背后的规律性。数学的真理性需要深入探究，正弦的意义不能被淹没在形式定义的海洋里。

2. 三角函数之善

三角函数是波浪的数学模型。波动，是最基本的物理现象，机械波、电磁波等，都是波动。研究波动，就必须使用三角函数。可以说，如果没有三角函数，就不会有今天的电视、手机、互联网。

三角函数是数学的一块基石。在数学上，三角函数的地位越来越重要。将来的学习中还会碰到调和分析、小波分析、傅立叶变换、傅立叶积分等。

3. 三角函数之美

不同函数之外观美，各有千秋。折线之美在于有棱有角，简单明快；二次函数之美在于大起大落，雍容大方；指数函数之美在于一飞冲天，望尘莫及。三角函数的外观美，则在于柔美、光滑、错落有致、婀娜多姿，如同微风摆柳，脉脉涟漪。

三角函数之周期美，在于循环往复，以至无穷。

三角函数之对称美，在于奇偶函数定义，无限多的对称轴。

三角函数之韵律美，在于波浪起伏，在数学上体现为无数个单调区间。

此外，三角函数图象的顶峰点与低谷点处的切线是水平的，斜率为 0，如能用计算机教育软件做些三角函数的图象的演示，可增加美感。

4. 三角函数的人文视角

三角学起源于古希腊，用于天文测量。18 世纪以后，三角函数脱离天文学独立出来，成为分析学的基础。中国古代数学有直线相交、垂直的概念，也有东南西北等方位的认识，但是没有角的概念，因此三角函数在中国无法产生。17 世纪，徐光启引进了测量学，我国开始有了三角学。直到 19 世纪，我国才从国外引进三角函数，并研究其级数展开。没有角的概念，缺乏三角学、三角函数的研究，是中国古代几何学的短板。

三角函数的人文化，可以从波浪切入。人生的航程必须面对波浪，“君看一叶舟，出没风浪里”这种动态的描写，容易使人产生联想。任何波浪都有起伏，都会登上峰顶，也会掉入谷底，我们要有这样的人生感悟。从人文的角度欣赏三角函数，更有生活情趣，容易亲近；加上对人生哲理的联想，令人回味无穷。

4.6　基于思维培养的课堂“引导式”提问的若干原则

——以一道圆锥曲线高考题的教学为例

马卡连柯认为，教育技巧的必要特征之一就是随机应变的能力。当学生在课堂探究中思维受阻时，教师需要运用这种随机应变的能力，在短时间内提出一些建设性的意见，从而引导学生继续探索。这些意见往往通过提问的形式来呈现，我们把这种提问称为课堂“引导式”提问。

波利亚曾说：“数学教学的目的在于培养学生的思维能力和思维品质。”的确，数学是思维的体操，那么我们如何在课堂上对学生进行思维培养？亚里士多德给出了精辟的答案：“思维从问题开始。”众所周知，教师在教学中是起主导作用的，当学生在课堂上思维遇到困难而停滞不前时，教师抛出的“引导式”提问显得非常关键。良好的“引导式”提问，能启迪学生的思维，激发学生的学习兴趣，促进课堂有效探究，帮助学生进入深度学习，并在潜移默化中培养学生的数学思维品质。

那么，教师如何在课堂上开展有效的“引导式”提问呢？需要遵循哪些原则？笔者结合一道圆锥曲线高考题的教学来阐述基于思维培养的课堂“引导式”提问需要遵循的若干原则，希望能抛砖引玉。

一、“引导式”提问要顺应学生思维的轨迹

当学生的思维受阻时，教师要根据学生已有的思维轨迹因势利导，切忌全盘否定学生的思路，这有助于学生获取成功的体验，建立学习的自信。

上课伊始，笔者抛出了如下这道高考题。

例题　已知 F_1，F_2 是椭圆和双曲线的公共焦点，P 是它们的一个公共点，且 $\angle F_1PF_2=\frac{\pi}{3}$，则椭圆与双曲线离心率倒数之和的最大值为(　　)。

A. $\frac{4\sqrt{3}}{3}$　　B. $\frac{2\sqrt{3}}{3}$　　C. 3　　D. 2

让学生思考几分钟后，笔者请一位学生说说他的思路。

生 1:我觉得本题应该会用到椭圆和双曲线的定义,可能还需要结合余弦定理来建立边角之间的关系,但是操作时我遇到了困难。

师(微笑):能将你想到的步骤具体说一下吗?

生 1:设椭圆的长半轴长为 a_1,离心率为 e_1,双曲线的实半轴长为 a_2,离心率为 e_2,不妨设 $|PF_1|>|PF_2|$。

由椭圆和双曲线的定义知 $\begin{cases}|PF_1|+|PF_2|=2a_1,\\|PF_1|-|PF_2|=2a_2,\end{cases}$

又由余弦定理知 $|F_1F_2|^2=|PF_1|^2+|PF_2|^2-|PF_1|\cdot|PF_2|$,

而 $\dfrac{1}{e_1}+\dfrac{1}{e_2}=\dfrac{a_1+a_2}{c}$,不过这里字母太多,我不知道该如何建立它们的关系。

这时,笔者对其进行了如下"引导式"提问。

提问 1:你能否尝试用统一的字母来表示所有的量?比如都用来 a_1,a_2 表示?

生 1:由$\begin{cases}|PF_1|+|PF_2|=2a_1,\\|PF_1|-|PF_2|=2a_2,\end{cases}$可解得$\begin{cases}|PF_1|=a_1+a_2,\\|PF_2|=a_1-a_2,\end{cases}$又 $|F_1F_2|=2c$,

由余弦定理知 $(2c)^2=(a_1+a_2)^2+(a_1-a_2)^2-(a_1^2-a_2^2)$,

化简得 $c^2=\dfrac{a_1^2+3a_2^2}{4}$,

则 $\left(\dfrac{1}{e_1}+\dfrac{1}{e_2}\right)^2=\left(\dfrac{a_1+a_2}{c}\right)^2=\dfrac{4(a_1^2+2a_1a_2+a_2^2)}{a_1^2+3a_2^2}$。

此时学生思路再次受阻,于是笔者继续进行"引导式"提问。

提问 2:如果把 $y=\dfrac{4(a_1^2+2a_1a_2+a_2^2)}{a_1^2+3a_2^2}$ 看作一个函数,这是一个"齐次式",你觉得应当如何减少自变量的个数?

生 1:$\dfrac{4(a_1^2+2a_1a_2+a_2^2)}{a_1^2+3a_2^2}=\dfrac{4\left[1+2\times\dfrac{a_2}{a_1}+\left(\dfrac{a_2}{a_1}\right)^2\right]}{1+3\times\left(\dfrac{a_2}{a_1}\right)^2}$,

设 $\dfrac{a_2}{a_1}=t(0<t<1)$,则有 $\left(\dfrac{1}{e_1}+\dfrac{1}{e_2}\right)^2=\dfrac{4+8t+4t^2}{1+3t^2}=\dfrac{8\left(t+\dfrac{1}{3}\right)}{1+3t^2}+\dfrac{4}{3}$,

再设 $t+\dfrac{1}{3}=m\left(\dfrac{1}{3}<m<\dfrac{4}{3}\right)$,

则 $\left(\frac{1}{e_1}+\frac{1}{e_2}\right)^2=\frac{8}{3m+\frac{4}{3m}-2}+\frac{4}{3}\leqslant\frac{16}{3}$，当且仅当 $m=\frac{2}{3}$ 时取到等号，

所以 $\frac{1}{e_1}+\frac{1}{e_2}$ 的最大值为$\frac{4\sqrt{3}}{3}$，选 A。

点评：在课堂中，学生的思维过程和教师课前准备的预案有时会"大相径庭"，这时教师的"引导式"提问一般有两种操作途径。如果教师判断学生的思路是不可行的，那么需要通过"引导式"提问将其纠正到正确的轨道上来；如果教师判断学生的思路是可行的，那也需要通过"引导式"提问，帮助学生在知识的最近发展区搭建脚手架，让学生顺利完成整个思维过程。但是，无论是哪种操作途径，我们都应顺应学生的思维，循循善诱，切忌全盘否定或打断学生的思路。本环节的教学片段中，学生提出思路后，教师迅速判断出其思路具有可行性，于是通过两个"引导式"的提问，鼓励学生继续探索，并最终获得成功。学生的大脑由于受到正面、积极的刺激，始终保持兴奋的状态，学生的思维也得到了锻炼和发展。

在解决问题的过程中，如果教师只是提供一些方法和建议，而解决问题的具体步骤都是学生自己想出来的，那么这些"方法和建议"则是可迁移的内部帮助。内部帮助会指引解决问题的方向，给出解决问题的一般化方法与策略，而外部帮助只会对学生解决当前问题起到一种直截了当的作用，很难迁移到新的问题情境中。在本环节的教学片段中，由于整个解题"思路"是学生自己的，教师给学生提供的是内部帮助，因此学生掌握的方法与策略具有可迁移性，此环节的学习是非常高效的。

二、"引导式"提问要培养学生思维的深刻性

为了让学生更透彻地看清问题的实质，特别是当问题已经获解之后，我们仍可以继续引导学生进行深入思考，从而培养学生思维的深刻性。如在本节课中，笔者又对学生进行了如下"引导式"提问。

提问 3：我们刚才用字母来表示所有的量，那能否用其他字母来表示呢？

生 2：我觉得也可以用 PF_1，PF_2 来表示。

同上得 $\begin{cases}|PF_1|=a_1+a_2,\\|PF_2|=a_1-a_2,\end{cases}$

又由余弦定理知 $4c^2=|PF_1|^2+|PF_2|^2-|PF_1|\cdot|PF_2|$，

则 $\left(\frac{1}{e_1}+\frac{1}{e_2}\right)^2=\frac{(a_1+a_2)^2}{c^2}=\frac{|PF_1|^2}{c^2}=\frac{4|PF_1|^2}{|PF_1|^2+|PF_2|^2-|PF_1|\cdot|PF_2|}$

$=\frac{4}{\left(\frac{|PF_2|}{|PF_1|}-\frac{1}{2}\right)^2+\frac{3}{4}}$。

设 $\frac{|PF_2|}{|PF_1|}=t(0<t<1)$，则 $\left(\frac{1}{e_1}+\frac{1}{e_2}\right)^2=\frac{4}{\left(t-\frac{1}{2}\right)^2+\frac{3}{4}}$，

当 $t=\frac{1}{2}$ 时，$\left(\frac{1}{e_1}+\frac{1}{e_2}\right)^2$ 取到最大值$\frac{16}{3}$，因此 $\frac{1}{e_1}+\frac{1}{e_2}$ 的最大值为$\frac{4\sqrt{3}}{3}$。

点评：数学学科的性质决定了学生的思维需要深刻性，而思维的深刻性又集中表现为在智力活动中能深入思考问题、善于归纳概括、能抓住事物的本质和规律、开展系统的理解活动等。教师在课堂上设置“引导式”提问时，提示语的指向性越隐蔽，对思维的挑战性越强，越能锻炼学生透过现象看本质的能力，因此在教学中通过合理设置“引导式”提问，有助于培育学生思维的深刻性。比如，本环节中的提问 3 相比上个环节中的提问 1，指向性更隐蔽。提问 1 明确引导学生用字母 a_1，a_2 来表示所有的量，而提问 3 则没有任何这方面的暗示，恰恰是这种“粗线条”的启发语，增加了思维的挑战性，也更能凸显问题的本质。学生通过对提问 3 的思考，深刻地体会到解决此题的关键是合理构造函数，至于构造怎样的函数，那就见仁见智了。事实上，除了生 1 和生 2 所构造的函数之外，我们还可以选择其他变量来构造函数，同样可以解决问题。至此，学生的认知已经从“1”走到了“x”，从掌握某一种具体方法，上升到系统地掌握一类方法，从程序性知识的习得上升到策略性知识的习得，学生的思维实现了质的飞跃。

三、“引导式”提问要激发学生思维的创造性

为了让学生的思路更开阔，教师有时需要“投一石而激起千层浪”，通过“引导式”提问，将学生带入广阔的思维海洋，激发学生思维的创造性。在本节课中，笔者就进行了这方面的尝试。

提问 4：本题结论要求$\frac{1}{e_1}+\frac{1}{e_2}$的最大值，那我们能否直接用字母 e_1，e_2 表示条

件中所有的量？你由此想到了什么新的方法？

生 3: 由余弦定理可知 $(2c)^2=(a_1+a_2)^2+(a_1-a_2)^2-(a_1^2-a_2^2)$，

化简得 $\frac{1}{e_1^2}+\frac{3}{e_2^2}=4$　（*）。

再由柯西不等式知 $\left(1+\frac{1}{3}\right)\left(\frac{1}{e_1^2}+\frac{3}{e_2^2}\right)\geqslant\left(\frac{1}{e_1}+\frac{1}{e_2}\right)^2$，

所以 $\frac{1}{e_1}+\frac{1}{e_2}\leqslant\frac{4\sqrt{3}}{3}$，当且仅当 $\frac{1}{e_1}=\sqrt{3}$，$\frac{1}{e_2}=\frac{\sqrt{3}}{3}$ 时取到等号。

生 4: 我和生 3 一样先得到等式 $\frac{1}{e_1^2}+\frac{3}{e_2^2}=4$　（*），

化简得 $\frac{1}{4e_1^2}+\frac{3}{4e_2^2}=1$，令 $\frac{1}{2e_1}=\cos\theta$，$\frac{\sqrt{3}}{2e_2}=\sin\theta$，

则 $\frac{1}{e_1}+\frac{1}{e_2}=2\cos\theta+\frac{2}{\sqrt{3}}\sin\theta=\frac{4\sqrt{3}}{3}\sin\left(\theta+\frac{\pi}{3}\right)\leqslant\frac{4\sqrt{3}}{3}$，

当 $\theta=\frac{\pi}{6}$ 时取到等号。

生 5: 同上得 $\frac{1}{e_1^2}+\frac{3}{e_2^2}=4$　（*），令 $\frac{1}{e_1}=x$，$\frac{1}{e_2}=y$（其中 $x>1$，$0<y<1$），

则 $\frac{x^2}{4}+\frac{y^2}{\frac{4}{3}}=1$，且 $\frac{1}{e_1}+\frac{1}{e_2}=x+y$。

令 $z=x+y$，结合图象知当直线 $z=x+y$ 与曲线 $\frac{x^2}{4}+\frac{y^2}{\frac{4}{3}}=1(x>1,0<$

$y<1)$ 相切时，截距 z 取到最大值 $\frac{4\sqrt{3}}{3}$，因此 $\frac{1}{e_1}+\frac{1}{e_2}$ 的最大值为 $\frac{4\sqrt{3}}{3}$。

生 6: 我受生 5 的启发，得到 $\frac{x^2}{4}+\frac{y^2}{\frac{4}{3}}=1$，即 $x^2+3y^2=4(x>1,0<y<1)$。

不妨设 $(x+y)^2=x^2+2xy+y^2\leqslant x^2+mx^2+ny^2+y^2=(m+1)x^2+(n+1)y^2$，

再设 $\begin{cases}2\sqrt{mn}=2,\\ \frac{n+1}{m+1}=3,\end{cases}$ 得 $m=\frac{1}{3}$，$n=3$，

则$(x+y)^2=x^2+2xy+y^2\leqslant x^2+\frac{1}{3}x^2+3y^2+y^2=\frac{4}{3}x^2+4y^2=\frac{16}{3}$，

所以 $\frac{1}{e_1}+\frac{1}{e_2}=x+y\leqslant\frac{4\sqrt{3}}{3}$，当且仅当 $x=\sqrt{3}$，$y=\frac{\sqrt{3}}{3}$ 时取到等号。

点评：为了培养学生的创新思维能力，我们要重视课堂上“引导式”问题的设计。弗赖登塔尔认为，每个人都有自己生活、工作和思考着的特定客观世界以及反映这个客观世界的各种数学概念、运算方法和有关的数学知识结构。也就是说，每个学生都有自己独特的“经验系统”，这些“经验系统”是培育学生创造性思维的优质土壤，教师应针对学生的“经验系统”，通过“引导式”提问，让学生从已有的知识经验中“生长”出新的知识经验。当然，这些“引导式”提问的入口要宽，使学生容易上手，从而诱发学生思维的创造性。在“引导式”提问下，学生往往能产生各种不同的想法，如在本环节中，生 3 通过柯西不等式进行放缩；生 4 巧妙地通过三角换元来减少字母个数，进而构造三角函数，方便地解决问题；生 5 通过换元，将条件转化为椭圆的一部分，利用数形结合来解决问题；生 6 则采用基本不等式进行放缩，同时结合了待定系数法，解法也很有新意。而这些创造性思维的产生，得益于教师引导学生得出关键的中途等式，即(＊)式，从而激活了学生原有的知识和经验，培养了他们的创造力。

四、“引导式”提问要破除学生的思维定式

学生在思考问题的过程中，往往会陷入思维定式，此时教师应当帮助学生拨开迷雾，去开辟思维的新大陆，这有助于学生创新思维能力的培育。

提问 5：刚才众多的解法都是先通过余弦定理得到(＊)式，是否能不用余弦定理得到(＊)式？

生 7：设椭圆的短半轴长为 b_1，双曲线的虚半轴长为 b_2，

由椭圆和双曲线的焦点三角形面积公式知 $S_{\triangle PF_1F_2}=b_1^2\tan\frac{\theta}{2}$，$S_{\triangle PF_1F_2}=\frac{b_2^2}{\tan\frac{\theta}{2}}$，

因为 $\theta=\frac{\pi}{3}$，所以 $b_1^2\tan\frac{\pi}{6}=\frac{b_2^2}{\tan\frac{\pi}{6}}$，即 $b_1^2=3b_2^2$，

从而 $c^2-a_1^2=3(a_2^2-c^2)$，化简得 $\frac{1}{e_1^2}+\frac{3}{e_2^2}=4$　（*）。

提问 6：本题是否一定要先得到（*）式？能否跳过这个过程？

生 8：同上得 $\begin{cases}|PF_1|=a_1+a_2,\\|PF_2|=a_1-a_2,\end{cases}$

由正弦定理知 $\frac{2c}{\sin\frac{\pi}{3}}=\frac{a_1+a_2}{\sin\angle PF_2F_1}$，即 $\frac{2\sin\angle PF_2F_1}{\sin\frac{\pi}{3}}=\frac{a_1+a_2}{c}$，

则 $\frac{1}{e_1}+\frac{1}{e_2}=\frac{a_1+a_2}{c}=\frac{2\sin\angle PF_2F_1}{\sin\frac{\pi}{3}}\leqslant\frac{2}{\sin\frac{\pi}{3}}=\frac{4\sqrt{3}}{3}$，

当 $\angle PF_2F_1=\frac{\pi}{2}$ 时，$\frac{1}{e_1}+\frac{1}{e_2}$ 取到最大值 $\frac{4\sqrt{3}}{3}$。

点评：数学思维定式存在很大的消极性，在思维定式下学生往往不能根据问题的特点进行灵活的应变，在一定程度上还会曲解问题。同时，学生在学习过程中一旦形成了某种思维定式，很可能会导致解决问题的能力难以进一步提升。破除思维定式其实就是追求思维的有效性，这有助于提升学生的解题效率。比如在本环节中，提问 5 打破了学生必须用余弦定理才能得到（*）式这个思维定式，让学生明白，利用椭圆和双曲线焦点三角形的面积公式，也可以很快地得到关键的（*）式。而提问 6 则是站在更高的角度，让学生重新审视整道题目，引导学生发现结论 $\frac{1}{e_1}+\frac{1}{e_2}=\frac{a_1+a_2}{c}$ 中并没有平方，而余弦定理和焦点三角形的面积公式里却都有平方，因此选择没有平方的正弦定理，可以更快地建立条件与结论间的关联，避开烦琐的平方过程，直接将边角进行转化，从而得到更本质的解法。至此，学生不但看清了题目的"真相"，更重要的是通过对问题的多角度探究，思维得到了锻炼，分析问题和解决问题的能力得以提升，这对学生来说是终身受益的。

4.7 基于教学公平的课堂问题链设计

教育公平是当下的一个热词,这里的教育公平,主要指的是不同地区、不同学校、不同班级间教育的差异性,包括师资力量、教学设备等教学资源的不平等性。然而,人们总是将教育公平问题作为社会问题进行研究,更多地关注其宏观层面。今后,教育公平的研究趋势将指向过程公平,而课堂教学是教育过程的核心,因此,作为教育公平微观层面的课堂教学公平,将是我们接下来需要重点关注的。纵观我们的数学课堂,教学中不公平的现象普遍存在,但往往被忽视。教师很少关注学生的个体差异性,课堂往往成了部分学生的课堂,而另一部分学生则被边缘化,他们的课堂学习收效甚微。那么,如何让每个学生在数学课堂上都得到发展?如何让数学课堂更具公平性?如何让课堂真正成为所有学生的课堂?这是我们亟待解决的问题。

为了实现数学课堂的教学公平,我们必须先找到学生个体的差异点在哪里。学生的个体差异有多重分类标准:如果从学习能力看,有学优生和学困生的区别;如果按照性格特点分,有外向型和内向型的不同;如果根据思考问题的习惯看,有理性和感性之别。教师在进行课堂问题链设计时,若能关注学生个体之间的差异,那课堂的整体效益会更好,每个学生在课堂上都能得到更好的发展。本文围绕三类不同的学生,在基于教学公平的课堂问题链设计方面进行了一些粗浅的尝试。

一、兼顾学优生和学困生,设置“伸缩性”问题

学优生和学困生的能力差异主要表现为:学优生在分析解决问题时思维活跃且往往具有跳跃性,因此教师在设计问题链时可以适当加大问题之间的跨度;而学困生则时常表现为思考缓慢且思维容易受阻,因此教师在设计问题链时要适当地进行动作分解,给他们铺设更多的台阶,让问题链成为他们思考问题途中的“补给站”。为了兼顾学优生和学困生,教师可以在课堂上设置“伸缩性”问题。“伸缩性”问题可分解为“收缩性”问题和“延伸性”问题:“收缩性”问题具有较大思维跨度,以相对精炼的形式呈现;“延伸性”问题则是“收缩性”问题的延伸和细

化，主要起铺垫作用，帮助学生搭建思维的脚手架。比如，教师可在课前发给学生导思案，在导思案中可以设置“延伸性”问题，当教师在课堂上提出“收缩性”问题后，学生根据自身情况，自主选择是否需要使用导思案中的“延伸性”问题。

下面以人教 A 版选修 2-3（老教材，下同）的“二项式定理”为例来说明。

（一）收缩性问题

问题 1:《九章算术》中曾提到二项式可以进行展开，如 $(a+b)^2=a^2+2ab+b^2$，$(a+b)^3=a^3+3a^2b+3ab^2+b^3$，那么 $(a+b)^4$ 的展开式是什么呢？请同学们探究一下。

问题 2: 你能据此求得 $(a+b)^n$ 展开式吗？说明理由。

（二）延伸性问题

问题 1: $(a+b)^4$ 的展开式中有哪几种类型的项？

问题 2: $(a+b)^4$ 的展开式中各项的系数分别是多少？

问题 3: 如果将 a，b 分别看成红球和蓝球，那么 $(a+b)^2$ 的展开过程可看成从两个盒子中各选择一种颜色的球，如图 1，有哪些不同的组合情形？你能据此迅速写出 $(a+b)^2$ 的展开式吗？

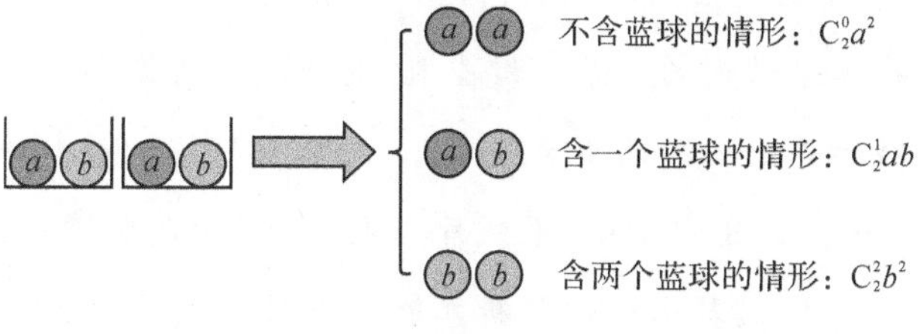

图 1

问题 4: 你现在能写出 $(a+b)^4$ 以及 $(a+b)^n$ 的展开式了吗？

设计意图: 教师在课堂上设计了让所有学生统一思考的收缩性问题，问题之间缺少台阶，跳跃度大。对思维活跃的学优生而言，这些收缩性问题的设置有利于他们更自由地思考，能充分发挥他们的能力，激发他们的探究热情。但对学困生而言，收缩性问题可能导致他们无法进行顺利探究，因此这些学生可以选用延伸性问题，通过解决这些具有铺垫性的问题，学困生也能成功完成探究。这种具有机动性的“伸缩性”问题链的设计，可以让学困生和学优生在问题的探究过程中都得到各自最好的发展。

二、兼顾内向型和外向型学生，设置“多元化”问题

美国医生黛布拉·詹森于1999年证明，内向者与外向者的大脑结构存在差异：内向者的大脑皮层中，血流量要多些，内向者受到刺激后，刺激在神经中经过的时间远比外向者长，因此内向者在受到外界刺激时，需要更多的时间思考和反应；外向者分泌的多巴胺多一些，而内向者分泌的乙酰胆碱多一些。多巴胺控制的是运动原动力、好奇心、追求变化以及渴望称赞等；乙酰胆碱控制的是注意力、记忆力以及学习能力等。外向型学生特别依赖外界的刺激，他们喜欢热闹的课堂、激烈的讨论，在长时间缺乏兴奋点的情况下，外向者会感到无聊或不安。而内向型学生则恰好相反，他们希望在相对安静的环境中完成充分的思考，在嘈杂的环境中，他们无法专心思考，但他们往往善于倾听，且思考问题更加细致、深刻。鉴于此，教师在课堂问题设计中就需要兼顾内向者与外向者。因此，在数学课堂上，我们既需要呈现可以深度思考、探究的问题，也需要穿插一些需要动手操作、小组讨论式的问题，从而让内向者与外向者都能在自己擅长的领域得到刺激，从而更积极地投入到学习的过程中。

下面以人教A版必修2的“直线与平面垂直的判定”为例来说明。

问题1：(1)一条直线至少和平面内的几条直线垂直，才能够保证线面垂直？

(2)一条直线和平面内的一条直线垂直，能否判定直线与平面垂直？

(3)一条直线和平面内的两条直线都垂直，能否判定直线与平面垂直？

问题2：请用一张三角形卡纸，沿纸片指定边 BC 上的任意一点 D 翻折一次，得到折痕，如图2和图3，那么如何翻折才能使折痕与桌面所在的平面垂直？

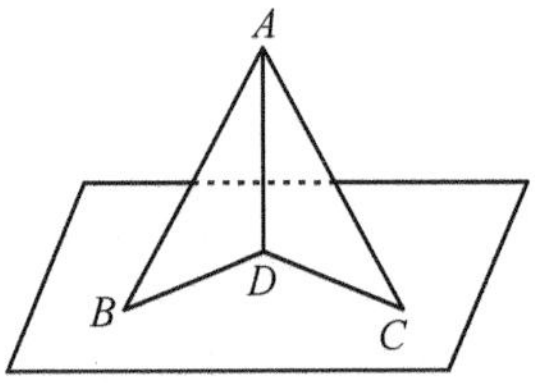

图2

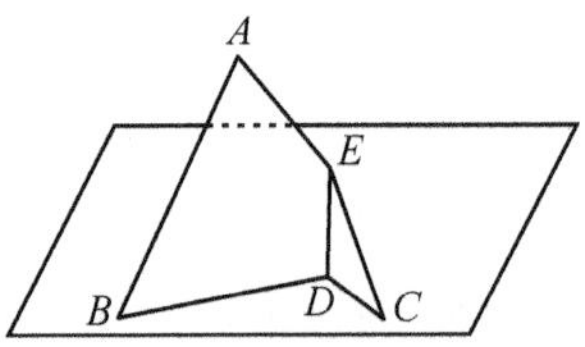

图3

问题3：请分组讨论，在翻折卡纸的过程中，虽然卡纸的形状发生了变化，但哪些线的关系是不变的？

问题4：如果我们把折痕抽象为直线 l，把 BD，CD 分别抽象为直线 m，n，把桌面抽象为平面 α，如图4，你认为保证直线 l 与平面 α 垂直的条件是什么？

问题 5：如果将图 4 中的两条相交直线 m,n 的位置改变一下，仍保证 $l\perp m$，$l\perp n$，如图 5，你认为直线 l 还垂直于平面 α 吗？

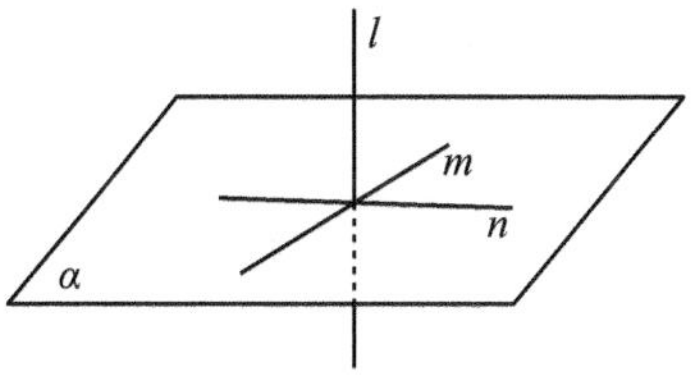

图 4

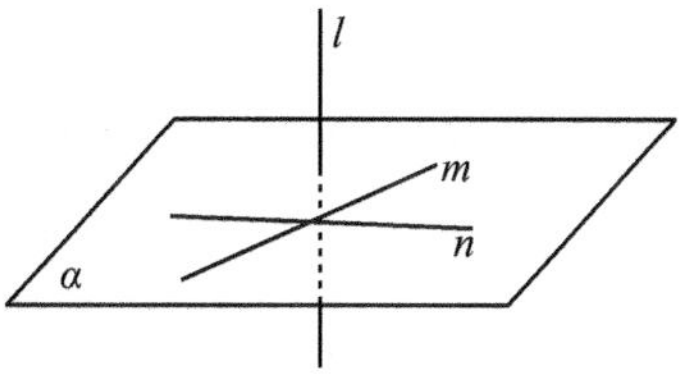

图 5

设计意图：问题 1、问题 4 和问题 5 是思辨型问题，问题 2 是动手操作型问题，问题 3 则是讨论型问题。将热热闹闹的动手操作、小组讨论型问题与需要冷静、深入思考的思辨型问题交错设计，可以让内向型和外向型学生都能在课堂上找到适合自身的舒适的学习环境，保持他们在课堂上学习的兴奋点，让每个学生都能“动”起来。

三、兼顾理性和感性学生，设置“交融式”问题

人的左脑控制着数学抽象、逻辑推理、数据分析、数学运算等，而人的右脑则擅长直观想象、观察发现、语言表达、艺术欣赏等。左脑发达的学生偏理性，而右脑发达的学生则偏感性。教师在数学课堂的问题设计中，会更多地关注左脑发达的学生，而右脑发达的学生往往被忽视，这不利于学生右脑的开发，也不利于右脑发达的学生课堂成就感的获得。右脑最重要的贡献是创造性思维，这是左脑所欠缺的。右脑一般不拘泥于局部的分析，而是统观全局，以大胆的猜测跳跃式地前进，达到直觉的结论。因此，在课堂问题设计中，教师可以将考查数学抽象、数学推理能力的问题与考查数学直观、数学创造的问题相互穿插，让理性思维和感性思维相互交融，从而让学生的思维得到更全面的发展。

下面以人教 A 版选修 2-1 的“探究与发现——为什么截口曲线是椭圆”为例来说明。

问题 1：如图 6，一个点光源照射在一个球上，当点光源 S 在球的正上方时，投影的轮廓是什么图形？

问题 2：改变点光源 S 的位置，投影的轮廓变成了什么图形？

问题 3：大家之前在立体几何中学过圆锥，你能将刚才的两种情形在圆锥中描述一下吗？

问题 4：作两个切于圆锥和椭圆平面的球，如图 7，椭圆上任意一点 P 到两个切点 F_1，F_2 的距离之和是否为定值？

问题 5：如果是定值，那么这个定值是什么？我们先研究特殊位置，如图 8，当点 P 在点 A 处时，PF_1 与 PF_2 之和是什么？

问题 6：你是如何证明 $PF_1 + PF_2 = AB = CD$ 的？（切线长定理）

问题 7：当点 P 在其他位置时，$PF_1 + PF_2 = AB = CD$ 还成立吗？

问题 8：你能由此归纳出椭圆的定义吗？

图 6

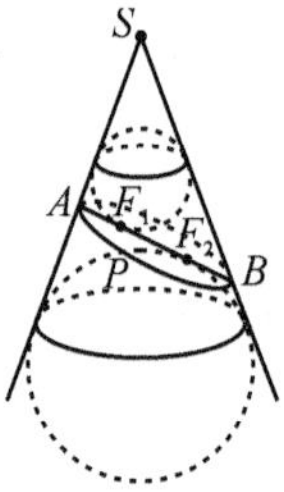

图 7

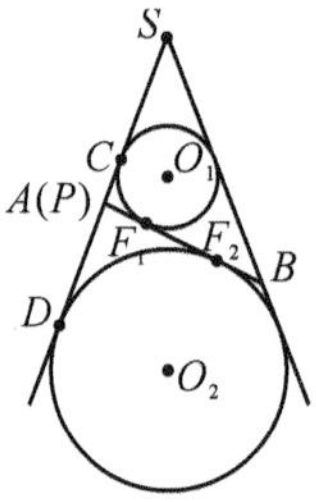

图 8

设计意图：该问题链以比利时数学家旦德林于 1822 年提出的旦德林双球模型为背景。问题 1 和问题 2 考查学生的直觉思维；问题 3 重在培养学生的抽象思维，启发学生去抽象问题 1 和问题 2 的实质——用不同的平面截圆锥得到的截口曲线问题；问题 4 考查学生的直观想象力；问题 5 和问题 6 设置的目的是让学生形成严谨的思维习惯，培养学生的逻辑推理能力；问题 7 重在培育学生的观察能力与创新能力，学生通过观察发现点 P 不在 CD 上，因此不能直接应用切线长定理，但可以通过移动 CD 使其经过点 P，从而再次应用切线长定理；问题 8 则重在培养学生的语言表述和归纳能力。这 8 个问题兼顾了左脑和右脑的开发，通过对问题链的探究，每个学生的感性思维和理性思维都能得到均衡的发展。

第五章　漫谈 HPM 教学论文的写作

美国教育心理学家波斯纳认为:“教师成长=经验+反思。”这个公式反映了教师专业发展的客观规律。经验是教师专业发展的重要资源,反思是教师成长的必由之路。教学反思的方式有撰写教学论文、记录教育案例、开发校本课程等,而撰写教学论文是促进教师专业成长的重要途径之一。

从 HPM 的视角进行论文写作,能让论文更具有灵动性和艺术性。教师通过 HPM 论文的撰写,亦能反过来让课堂教学更加多姿多彩。正所谓“一课一反思、一思一论文、一文一课例”,HPM 教学论文写作能够提升教师的教学水平,促使教学走向人文化、科学化。

5.1　善于积累，乐于反思

——与青年教师谈数学教学论文的写作

青年教师不仅要努力提高学科教学能力，还要发展教学论文的写作水平。下面以笔者在各类期刊上发表一百余篇论文的感受与体会切入，就写什么、怎么写、如何反思等问题与青年教师切磋数学教学论文的写作。

一、滴水渐积成沧海，拳石频移作泰山——素材积累

万事开头难。刚刚开始写作的老师会问："数学教学论文写什么好呢？"言下之意是找不到值得撰写的内容。这就涉及写作素材的积累问题。刘勰的《文心雕龙》中的名句"积学以储宝，酌理以富才，研阅以穷照，驯致以绎辞"不仅道出了文章写作的具体方法，更说明了素材积累是写作的重要前提。如何积累素材？主要途径大致有两条：一是通过阅读拓宽知识面，提高教育理论水平；二是通过日常教学或教研活动积累写作的"原材料"。

（一）从阅读中积累素材

阅读材料主要有教学参考书、报纸、杂志和教育教学理论书籍等，通过阅读获取的材料是取之不尽、用之不竭的素材。对于青年教师来说，教育教学理论结构不完善和教学实践经验缺乏是影响其专业成长的主要因素。而论文写作为教师的专业发展铺设了道路，为教师主动阅读提供了不竭的动力。为了写得有价值、写得有深度、写得有分量，教师就会在数学教育教学的经典理论中提炼精华，在同行的教育教学文章中寻求写作的灵感，在浏览报纸、杂志的过程中拓展自己的视野，从而让写作更有底气、更有高度、更有才气。阅读促进了写作，反过来，写作也能督促阅读，二者互相促进，共同提高，从而使教师进入专业成长的"快车道"。积累素材的方法有以下几种。

1.归类保存。在阅读中遇到一些题目的创新解法、引起强烈共鸣的选题、不同观点碰撞的好文章,可以把它们摘抄下来。如果是属于自己的书刊,可以把全文剪下来,分门别类,贴在专门的剪辑本上,待到需要时研读,避免"文到用时方恨少"的尴尬。如果有电子材料那就更好了,可以在电脑中归类保存,以便在需要时查阅。

2.批注点评。阅读一篇新的文章,对自己感兴趣的内容予以批注,在旁边写上几句对该题目解法的看法或者对文章观点的点评,这是最基本的良好习惯,长此以往可以实现"博观而约取,厚积而薄发"的理想状态。

3.及时记录。当读到对自己有触动的文章时,或质疑,或思索,或引申,或推广,把所思所想及时记录下来。这些记录可能是零碎的、片段的、不完整的,待日后再碰到类似素材时,就会进行深层次的思考,或许就会迸发出梦寐以求的写作"灵感",进入一种最佳的创作状态和文思涌泉的境界。

(二)从教学或教研活动中收集素材

在日常教学活动中,教师要做个有心人,留意收集素材,这是论文写作的重要源泉。上了一堂成功的公开课,解决了某个疑难问题,帮助学生取得某方面的进步等,对这些活动及时进行记录,日积月累,整体思考,前后对比,会悟出许多教学道理,如果运用教育理论知识,使之升华提高,就成了一篇赏心悦目的好文章。如何从教学活动中收集素材?这里举两个例子。

1.从解题教学中获取素材。学习数学离不开解题,解题教学是高中数学教学的核心内容之一,涉及数学解题方法与技巧的教学是很多的。著名数学教育家波利亚指出:"掌握数学意味着什么呢?这就是说善于解决问题,不仅善于解一些标准的题,而且善于解一些要求独立思考、思路合理、见解独到和有发明创造的题。"解题教学论文的素材主要来源于教材中的习题、高考模拟题或高考真题,还有一些有一定研究价值的竞赛题。写解题教学论文要尽可能使所选的题目具有典型性,能为文章的中心思想服务。解题教学论文要能真正解决学生学习中的困难,要能促使学生举一反三、触类旁通,还要能有效地提高学生的解题能力。比如,三角形被直线所截得到一个小三角形和一个四边形,图形虽然简单,但它们的面积之比与直线位置的关系如何,却大有学问。笔者通过探究得到解决此类问题的一些结论,这些结论都是从四边形到小三角形按次序确定起点、终点，便于记忆，容易应用，并且用最简洁的形式给出，体现了数学的简洁美。而后整理并撰写了《直线分三角形两部分面积之比问题的研究》一文，发表在《数学通报》杂志上。

2. 从研究学法中获取素材。学生是教师最具体、最活跃的研究对象。学生的解题思路或许是幼稚的，但其中常常蕴含着创造的火花；学生的解题方法或许是笨拙的，但这往往是聪慧的起点；学生的提问或许会有节外生枝的时候，但往往能弥补教师思维上的疏漏。就连学生的解题错误，也有一定的研究价值。比如，有一个学生在利用平面向量运算律进行恒等变换时，对运算结果没有把握，于是来问笔者。通过学生对解题思路的叙述，笔者知道他把实数运算律与向量运算律混淆了，如果直接给他参考答案，问题好像解决了，但没有真正达到解释疑问的目的。笔者围绕这个题目所需要的基础知识，步步设问，循循善诱，把解题过程中的错误充分揭示出来，并进行了详细的剖析，使学生在错解中得到了启示。于是笔者根据学生解题纠错的历程，整理成《一道平面向量题错解的剖析与启示》一文，发表在《中学生数学》杂志上。

3. 从教研活动中获取素材。参加各种学术会议、培训活动能及时了解最新的教学理论信息。在会议上，有时对于某个问题，与会者往往会有不同理解，甚至发生争论。引起争议的问题或许正是我们需要正本清源的地方。正所谓"一语点醒梦中人"，有时讨论的议题就会成为教研论文写作的可贵素材。比如，2016 年笔者参加由《中学数学教学参考》杂志组织的高中数学特色课堂案例分析研修会时，有一位专家谈到，数学学科的核心素养只有落实到课堂上，才能促使学生用数学的眼光观察现实世界，用数学的思维分析现实世界，用数学的语言表达现实世界。培训结束后不久，笔者对优秀课例在课堂上如何渗透学科核心素养做了深入的分析，整理成《为培育核心素养凸显概念教学过程而设计——对"空间几何体的结构"一课的点评》一文，发表在《中学数学教学参考》上。

总之，无论是在阅读中积累素材还是在教学或教研活动中收集素材，都要善于捕捉，不要放过任何积累素材的机会。在许多教学情境中，灵感的产生往往稍纵即逝，听专家讲座、与同行讨论、解答学生疑问时，很多想法会不期而至，要及时记录当时的心得体会。比如，可以写教学博客，记下每天的所做、所闻、所思；可以写课后反思，叙述课堂的精彩与不足，记录学生作业中的易错题并剖析原因；等等。长期坚持就会形成善于积累的良好习惯，从而逐渐进入"胸藏万汇凭吞吐，笔有千钧任翕张”的写作自由境界。到那时，写作就会成为一种乐趣、一种享受了。

二、工欲善其事，必先利其器——写作技巧

素材积累到一定程度后就会有写作的冲动和追求，掌握一定的写作技巧是必要的。论文撰写虽然有时可以一气呵成，但一般需要经过发现论题、(搜索)整理材料、罗列提纲、拟定初稿、反复修改等几个基本流程。每一篇观点鲜明有新意、脉络分明有线索、语句简明有情趣、能引起读者强烈共鸣的文章，都进行了精心选择论题、提炼总结成文和反复推敲定稿三个主要过程。

首先是论文选题。选题应以丰富的实践体会和素材积累为基础，以奇、新、小、实为关键点，只有这样，才能把自己的观点写得有深度、有高度、有价值。选题要注意审时度势，正确把握大方向，应抓住课堂和教学的重点、热点问题，应贯彻国家课程改革的精神，应对读者具有正面引导意义和实用价值。笔者就此作了一首“选题诗”：选题其实并不难，过大追风莫去选；震动成功为选点，奇新小实是关键。

其次是论文撰写。素材是撰写论文的基本材料，要写出一篇好论文，要对素材进行合理选取、恰当组织、细致加工、提炼创新。根据论文的论点，确定论文的中心思想和结构，比较长的论文要列提纲，提纲包括以下要素：(1)确定中心思想；(2)确定论文的主要论点及其排列顺序；(3)提出每个论点的主要论据和论证方法；(4)思考首尾之间的呼应、段落间的相互衔接等。笔者就此作了一首“撰写诗”：撰写论文人人会，论点论据论证齐；立意高远结构妙，喜新厌旧文章奇。

最后是论文修改。素材来之不易，作者往往会对其爱不释手。为使论文简洁精练，作者要舍得“割爱”，多余、重复的材料应该删去，可要可不要的材料坚决不要，要做到重点突出、结构严谨、表达清晰。有时可以请语文老师帮忙修改论文，这样可以避免错别字，删去啰嗦的段落，找出病句、错句，使修改后的文章通顺、流畅，能准确地表达作者的思想。笔者就此作了一首“修改诗”：一蹴而就太草率，好句都从推敲来；标点文字细斟酌，文不惊人誓不休。

三、不经一番寒彻骨，怎得梅花扑鼻香——研究反思

有了一定的素材和写作技巧后，还要善于研究反思。反思无论对教师自身

教学水平的提升还是对教学效果的提高都有着举足轻重的作用。正如叶澜教授所说，一个教师写三十年教案不一定有效果，但坚持写三年教学反思，一定能成为优秀教师。反思对于教学论文的写作也大有裨益。反思可以纠正教学目标，分析教学中的不足和困惑，优化解题思路，实现理论创新与实践突破。为了更好地展示如何进行研究与反思，以笔者与张奠宙教授等合作撰写并发表在《数学教育学报》2014 年第 4 期的文章《“工具性理解”“关系性理解”和“创新性理解”》为范例加以说明。

2008 年 10 月，笔者参加了由浙江和江苏联合举办的高端研讨班，有六位一线名优数学教师参加，在职学习两年，华东师大的张奠宙教授担任导师，目的是以名师带徒的形式提升六位教师的数学教育理论水平和课堂教学驾驭能力。记得有一次，张教授要求大家阅读由上海教育出版社出版、鲍建生和周超著的《数学学习的心理基础与过程》一书，并希望大家写读后感或反思文章。反思需要以小见大，从一个个“小现象”出发，看到它背后的“大理论”，并且在实践教学中有所应用和创新。笔者根据这个指导思想和平时积累的素材，结合对书中“早期研究：斯根普的工作”这部分内容的研读，着重就斯根普两个理解的实践应用和理解分类，以及实践中除了两个理解外还有创造性理解等几个维度进行了深入的反思，撰写了《工具性理解和关系性理解的教学实践价值》一文的初稿。此文把“工具性理解和关系性理解”教学理论本土化，并能应用到现实的教学实践中，可以作为从事数学理解理论研究的学者和教学一线教师的参考文献。此文经过张教授的悉心指导和修改，投稿于《数学教育学报》杂志。过了一段时间，笔者收到了审稿意见：文章提出了一些对数学理解的新认识，有一定意义；分析问题比较深入，条理比较清楚，有个人的见解。还提出了以下几点修改意见。(1)有一个问题必须明确，即工具性理解和关系性理解并不是两种完全独立的理解形式，而是理解的不同层次。文章中关于两者的论述把这两种理解独立化了。因此，要对此进行较大修改，包括作者提出的创新性理解，应当作为理解的第三个层次加以论述。(2)对创新性理解要有一个比较恰当的定义，因为斯根普对工具性理解和关系性理解的定义是比较准确的。根据以上修改建议，笔者收集了国内外有关理解方面的论著，在初稿的基础上寻求突破与创新，挑选了恰当的例子对教学理解理论进行解释，并重新反思了文章的立意。作者的境界是通过文章的立意来体现的，从高处立意就能形成高观点。该文体现了高立意，在结尾处提出：“以上理解分类并不能完全概括数学理解的复杂内涵，但是有助于教师进行教学设计和确定合理的教学目标。”第二次修改后，形成了《斯根普两种类型理解的现实教学作用》一文。第二次审稿意见为：文章的选题有一定意义，论述比较清晰，有作者自己的一些见解，但对创新性理解的内涵阐述不足，要进行适当补充。根据第二次审稿意见，最终形成了第三稿《“工具性理解”“关系性理解”和“创新性理解”》。该文的写作和修改历经三年多，三易其稿。该文一经发表，就得到了广泛的认可，很快被人大复印资料全文转载，并被多篇论文引用为参考文献。

研究和反思是论文写作的两把利器，我们要用好它们。只有反思，才会主动发现和提出教学中的问题，才会不断地去学习和吸收他人的成果为自己所用；只有研究，才能让教师站在教育理论的高度去俯视教学中出现的困惑，才会对教学现象和数学题目有深层次的思考和创造性的见解。因此，反思和研究是青年教师专业成长的法宝。

总而言之，论文的写作没有丰富的素材就会立意不高，没有熟练的技巧就会文采不够，没有深刻的反思就会进步不大。“文章本天成，妙手偶得之。”只有勤于学习、善于积累、乐于反思并坚持不懈地研究创新的教师，才能够写出高质量的教研论文。愿大家为了自己的专业发展和人生乐趣拿起笔来写作。

5.2 笔耕不辍,且行且思

——谈数学教师论文写作的四个抓手

叶澜教授曾指出,一个教师写三十年教案不一定有效果,但坚持写三年教学反思,一定能成为优秀教师。裴光亚先生也认为,写作状态是教师追求卓越的状态。的确,教师撰写教科研论文是其专业成长的一条捷径。那么,数学教师如何才能写出好的论文?笔者认为"多读书、勤记录、捕机遇、重打磨"是四个非常有效的抓手,下面笔者结合自身的教学实践,从以上四个方面具体展开,与各位同行交流探讨。

一、多读书——寻找灵感

唐朝诗人杜甫云:"读书破万卷,下笔如有神。"大文豪苏轼也曾发出"读书万卷始通神"的感慨。多读书,就能从书中找到灵感,从而写出高质量的文章。那么,我们要读哪些书呢?笔者认为,主要可读以下四类书:教育思想类、学术期刊类、经典名著类、消遣娱乐类。

教育思想类的书主要包括富有教育思想的名著、教育专著等,像波利亚的《怎样解题》,米山国藏的《数学的精神、思想和方法》等都是教育思想类的经典之作。比如笔者受弗赖登塔尔《作为教育任务的数学》一书中"再创造"观点的启发,突发灵感,撰写了文章《浅谈对新教材的再加工》,发表在《中学数学教学参考》上。

学术期刊类的书,像《数学教育学报》《数学通报》等都是国内非常优秀的期刊,读后经常有一些灵感涌现。比如笔者拜读了周江老师发表在《数学通报》上的文章《等二次项系数的两个圆方程相减得到什么》之后,受其启发,撰写了《等二次项系数的两个圆方程相加得到什么》,此文发表在《中学数学研究》上。

经典名著类的书,诸如四书五经、诸子百家、《史记》等,也是非常有价值的书籍,对我们的论文写作大有帮助。比如笔者发表在《中学数学》上的文章《它山之石,可以攻玉》,就是以《诗经·小雅》中的名句"它山之石,可以攻玉"引入,文中用唐宋八大家中"三苏"的关系来比喻函数、方程和不等式三者之间的关系,并借用《庄子·养生主》里《庖丁解牛》一文中庖丁对“牛的结构”了然于胸，来类比熟悉“数学模型”的重要性。

消遣娱乐类的书，如小说等，也能激发我们创作的灵感。比如，笔者的恩师吴文尧先生早年发表在《数学通讯》上的文章《戏说直线和平面中的公理及其推论》，就借用了章回体小说的结构。下面摘录一些文章中精彩的小标题，供大家欣赏。

第一回：众明星闪亮登场，展雄姿尽显风流。

第二回：证共面老将出马，父子兵竞当先锋。

第三回：证共线二伯挂帅，大伯父辅佐有方。

第四回：证共点分解转化，众将士同舟共济。

第五回：证平行重视传递，小姑母本是媒婆。

尾　声：惜离别语重心长，展未来任重道远。

二、勤记录——积累资源

我们在平时教学中发现的好方法，若能随手记录，积少成多，便成文章。比如笔者在《数学通讯》上发表的文章《构造函数“三法”》，便是由平时积累的各种构造函数的方法提炼而成的。当然，这样的例子非常多，比如笔者发表的文章《例说三角函数的最值求法》《平衡思想在数学解题中的应用》《高考中立体几何题的求解策略》《求圆锥曲线离心率的常见策略》《谈谈高三复习课例题的选择》《谈函数中条件使用的几个原则》《巧用平面解析法破解立体几何题》《对一道向量问题的多角度思考》《例析高考三视图的常见题型》《概率统计解答题应试策略》《轻装上阵，巧解导数题》《巧用三点共线，妙解向量小题》等，都是如此。

我们在解题研究中常常发现一些优美的结论，如果将其稍作整理，也成文章。比如《由导数的几何意义求切线方程所引出的结论》一文就是笔者根据平时解题时发现的一些结论整合而成的，此文发表在《中学数学研究》上。类似的文章还有发表在《数学通讯》上的文章《三角形中的一个定理及应用》，以及发表在《中学数学研究》上的文章《三角形面积比的一个定理及其推论》《有关正态分布的几个定理及其应用》等。

当然，我们还可以记录学生作业中常犯的错误，日积月累，亦是文章。如笔者发表在《中学数学研究》上的文章《恒成立问题中常见错误剖析》，就是根据学生作业中出现的常见错误整理而成。《“常用逻辑用语”中的几个常见误区》《导数中几个易混淆的问题》《集合中的常见错误剖析》《谈三角函数中的隐含条件的缺失》《谈概率中变角度思考的误区》《浅谈抽样中对概念理解的几个偏差》《谈解析几何求解时的几个常见错误》《不容忽视的定义域》等文章，皆是如此。

三、捕机遇——趁热打铁

教师经常参加各种教研活动和各类比赛，这些活动和比赛结束后，我们必定会有一些感悟，同样，在高考、数学竞赛等大型考试结束后，我们也会有一些自己的想法，甚至在平时的教学研究过程中，也会突然冒出一些好的念头。这些感悟、想法和念头稍纵即逝，我们应当抓住机会，及时写出来。

比如，在一次校本教研活动中，笔者开设了一节公开课，课堂中出现的“节外生枝”令笔者印象深刻。于是笔者趁热打铁，马上写了一篇反思文章《由一堂公开课的“节外生枝”引发的探究及思考》，此文发表在《中学数学月刊》上。还有一次，笔者外出参加教研活动，在听课过程中获得了一些灵感，便将课堂上所见、所思整理成《把握动态生成，构建和谐课堂》一文，发表在《中学数学教学参考》上。同样，在另外一次教研活动中，笔者受同课异构的两堂课的启发，撰写了文章《“直线与圆的方程的应用”教学中几个值得商榷的问题》，也发表在《中学数学教学参考》上。再如，笔者发表在《数学通报》上的文章《基于思维培养的课堂“引导式”提问的若干原则》，就是由笔者的一堂公开课改编而成的。

2009 年全国高中数学联赛结束后，笔者发现压轴题标准答案给出的解法太过烦琐，于是撰写了《2009 年全国高中数学联赛一试压轴题别解》，发表在《中学生数学》上。2014 年高考结束后，湖北理科卷的一道考题引起了笔者的兴趣，随即撰写了《对一道高考题的多角度探究》，发表在《数学通讯》上。

2014 年，笔者应邀在浙江省四市高三数学复习研讨会上开设了一节名师展示课，授课内容是高三函数压轴题的复习。这堂课上得比较成功，笔者随即写出《浅谈构造函数的一种技巧》一文，发表在《数学通讯》上。文章写完之后还觉得意犹未尽，又写了另一篇姊妹文章《巧构函数、游刃有余》，发表在《中学数学》上。

在平时教学的过程中，学生有时会突发一些奇思妙想，这时也应趁热打铁，将其迅速成文。比如笔者在一次上课时，学生在课堂上的想法非常新颖，并意外地生成了很多有价值的结论，于是文章《课堂意外是培养学生数学核心素养的绝佳时机》便应运而生，发表在《中学数学》上。再比如《这类问题一定要求导吗?》

《构造“载体”巧解数学题》《谈高考中“另类”图形题的求解策略》等，都是笔者突发灵感、一气呵成的文章。

四、重打磨——讲究技巧

好文章是改出来的。一篇文章的初稿写完之后，还需要进行多次修改打磨，才能变成一块精致的“美玉”。笔者认为，打磨可以从以下四个方面着手：题目多推敲、视角求新颖、结构要紧凑、挖掘需深刻。下面就以笔者发表在《中学数学》上的一篇文章《不识图形真面目，只缘身在此图中》为例，来谈谈打磨的技巧。

首先，题目多推敲。一篇文章的题目好比是人的眼睛，非常重要，要仔细推敲。这篇文章初稿时拟定的题目是《立体几何动态问题研究》，后来发现题目略大，针对性不强。文章要突出的是从动态的立体几何问题中捕捉不变的几何实质，而几何图形本身过于“丰满”，使我们难以看清图形中隐藏的真相，这不禁让笔者想起了名句“不识庐山真面目，只缘身在此山中”。想到此处，笔者灵机一动，随即将题目定格为《不识图形真面目，只缘身在此图中》，感觉非常贴切。

其次，视角求新颖。笔者在文章开篇时，原本组织的语句比较平淡，为了增加视角的新颖性，进行了修改，现摘录一部分与读者共享。

书有书胆，戏有戏核。数学老师上课讲题，好比是说书唱戏，也要牢牢把握题目的核心——题眼。但是很多数学问题都有“华丽的外衣”，我们往往会被表象所迷惑，无法看清其本来面目。比如在学习立体几何时，学生就常有“不识图形真面目”的困惑。笔者现以自己的一堂立体几何复习课的教学设计为例，来谈谈……

文章通过视角的切换，从“书胆”与“戏核”的视角来类比引入，并将立体图形中隐藏的“重要信息”称为“题眼”，虽然文章内容没有改变，但给人的感觉非常新颖。

再次，结构要紧凑。文中共出现了三道例题，分别代表了三种不同的运动方式。因此，笔者给文章拟定的小标题分别是：在图形翻折中寻找题眼，在图形旋转中寻找题眼，在图形滑动中寻找题眼。这些小标题都紧扣“题眼”，结构非常紧凑。同时，三道例题也遥相呼应：例 1 是边长分别为 $1,\sqrt{2},\sqrt{3}$ 的直角三角形翻折问题；例 2 是边长分别为 $1,\sqrt{2},\sqrt{3}$ 的直角三角形旋转问题；例 3 是边长分别为 1，

$\sqrt{2}$,$\sqrt{3}$的直角三角形滑动问题。

最后,挖掘需深刻。此文的初稿只是一篇课堂实录,为了让文章看起来更有深度,笔者对这堂课的教学过程进行了反思,归纳出以下三点:(1)三道例题,一个模型;(2)三道例题,一种方法;(3)三道例题,一个目标。随后,针对这三点进行展开。同时,还借用了张奠宙教授对“真、善、美”的理解,对这篇文章进行了升华:教师给学生传授正确的知识,是求真;教给学生行之有效的好方法,是求善;带着学生一起欣赏数学,则是求美。在本节课中,我们看到了数学思维的简洁美、图形本身的对称美、数学形式的统一美、表征和内涵的和谐美……可见,在文章基本成型后,再次挖掘非常必要,往往能起到锦上添花的作用。

以上是笔者近年来在论文撰写方面的点滴感悟,旨在抛砖引玉。学无止境,愿教育工作者们在论文创作的道路上都能笔耕不辍,且行且思。

5.3 漫谈数学论文的写作“攻略”

说起写论文，很多教师是“爱恨交加”。一方面，离不开论文，评职称、评各种荣誉都需要论文来“撑门面”；另一方面，写不出论文，搜肠刮肚，劳心伤神，饱受煎熬。显然，论文已经成了一线教师的“痛”。但“长痛不如短痛”，与其怨天尤人，还不如多想应对之策。说实话，论文曾经也是笔者的“痛”。笔者 2000 年走上工作岗位，2008 年眼看快要评高级职称了，没办法才开始着手写论文。在此之前，从没写过一篇论文，更没奢望去发表。经过几年的努力和琢磨，笔者不仅走出了“痛”的阴影，反而还感受到了论文写作的快乐。现在，笔者就结合自身的写作经历，谈谈数学论文写作的“攻略”。

一、撰写反思练“文采”

“胸中千万言，下笔不成句”，这是初次尝试论文写作的教师的共同感受。很多教师在上课时可以滔滔不绝地讲上一节课，能把学生“忽悠”得五体投地，但一到正式写作时，花很长时间却憋不出一个完整的句子来。由此可见，口语跟书面语毕竟存在一定的差异，会说并不见得会写。解决这一问题的最好办法就是多写。那写什么呢？从写反思开始吧。现在很多学校都要求教师在教案后面附上教学反思，但很多教师都不把它当回事。其实，写反思是练笔的绝佳途径。把教学中所发生的事详细记录下来，把自己的感想真实地表达出来，这就是反思。虽说反思通常只有区区几百字，很不起眼，但反思写顺了，句子的组织、构造能力增强了，写起长篇大论来自然不会吃力。笔者从 2007 年开始在个人博客上写教学反思。一开始，根本写不了几句话，句子也不是很通顺，内容更是单调，把教材分析一遍，把重难点罗列一遍，就算是反思了。但笔者还是每天坚持写，日积月累，句子通顺了，内容也更具有可读性了，再加上其他教师时不时在笔者的博客留言支持，这更加坚定了笔者写好反思的决心。教学反思写得差不多了，后来笔者开始写听课反思，再后来就是论文。下面列举一篇听课反思供参考。

如何将习题课演绎得更加有深度

——××中学听课有感

今天去××中学参加高效课堂活动，很遗憾，临时有事，只听了一堂课就匆匆赶回。好久没外出听课，心里总憋得慌，思维也跟着僵化，找不着灵感，现在终于缓解了。

上课的内容是“抛物线焦点弦的性质”，上课老师比较老练，讲解了很多焦点弦的性质，难度控制得很好，对学生的思维应该有所启发。这堂课还是比较规范的，但遗憾的是，从头到尾看不出任何表现“高效”的字眼，只是一堂普通的、带有探究性质的习题课而已。

若我们先抛开“高效”不讲，这堂课还可以上得更加有深度。

(1)用讲义。课堂上的问题都是教师口头描述的，这就难免存在学生听不清楚或理解错误的风险，因此强烈建议把问题事先印在讲义上。

(2)改变上课套路。教师提问、学生解答是习题课的传统套路。如果继续沿用，显然创新不足。发现问题比解决问题更重要，让学生自己去发现这些性质，教师只提示发现问题的线索，这样更加有思维挑战性。

(3)发掘性质之间的联系。课上探究了三个性质，解答的思路大同小异：特征方程铺路，韦达定理助力。除了让学生会证明这些性质外，发掘这些性质之间的联系是非常有必要的。抛物线的性质并非孤立的，性质 2 和性质 3 两个性质其实就有内在的联系，教师要引导学生去发掘。

(4)渗透解题策略。圆锥曲线问题就一个字“繁”，学生望而生畏。如何化繁为简，寻找解题的捷径，对学生来说就显得尤为迫切。以性质 3 为例，通常的代数方法显然太繁了，学生无法完成，最后还是教师把这种方法写完整的。但这样的做法对学生思维的培养到底有多大帮助呢？其实针对圆锥曲线问题，应该要知难而退，而不是知难而进。退一步海阔天空，想想有没有其他更好的方法，比如挖掘一下图形的几何性质，用几何的方法加以解决。我想，这才是重中之重。

很多数学教师抱怨自己的文采太差，跟文科教师比起来，句子干瘪无趣，毫无文学性可言。说实话，写论文并不需要太多的文采，若能把自己的所想所思流畅地表达出来，前后连贯，那就是一篇好文章。文采不可强求，写熟了自然出彩。至于数学教师写得比文科教师差，这可有点妄自菲薄。笔者审阅过很多文科教师的论文，文采是可以，但往往逻辑混乱，不知所云。数学教师就不一样，逻辑推理、因果论证乃是家常便饭，一旦论文写作入门，写出的文章绝不会逊色。

二、研究学生找“话题”

许多教师在翻阅数学论文期刊时，都不禁会发出这样的感叹：“这文章的观点有什么新意？提出的建议我早就想到了。”感叹之余还不时露出一丝鄙夷。看到别人写的，自认为也能写；一旦自己动手写，却找不到可以写的话题。这就是很多教师的矛盾心理。实际上，就中学教师而言，找到一个“前无古人后无来者”的写作话题基本上是“小概率事件”。中学教师所谓的论文与纯学术意义上的论文是有差别的，并不需要全新的理论和严密的论证，只要是与教育教学、专业发展有关的思考，就能称得上是“论文”。比如，对自己的教学行为及对他人的教学行为的感性或理性思考，对自己阅读的教学论著的感悟性思考，或因生活中的发现而引起的对教学有借鉴意义的“迁移性”思考，付诸文字就是论文。因此，“新”并非中学教师论文选题的终极目标，贴近教学实际才是努力的方向。那么，从哪里找话题呢？教学的主体是学生，服务的对象是学生，教师每天面对的也是学生，因此，从学生身上找最容易。比如，教师认为很简单的方法，为什么学生偏偏不理解？教师要求学生学会反思，为什么学生偏偏懒得反思？教师鼓励学生积极回答问题，为什么学生就是无动于衷？这些问题如果深入思考的话，都是写论文的绝佳话题。

【写作经历回顾】有的教师抱怨生源太差，怎么教成绩都上不去。那么恭喜你！你拥有了论文写作的“金矿”。生源差必然问题多，但“问题即话题”，研究这些问题，寻找解决问题的策略，把它写出来，就是一篇篇论文。

生源差的教学往往会出现这样的“怪事”：教师讲得越多，学生学到的越少；教师写得越多，学生就越不想动笔；教师累得满头大汗，学生却优哉游哉。为什么会这样呢？很多教师把它归结为学生太懒。但学生为什么这么懒呢？是天生的吗？沿着这个思考方向，笔者的一篇名为《将“偷懒”进行到底——一堂高三复习课引发的思考》的论文（发表在《中小学数学（高中版）》2011 年第 7～8 期）出炉了。本文先从一堂高三复习课入手，引发大家对“懒”的思考；接着提出了教师应该“偷懒”的建议，并且强调此“懒”非彼“懒”，为教师“偷懒”正名；最后揭示了学生“勤”与教师“懒”的辩证关系：正是由于教师过分“勤快”，从而导致了学生的“懒”。说白了，这篇文章实质上就是提倡“转变教师角色”，要“发挥学生的主动性”，都是老话题了，没什么特别的新意。但本文用“懒”精辟地道出了师生角色关系的实质，这才是亮点。

三、聆听专家学“理论”

文采具备了，话题也找到了，接下来就需要理论了。如果把论文形容成牛排的话，那理论就是夹杂在这块牛排肌肉组织间的脂肪，具备了这些脂肪，牛排才能鲜嫩爽口，被奉为“雪花牛肉”，备受推崇。但牛排的脂肪分布不宜太集中，含量也不能太高，超过了一定的界限，必然会过于油腻。论文中的理论部分也是如此：没有了理论支撑，文章就显得单薄无力；理论过多，文章就会空洞无物。理论应该要像“雪花牛肉”中的脂肪那样自然而恰到好处地融合在文章当中，这需要教师在写作中慢慢领悟。

现在的关键问题是，中学教师普遍缺乏教育教学理论知识。那么应该如何汲取理论的养分呢？阅读教育教学理论书籍是很好的方法。但面对浩如烟海的书籍，该如何选择？能抽出那么多时间进行阅读吗？即使书看了，能灵活引用这些理论吗？这些都是一线教师无法回避的问题。理论书籍自然要读，但事实上，还有比读书更快的学习理论的方法，那就是聆听专家的声音。当然，这里的专家并不是指那些顶级的专家，而是那些教学经验丰富、阅历深厚的特级教师、名师、骨干教师等。他们一般不会照搬现成的理论，而是结合自己的教学经历进行理论深加工，然后以一种非常具有亲和力的方式呈现在你的面前，让你如梦初醒，茅塞顿开。尤其是在各类教研活动中，专家的点评、讲座就是教师写作理论的源泉。

【写作经历回顾】作为县里的师徒结对导师之一，笔者经常参加听、评课活动。笔者所在的小组中，有一位很令人佩服的特级教师——蒋亮老师。每次活动，他都会结合课例，给大家做一次精彩的讲座。各种深奥的教学理论，被他娓娓道来后，也就不那么难懂了。笔者就是受益者之一，因为笔者发表的多数论文，都是参加带徒活动后获取的灵感。

有一次，我们举行有关“平面向量”复习课的研讨活动，活动中有多位教师开了课。在讲座中，蒋亮老师站在高等数学的高度向我们诠释向量复习课的教学要领。笔者记下了其中三个要点：从知识系统的维度来选题，从重、难、易错点的维度来选题，从教育功能的维度来选题。转念一想，这不是一个现成的论文理论框架吗？配上这几位老师的课堂实录，一篇名为《例谈数学复习课选题“三维度”——以“平面向量”复习课为例》的文章轻松出炉了，发表在《中学数学教学参考》2013年第4期。在此文的基础上，笔者换了个写作角度，原来是写复习选题的，现在选题选好了，就谈谈如何让复习课有新意，于是一篇名为《切口宜求小，视角力求新——数学复习课教学“新思维”》的文章诞生了，发表在《中小学数学(高中版)》2013年第5期。案例还是这几个案例，但写作角度不一样，这就叫“一菜两吃”。

不可否认，刚开始写论文是痛苦的，但到后来是“痛并快乐着”，再到后来则快乐远超痛苦。静得下心来，敢于迈出第一步，这才是论文写作的核心“攻略”。

5.4　漫谈数学教学论文写作之“灵感”

陆游的一句“文章本天成，妙手偶得之”不仅道出了文学创作的艰辛，更揭示了“灵感”的重要性。关于“灵感”的学说，比较经典的有西方的“迷狂说”“天才说”“无意识说”以及东方的“兴会”“感兴”“神思”“妙悟”“性灵”等，不一而足。一方面，不管哪种学说，灵感“不期而遇”“超乎寻常”的特征得到了普遍认同；另一方面，也正是众人过分地强调灵感“来无踪去无影”的客观事实，使得很多教师把写不出论文的根源直接归罪于“灵感的匮乏”，灵感某种程度上成了“替罪羊”。实际上，灵感不是孤立存在的，它受时代环境和特定情境的诱导，尤其是教学论文写作的灵感，它有很多具体的表征，甚至可以按照一定的途径进行训练而获得。这就是为什么擅长论文写作的教师从来不担心“灵感枯竭”，始终文思泉涌。

一、灵感具有多种形式

教学论文都是“有的放矢”，这个“的”就是教学中暴露出来的矛盾、存在的问题、有待解决的疑难；这个“矢”就是作者的研究所得，就是处理矛盾的方法、解决问题的措施、破解疑难的钥匙。写作“灵感”就隐藏在这些“的”与“矢”当中。

（一）灵感是一次“发现”

论文写作最怕无“的”可放，即“脑中一片空白，没有东西可写”。此时，灵感的表现形式就是一次“问题”的发现。任何灵感都是针对某一问题或某个方面而产生的，是对问题的充分考虑与过量思考。这些问题可以是教学中的疑难问题，比如教学预设与效果的差距、对同一教学行为的不同看法等；也可以是具体教学情境中的问题；还可以是对话交流中出现的问题。

（二）灵感是一个“视角”

问题发现后，接下来就要对问题进行分析，把问题转化为论文的“主题”。论文主题的建构与思想立意、范围限定有很大关系，同样的选题，可以有不同的思想立意、价值观点。此时，灵感的表现形式就是一个分析问题的“视角”。正所谓

“仁者见仁，智者见智”，在不断转化视角与比较提炼的过程中凸显所要表达的核心思想价值，实现“以小见大，见微知著”的效果。

（三）灵感是一种“创新”

“创新”是灵感最关键的特征。古往今来，重大科学发现、技术发明，杰出的文艺创作和表演，诗人、文学家的“神来之笔”，无不与灵感的新颖性或独创性有关。在论文写作中，“创新”具体表现为以下三个方面：一是选题要有前沿意识，与众不同，力求选尖锐、敏感、富有特色、难易适中的论题；二是观点符合新的形势，体现个人独到的见解；三是所述的材料源自教学第一线，细致翔实，生动活泼。

二、灵感可以训练获得

按思维触发信息的来源，一般可以把灵感归纳为外部机遇型和内部醒悟型两种基本类型。外部机遇型灵感就是人们对某一问题经过长期思索仍不得其解，后来在某一偶然的外部条件触发下，思维豁然开朗，迸发出创造设想，问题迎刃而解；内部醒悟型灵感就是创造者对某一问题的顿悟，不仅要借助外部事物的刺激，还需要内在的醒悟。总而言之，灵感不是凭空产生的，而是源于长期艰辛的思考、探索和训练。

（一）“听”出灵感

“一语惊醒梦中人”，多“听”是获得灵感的重要途径。听什么？如何听？倾听学生的心声，聆听同行的建议，谛听专家的点评。听时要带着“问题与思考”：“他们的看法都对吗？”“有什么地方值得借鉴？”……梳理与整合他人的想法与观点，提炼写作的主题。

【案例一】在一次县带徒活动中，省特级教师蒋亮结合课例做了“复习课如何选题”的讲座。笔者归纳了其中的主要观点如下。

（1）从知识系统的维度来选题。

（2）从重、难、易错点的维度来选题。

（3）从教育功能的维度来选题。

启示：专家的观点为论文提供了的框架，文章《例谈数学复习课选题“三维度”——以“平面向量”复习课为例》发表在《中学数学教学参考》2013 年第 4 期。

（二）“看”出灵感

“读书破万卷，下笔如有神”，多“看”他人的著作与文章也是获得灵感的途径。阅读可分速读、通读、精读三个步骤进行。速读就是比较快地浏览一遍文章的框架结构，分析文章的标题与观点是否合理；通读就是完整阅读文章内容，分析其论证是否严密、论据是否完整；精读就是对感兴趣的部分仔细研读，进而发现争议或启示。

【案例二】阅读了渠东剑的《关于数学“导学案”教学的冷思考》，陈静兴的《热议数学“导学案”教学》这两篇文章。

思考：这两篇文章对“导学案”教学存在认知上的误区，认为“导学案”教学的成败仅依赖于纸质的“导学案”。

启示：撰写论文《“导学案”“合作学习”“评价方式”一个也不能少——再议数学导学案教学》，发表在《中学数学教学参考》2012 年第 11 期。

【案例三】阅读了章建跃、陈向兰的《数学教育之取势明道优术》。

思考：数学教育是比较宏大的概念，能否把它进一步细化？“取势、明道、优术”在具体的场景中如何操作？

启示：撰写论文《数学解题教学之“取势、明道、优术”——以平面向量共线定理的应用为例》，发表在《教学月刊》2016 年第 6 期。

（三）“写”出灵感

多“写”不仅能锤炼文字功底，摆脱“胸中千万言，下笔不成句”的尴尬，而且“写”的过程本身就是零碎的思维片段按照一定的逻辑主线优化组合的过程，一种组合成就一种灵感，这就解释了为什么在写论文过程中“写着写着就会越来越有感觉”。

【案例四】在撰写论文《例谈数学复习课选题“三维度”——以“平面向量”复习课为例》的过程中，笔者还基于“数学复习课”开展了一系列思考。

(1)复习课该如何上？形成论文《切口宜求小，视角力求新——数学复习课教学“新思维”》，发表在《中小学数学(高中版)》2013 年第 5 期。

(2)复习课该关注什么？形成论文《主题、收获、提炼——例谈数学复习课

“三要素”》,发表在《教学月刊》2014 年第 8 期。

(3)复习课有哪些模式? 形成论文《数学习题课四种“上法”的“性价比分析”》,发表在《中学数学》2014 年第 10 期。

三、灵感的核心是情感

灵感不是来自别处,而是来自人天生的心灵禀赋,情感是其中最重要的部分。卢梭说:“人类最初的生活不是推理,而是感受,所以最原始的语词是情感逼压出来的叫喊,最原始的语言一定像歌声一般,充满激情的形象,因而是诗人的语言,不是几何学家的语言。”情感改变了感知的对象,将一切形象都化作了心灵的共鸣,于是灵感便在情感的滋养下不断涌现出来。这对于论文写作的启示就是要带着情感的色彩去审视每堂课、每个学生、每一句话,在字里行间洋溢着情感的魅力。

(一)表达感想

集合是高中数学“第一课”。集合内容虽然看上去比较简单,但对刚刚迈入高中大门的学生来说,要理解和掌握集合相关概念及运算,还存在着不小的困难。首先,集合概念本身比较“离奇”,它竟然是一个“没有定义”的数学概念;其次,集合语言使得数学知识更加形式化和符号化,增加了“读懂”数学的难度;最后,集合的出现看似切断了初高中之间的联系,使得思维模式还停留在初中水平的学生一时不知所措。针对这一现实,集合教学应该如何开展? 其实,对于集合的教学,课程标准已经给出了教学建议,那就是“结合学生的生活经验”,借助“丰富的生活实例”。那么,我们是否可以联系生活中实例与现象,还原一个“生活化”的集合? 由此,产生了论文《联系生活,感悟集合》,发表在《中小学数学(高中版)》2016 年第 1～2 期。

(二)抒发感受

笔者听了一堂高三复习示范课后,发现其还是沿袭“教师讲,学生练”的传统套路,教师掌控课堂,学生按部就班地学习,毫无新意可言。难道复习课只能如此上? 如何才能让学生的学习更加自主呢? 多年以来,笔者一直尝试探索基于“导学案”的复习课教学模式,取得了很好的成效。在这种模式下,教师讲得少,学生练得多；教师表现得少，学生的展示机会多，教师好像在“偷懒”。于是，笔者在论文写作中，按照“导学案”教学模式重构了这堂课，通过两堂课的对比，阐述教师转变角色的重要性，即形成论文《将“偷懒”进行到底——一堂高三复习课引发的思考》，发表在《中小学数学（高中版）》2011 年第 7～8 期。

（三）展现感悟

数学中的各种符号、图形、概念都存在着“人为”的影子。就拿数学定义的描述来说，为了追求逻辑上的严密性、形式上的完美性，可谓字斟句酌、精益求精，“人为规定”的痕迹明显。但反过来，我们不禁要思考：为什么这样规定？当初规定时是基于什么情况考虑的？难道这仅仅是“人为规定”吗？鉴于数学概念教学的重要性，我们很有必要对“人为规定”背后的真相进行一番探索。于是，产生了论文《数学概念教学贵在“自圆其说”——由椭圆离心率的定义引发的教学思考》，发表在《中小学数学（高中版）》2011 年第 3 期。

总而言之，灵感能引领作者进入其梦寐以求的最佳创作状态和境界，也是作者才情才华的集中展现。而灵感的获得，既要以作者自身的先天禀赋和悟性为前提和基础，又离不开后天的学习和积累。当然，一旦有了灵感，要及时捕捉，全身心投入创作，正如徐增在《而庵诗话》中说的那样：“好诗须在一刹那上揽取，迟则失之。”

5.5 数学论文写作不妨追求“一菜多吃”

——讲述论文写作背后的故事

全聚德烤鸭驰名中外，其吃法的多样化更是备受推崇：鸭胸脯外面的皮又酥又脆，片下来，直接蘸着白糖吃，入口即化；其余地方的皮和肉，片下来后，用面皮一包，裹上大葱丝，蘸甜面酱吃最开胃；剩下的鸭骨架，也不能浪费，和其他食材一起煲汤喝，回味无穷。一道菜，三种吃法，三种味道，实现了食材利用价值的最大化——一菜多吃。

其实，在数学论文的写作上，我们也可以做到“一菜多吃”。众所周知，写论文离不开素材，论文写作的过程实际上就是对素材进行整理、加工、提炼的过程。但发现有价值的写作素材却并非易事，正所谓“文章本天成，妙手偶得之”。很多教师抱怨论文不好写，产量更是难以保证，究其原因，或许是缺乏发现写作素材的眼光，但更主要的是在写作素材的利用上存在着“浪费”现象。好不容易找到一点写作素材，结果只写了一篇文章就扔掉了，这岂不是“浪费”？既然发现素材十分困难，那么我们在素材的利用上就应该“精打细算”。我们不妨尝试一下立足于同一素材，打造不同的文章。

有一次，笔者参加县里高一期末联考网上阅卷，发现一个有趣的现象：在这次考试中，有两道关于立体几何空间角的解答题，有一个学校在高一就开始进行向量法解立体几何空间角的教学，于是，这所学校的学生在这两道题的得分上占尽优势。显然，在这次考试中，向量法功不可没。

这个事件其实就是论文写作的绝佳素材。笔者围绕着这个事件，写了三篇不同类型的文章，实现了数学论文写作的“一菜多吃”。现在，笔者就谈谈当时写作的经历。

一、讲述问题发现的过程，引发思考与共鸣

（一）写作思路的形成

对高一学生来说，在立体几何中最难的莫过于求空间角。求空间角通常要

作辅助线，即先把这个角作出来，然后证明所作的角就是所求的角，最后求这个角的大小，这就是传统几何法中的求角“三部曲”。由于受到空间想象能力的制约，“作角”对高一学生来说并非易事。因此，学生迫切希望找到一种能够摆脱空间图形的约束、容易操作的求角新方法；教师也认为传统的几何法对学生来说太难掌握了，希望换种更好的方法来提高学生的解题效率。师生双方的共同需求导致了向量法的“早产”，原本要在高二才学的向量法在高一就学好了。于是，我们不禁要思考：在立体几何教学中，过早引入向量法是好事吗？正是这样的思考，为笔者第一篇论文的写作提供了方向。

我们通常都会有这样的疑惑：学生在没有接触向量法时，尚存在一定的空间想象能力，比如添加必要的辅助线、作简单的空间角等，但学了向量法后，学生的空间想象能力好像无形中被弱化了，原本会的一些常用的添加辅助线的技巧竟然全都不会了。向量法对于空间想象能力具有抑制作用吗？而对立体几何来说，空间想象能力是不可或缺的。

（二）文章结构的设计

上述分析明确了第一篇论文写作的基调，那就是不应过早引入向量法。但在高一引入向量法又有其现实的需求，那就是师生都希望走捷径。因此，为了让文章有足够的说服力，笔者决定对向量法过早介入立体几何教学的“得”与“失”进行对比分析，最终明确这样的做法实在是“得不偿失”。

文章的第一部分为“向量法在应试中大显‘神威’”，着重用来描述“得”。以改卷的结果作为“得”的切入口，从而突出向量法在解决立体几何问题中的优势。

文章的第二部分为“向量法在解题中凸显‘尴尬’”，是用来说明“失”的。但到底“失”了什么，又从哪里看出来呢？只讲道理，空谈理论，当然不行。在前面对于“得”的描述中，考试的结果为“得”提供了数据支撑，因此，对于“失”的描述也应体现以事实为依据的理性思维。于是，笔者就“杜撰”了一个课堂教学的情节：考试后，笔者到这个学校对应的班级上了一堂关于“立体几何空间角”的公开课，结果发现教学效果很不理想，学生不仅把“几何法”忘光了，对向量法也只是“一知半解”“半生不熟”，根本不会灵活运用，从而进一步说明过早引入向量法导致了严重的“后遗症”。前后两件事，两种不同的结局，对比鲜明，文章的可读性自然增强。当然，“杜撰”的情节也并非凭空臆造。因为，笔者确实有过类似的教学经历，迫不及待地把向量法教了，结果学生在后续的学习中出现了很多问题。因此，这种“杜撰”是一种基于事实依据的、合情推理式的场景虚构，在论文写作中不妨多用。

文章的第三部分为“向量法导致学生思维趋向‘僵化’”。这是对“失”的一种深层次的忧虑。因为过早引入向量法后，学生就会误以为向量法能够解决空间中所有问题，包括位置关系的证明、角度与距离的计算等。于是乎，不管遇到什么立体几何问题，统统用向量法去解决，向量法成了“万能方法”“唯一方法”，学生的思维僵化了。这就不仅仅是“失”更多的问题了，而是直接影响了学生数学思维的发展，后果很严重。

第一篇论文从一个具体事件出发，发现隐藏在事件背后的问题，通过两个事件的鲜明对比，引发大家的思考与共鸣。文章共分为三部分，每一部分都以1～2个立体几何问题为载体，通过剖析学生的解题思路来发现问题、分析问题。至此，这篇论文正式打造完成。这篇文章更接近教学案例，于是笔者给文章取了一个案例式的标题《“成”也向量，“败”也向量——向量法提前介入立体几何教学引发的思考》。

二、立足问题存在的现实，进行放大与深化

（一）写作思路的形成

第一篇论文写好后，笔者总觉得意犹未尽。因为，第一篇论文主要阐述了向量法过早介入的危害，但在用向量法解立体几何问题的教学中还存不存在其他的问题？其他的问题是否会带来更大的危害？正是基于对这两个问题的思考，第二篇论文的写作思路打开了。

其实，教学中存在的很多“问题”都有一个共同点，那就是很多教师都没意识到这是“问题”。对于这些“不是问题”的“问题”，我们通常称之为“误区”。于是，文章的标题也拟好了，就叫《例谈用向量法解立体几何教学的“误区”》。一看标题，这就是一般性教学论文的风格。

中国自古就以“三”为大，以“三”为多，因此一般来说，三个要点才构成一篇文章。对于第二篇论文来说，就需要找到三个能引发大家共鸣的“误区”。

(二)文章结构的设计

向量法的过早介入是其中的一个误区,因此文章的第一部分就是“过早介入向量法,导致学生思维懈怠”。虽然这和第一篇文章中提出的“过早引入向量法容易导致学生思维僵化”的观点略有出入,但其实不矛盾。由于向量法的简便性、机械性,它产生的最直接后果就是学生懒得动脑筋,无论什么问题,套用向量法就行了。正如姜伯驹院士所指出的:平面几何之招人恨,在于它能透视出思维的品质(包括洞察力和说服力),靠死记硬背不容易过关。作为平面几何升级版的立体几何,估计更加招学生“恨”。因此,学生一旦学习了向量法,就犹如抓到了“救命稻草”,也就懒得想其他方法了。因此,“过早介入向量法,导致学生思维懈怠”的描述是最为恰当的。

向量法是一种笼统的称呼,一般包含两种方法:一种是坐标法,前提是需要建立空间直角坐标系;另一种是非建系的向量法,借助基底的思想,把其他向量都转化为基底,直接进行运算。这两种向量法中,坐标法备受师生推崇,非建系的向量法基本被“打入冷宫”,甚至很多师生把向量法等同于坐标法。于是“过度强调坐标法,导致学生思维僵化”自然成了文章的第二部分内容。“只见树木,不见森林”,长期操练单一方法,思维不僵化才怪。

方法单一不行,方法多了就好吗?在论文写作中,恰当地运用辩证思想就不难找到可写的话题。文章的第三部分内容也有了——“忽视方法的选择,导致学生思维混乱”。很多教师很看重用一题多解的方式训练学生的解题思维,却忽视对方法取舍技巧的传授。解决立体几何问题的方法细分起来有很多,有几何法、坐标法、非建系的向量法,还有“回路向量法”,教会学生什么时候用什么方法,确实是教学中不可忽视的重点。

这篇论文的灵感源于第一篇论文,其实是对第一篇论文所涉及问题的放大和深化。两篇论文,两种文体,相得益彰。

三、反思问题解决的途径,创新策略与方法

(一)写作思路的形成

针对同一事件,已经写了两篇论文,但笔者又发现这两篇论文的基调都是“贬义”和“批判”,都是在强调“不应该这样做”,那么在用向量法解立体几何的教

学中应该如何做呢？这为第三篇论文的写作提供了思路。

其实，对于用向量法解立体几何教学的探讨并不是一个新鲜的话题，相关的论文别人已经发表了很多，并且形成了一些行之有效、广为人知的解题策略和方法。论文写作有一项重要的原则，那就是创新。通过对前两篇论文的分析，我们发现用向量法解立体几何教学的关键是教会学生灵活地选择不同的方法去解题。具体表现在以下三个方面：一是学了向量法后不要忽视几何法；二是当坐标法成为主流时，不要忽视非建系的向量法；三是在一道题目中，能够综合运用多种方法。上述三个方面就是第三篇论文的核心内容，但若直接阐述，文章显然太过直白，缺乏新意，就很难发表。

那么如何创新呢？既然正面阐述没新意，那就来个“正话反说”，论文题为《例谈向量法解立体几何题的三大“歪招”》，借用三个贬义的成语作为三个要点的标题。

（二）文章结构的设计

“‘歪招’一：朝三暮四”是文章的第一部分。主要说明几何法和向量法不是对立的，几何法往向量法的过渡应该是一种循序渐进的过程。在“宠爱”向量法的同时不能“冷落”了几何法，要做到“朝三暮四”。

“‘歪招’二：避重就轻”是文章的第二部分。主要强调坐标法虽好，但并不是万能的，倘若学生过早尝到坐标法的“甜头”，恐怕其他方法的教学就要遇到阻力。因此，在向量法的教学中应该做到“避重就轻”，好的东西并不一定急于向学生展示，应该先从非建系的向量法入手。

“‘歪招’三：见风使舵”是文章的第三部分。主要说明“什么题目用什么方法”在一般情况下是正确的，但不能把它教条化，否则容易故步自封。要根据题目的具体条件，学会“见风使舵”，这才是明智的做法。

这篇文章是对立体几何向量法教学的正面阐述，但鉴于平铺直叙缺乏新意，采取了“正话反说”的方式。同一个内容，换种说法，这也是论文写作的一种技巧。

至此，就同一个写作素材，笔者通过不同的角度，写了三篇不同文体、不同内容的论文，实现了论文写作中的“一菜多吃”。当然，要实现论文写作的“一菜多吃”，不一定要套用上述写作思路，还有很多其他途径。比如，写作时可以从宏观到微观、由粗到细逐层展开。就拿笔者写关于“如何写数学论文”的文章来说，最初写了一篇名为《把握写作时机，捕捉创意灵感——讲述数学论文写作背后的故事》的论文，这是对论文写作技巧“微观”层面的阐述；随后写了一篇名为《漫谈数学论文的写作“攻略”》的论文，这是对论文写作技巧“宏观”层面的阐述；现在，又构思了本文，显然是对论文写作更加“微观”层面的思考，也是对前两篇论文的细化和补充。这种“主题化”“系列化”的写作思路当然也是实现论文写作“一菜多吃”的一种有效途径。

5.6 从听课者到反思者的嬗变

——以一次数学课堂教学调研为例

论文究竟写什么？这个问题不仅是广大中小学教师的一大“心病”，还是造成当前教学论文“雷同”“空洞”“浮泛”的主要原因。其实，这个问题不难解决，那就是从课堂教学中捕捉写作的“灵感”。比如“听课”，它是一项基本的教研活动，教师一年少则听课几十节，多则上百节，但令人遗憾的是，很少有教师能够在听课中发现有价值的写作线索。究其原因，就是这些教师没有从单纯的“听课者”上升为教育教学的“反思者”。正所谓“听课容易，反思不易”，下面笔者就结合一次课堂教学调研活动来谈谈对此的看法。

一、做一个有“想法”的课堂观察者

从字面上看，“听课”似乎跟“听歌”“听戏”没什么大的区别，无非是听的对象不同，但实际操作起来却大不一样。对于“听歌”与“听戏”，听者往往以放松的姿态享受着精神的愉悦，一旦不合“口味”，捂住“耳朵”就行。而“听课”是一种比较严肃的专业评价活动，其目的是要从听课中获得有益于教师自身专业成长的启示。它要求听课者不仅用“耳朵”去倾听，更为关键的是要以一个观察者的身份、带着自己的“想法”去审视每一堂课。

何为自己的“想法”？可以分三个阶段进行阐述。在听课之前，当看到上课的主题时，要思考：这节课一般是如何设计的？自己又会如何上这节课？在听课过程中，要关注：这节课的整体教学逻辑是否合理？其中存在哪些亮点与不足之处？在听课后，要品味课堂的一些细节：最让人印象深刻的是什么？最让人感到遗憾的是什么？最让人回味无穷的是什么？最富有争议的是什么？……这些“想法”既包含了对听课方向与重点的把握，又涵盖了对评价的考量，体现了听课者对待课堂教学的一种务实、严谨的理性精神。

2019 年 12 月，笔者有幸参加一所市级高中高三年级的数学课堂教学调研活动。本次调研活动上课的主题是“空间向量的数量积”，基本教学思路是通过类比学生熟悉的“平面向量的数量积”来实现知识的迁移拓展。笔者认为，要上

好这堂课，关键是要处理好“学什么”“怎么学”“学了有什么用”这三个问题，整个教学过程应该以这三个问题为基点自然展开。但纵观整堂课，不仅乏善可陈，还存在内容零碎、逻辑混乱、满堂灌等诸多问题。

从某种程度上讲，“想法”直接决定听课的效果与收获。很多教师在听课时没有自己的“想法”或者很少有自己的“想法”，因此，只能在“外行看热闹”的边缘徘徊。

二、做一个有“眼光”的细节捕捉者

在一节完整的课中，并非所有的教学操作流程都能引起听课者的关注，但总会存在一些有价值的教学场景与片段，听课者应及时地去捕捉它们。一般可以围绕情境创设、教师提问、学生活动、难点突破、偶发事件这五个维度中的关键点进行“捕捉”。在“情境创设”中“捕捉”：内容与形式是否自然，是否有效地激发了学生的学习动机与兴趣，是否在某种程度上有所创新；在“教师提问”中“捕捉”：问题指向是否明确，问题难度是否恰当，能否有效地引发学生的思考；在“学生活动”中“捕捉”：学生是否有足够的思考与动手操作的时间，能否自由表达自己的观点，学习动力与精神面貌是否积极向上；在“难点突破”中“捕捉”：难点的解读是否到位，难点的处理是否合理与创新；在“偶发事件”中“捕捉”：事件发生的前因后果，教师对事件是如何处理的。

在听课中，笔者“捕捉”到了一些值得关注的细节，如下。

细节 1：教师基本上“一讲到底”。

细节 2：整节课只叫两个学生回答了问题。

细节 3：在例题讲解中，教师没有给予学生思考的时间。

细节 4：就知识点讲知识点，没有推广与拓展。

细节 5：教学环节没有做到自然过渡与衔接。

细节 6：对“数量积运算律”的解释为 $\boldsymbol{a}\cdot\boldsymbol{b}=\boldsymbol{a}\cdot\boldsymbol{c}\Rightarrow\boldsymbol{b}=\boldsymbol{c}$，$\boldsymbol{a}(\boldsymbol{b}\cdot\boldsymbol{c})=(\boldsymbol{a}\cdot\boldsymbol{b})\boldsymbol{c}$，$\boldsymbol{a}\cdot\boldsymbol{b}=k\Rightarrow\boldsymbol{b}=\frac{k}{\boldsymbol{a}}$，这三个式子都是错误的，即向量不满足“消去律”与“结合律”，向量也没有“除法”；教师直接利用数量积的定义 $\boldsymbol{a}\cdot\boldsymbol{b}=|\boldsymbol{a}||\boldsymbol{b}|\cos\langle\boldsymbol{a},\boldsymbol{b}\rangle$ 代入检验，尽管能够判断正确，但没有触及本质。

细节 7：学生睡倒一片。

细节 8:这节课经历了集体备课。

很多教师论文写作的方向不明,不知道写些什么、哪些东西值得写,其原因就是缺少善于捕捉教学细节的“眼光”。因此,要做一个有“眼光”的细节捕捉者,通过聚焦教学场景与片段,寻找有价值的教学细节,并且客观地记录下来,从而为后续的论文写作积累素材。

三、做一个会“联想”的教学诊断者

捕捉到的细节一般不能直接作为论文写作的主题,因为它只是表象,不同的课往往会出现大量“雷同”的细节,而且这些细节一般不具备“独特性”“典型性”等特征,纯粹针对细节进行描写的论文不具备足够的说服力。因此,还需要对细节进行“诊断”,即揭示隐藏在其背后的事实真相,诊断的结果就可以作为写作主题的来源。诊断的结果是否有写作价值,取决于听课者是否善于联想,比如,站在章节、模块甚至是课程的立场上联想教学内容,结合教育学、心理学理论联想教学过程,以新课程理念、核心素养为标准联想教学行为……

由细节 1、细节 2、细节 3 联想到“教师提问意识薄弱”:如何提问,问题如何设计,如何通过问题驱动学生的学习进程。

由细节 4 与细节 5 联想到“教学过程的自然构建”:如何进行合理的情境创设,如何用一条教学主线把教学过程串联起来。

由细节 6 联想到“数量积概念的本质”:数量积运算的结果是“数量”,从“向量”到“数量”发生了质的改变;数量积不可拆分;数量积运算不满足运算的“封闭性”;“复数”的诞生弥补了“向量”的短板。

由细节 7 联想到“学生学习动机的激发”:学生是因为听不懂而“犯困”,还是因为内容太简单了“不想听”;学生的水平层次如何;如何让学生始终保持学习的兴趣。

由细节 8 联想到“集体备课的操作要领”:集体备课的形式,集体备课要备什么,集体的价值取向。

联想的广度与深度决定了论文写作的立意高度,它考验的是听课者的教学功底与专业素养,令人羡慕的“文思泉涌”其实就是善于联想的具体表现。

四、做一个有"情怀"的故事讲述者

把联想的内容加以提炼,然后按照一定的逻辑用文字进行表述,这就进入了论文的撰写环节,其成果就是一篇篇论文。但同样的主题,有的文章读起来引人入胜,让人感同身受;有的却干瘪乏味,让人避之唯恐不及。是什么原因造成了如此两极分化的想象?其实,与高等院校专家学者在论文写作中所追求的理论的高度、论证的效度、数据的信度不同,中小学教师的论文更加注重文章的可读性,有"故事"的文章才吸引人。中小学教师的论文就应该讲述发生在身边的教育故事,尽情表达有关教学的所思、所获、所悟。因此,为了写好文章,听课者必然要成为一个有教育情怀的故事讲述者,对文章倾注自己的情感与理想,从而引发读者的广泛共鸣。

针对"教师提问意识薄弱"与"学生学习动机的激发",笔者想到了先前写的《牵着走,还是让学生自己走?——基于核心素养的数学课堂教学的思考》一文。文章首先用师生对话的形式生动地还原了教学现场;然后,结合师生的对话与教师的教学行为,指出教学中存在的"目标不明确,学生不知道'学什么'""动机激发不足,学生不知道'为什么学'""情境设计乏力,学生不知道'怎么学'"这三个问题;最后,提出了"单元设计为学生提供深度学习的机会""自主学习是核心素养体系构建的最佳切入点"的教学观点。

针对"集体备课的操作要领",结合集体备课的现状,笔者提炼出"集体备课的核心:对教材的统一认识"这一写作主题。听了这节课后,笔者随后又听了一节内容相同但上得成功得多的课,这验证了集体备课的有效性。很多教师对集体备课的认识停留在统一教学内容、统一难度、统一作业练习、统一课件 PPT 上,以为做到这些"统一"就达到了集体备课的标准,其实不然。为何经过了集体备课,课堂教学的效果还是大相径庭呢?其中有一个重要的原因就是在集体备课中教师没有对教材达成统一认识,只是把备好的课拿出来给大家共享,但并没有表明为什么这样上以及这样上有什么优点,导致其他教师尤其是教学经验不足的年轻教师不得其中要领,最后导致乱象丛生。基于上述思考,笔者提出了以下观点:第一步,由骨干教师对教材进行高屋建瓴的系统解读,明确教学的基本逻辑;第二步,全体教师对教材进行头脑风暴式的补充解读,突破教学的难点障碍;第三步,教师个人对教材进行因地制宜的个性解读,适应学生的认知水平。

从本质上讲，中小学教师的论文是一种高层次、系统化、主题化的教学反思，正所谓“一课一反思，一思一论文，一文一课例”，听课者应充分借助“旁观者清”的视野优势，对发生在课堂上的各种现象进行深入剖析反思，把反思的结论与成果转化为文字语言、提炼成学术观点，从而促进自己的专业成长。

5.7　从解题者到教学设计者的嬗变

——数学解题教学类论文的撰写

解题不仅是数学教学的重要组成部分，而且是中小学教师论文写作的主要对象。相较于其他类别的论文，数学解题类论文具有门槛低、易上手的特点，尤其是对初次体验论文写作的新手教师而言，不妨从写解题类论文开始。虽说解题类论文容易写，但也需要遵循一定的章法。有些教师解题水平很高，但写出的解题类论文就是达不到发表的要求；有些教师费尽功夫获得了一套解题策略，但上网一查发现别人早已捷足先登。数学解题类论文撰写容易但发表困难，是广大教师心中的“一道坎”，该如何“逾越”？

我们知道，小说的精彩程度取决于人物、情节、环境等诸多变量的共同作用，论文写作也是如此，包含的变量越多，可供选择的写作视角就越多。解题方法看似数不胜数，但经过归纳整理，会发现很多题型的解法从本质上讲区别不大，不外乎“数”与“形”两条路，因此，解题面对的是题型或题目的单一变量，这也意味着从解题者视角来撰写论文很难有重大突破与创新。以教学者的视角来写论文就不一样，学生、教师、理念、情境、问题、外部环境等诸多变量交织在一起，“教学有法，教无定法”，论文写作的视野一下子得到拓宽。因此，笔者认为越过解题类论文这道“坎”的关键是教师要从单纯的解题者转变为教学的设计者，把“解题类论文”升级为“解题教学类论文”。下面笔者就结合《基于“直观想象”数学核心素养的解题策略——以浙江省 2016 年高考理科第 19 题为例》一文的写作过程，谈谈对此的看法。

一、精选问题，明确写作的价值

解题教学类论文写作的第一步是选题。并非所有的数学问题都有写作价值，有写作价值的题目一般需要具备三大特征：首先，题目要典型，典型意味着可推广，推广体现价值，价值决定论文的参考性；其次，题目要有一定的难度，难度驱动研究，研究产生成果，成果决定论文的学术性；最后，题目要相对新颖，新颖产生联想，联想促进发散，发散性决定论文的创新性。显然，高考或者模拟考中的压轴题、创新题是论文选题的最佳来源。命题的趋势与潮流在不断变化，这使得论文选题不得不面对时效性的问题，有些所谓难题、新题，可能过一段时间就不再“难”，也不再“新”。因此，解题教学类论文的选题还要与时俱进。

问题：如图1，设椭圆 $\frac{x^2}{a^2}+y^2=1\ (a>1)$。

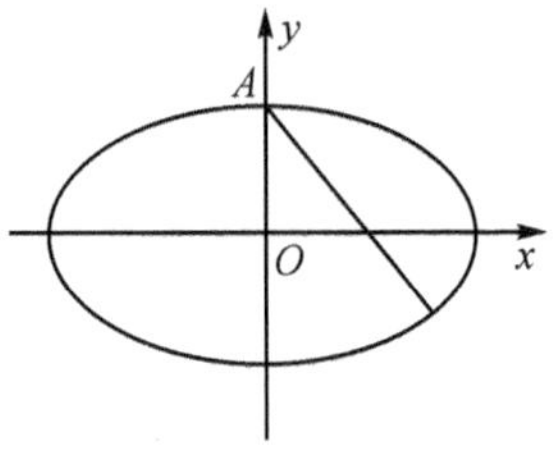

图1

(1)求直线 $y=kx+1$ 被椭圆截得的线段长(用 a,k 表示)；

(2)若任意以点 $A(0,1)$ 为圆心的圆与椭圆至多有3个公共点，求椭圆离心率的取值范围。

分析学生第(2)问的答题情况，发现得分率很低。再看标准答案，发现需要进行非常复杂的分类讨论，解答过程十分烦琐。因此，此题属于“难题”无疑。对于这样的问题，其写作价值可以体现在两个方面：一是如何对解题过程进行优化；二是如何帮助学生突破思维障碍。

二、研究解法，探寻写作的方向

问题确定好后，教师要尝试用不同的思路去研究解题方法。有时会获得很多解法，很多教师以为把更多的解法罗列出来就是一篇“论文”了。其实不然，论文并非教辅资料，它不需要提供大量的解法供学生参考，其读者是教师或者专家，这些读者所关注的并非解法的数量，而是能否从这些令人眼花缭乱的解法中获得有价值的解题套路。那么，如何提炼解题套路呢？首先，把解法罗列出来，按照“数”与“形”的视角进行归类；然后，合并相似解法，让不同解法之间的差异性得到凸显，按照一定的认知逻辑对解法进行排序，比如先通法后巧法、先一般后特殊、先“数”后“形”；最后，通过比较和分析这些解法的共性与个性，获得浓缩众多解题方法的智慧精华于一体、能够解决某一类问题的一般化解题套路。

通过研究，发现所选择的问题除了标准答案外，还有另外三种解法，笔者把它们从难到易进行了排序，发现要快速解决此题需要用到以下结论。

已知椭圆 $\frac{x^2}{a^2}+\frac{y^2}{b^2}=1(a>b>0)$，直线经过椭圆的短轴顶点并与椭圆相交。

①当 $b\leqslant c$ 时，直线被椭圆截得的最大弦长为 $d=\frac{a^2}{c}$，即为该顶点到准线的距离；

②当 $b > c$ 时，直线被椭圆截得的最大弦长为 $d = 2b$，即为短轴长。

这个结论虽然容易证明，学生理解起来也并不困难，但如果没有搞清楚题目中“圆的半径”“交点个数”“离心率”三者之间的联系，学生即使知道这个结论也不会想到去用。因此，论文写作的方向就是通过逐步揭示“圆的半径”“交点个数”“离心率”三者之间关系，在优化解题的过程中逐渐指向“结论”，最后使学生明确此类问题的本质。

三、设计教法，搭建写作的框架

在实际教学中，经常会发生教师讲了好多遍“解题套路”，学生就是容易遗忘、无法掌握的现象，究其原因，很可能是教法不当。学生的学习并非“有输入即有输出”那么简单，而是需要经历复杂的意义建构过程。“解题套路”只是教师在排除一切干扰因素后的理想化假设，其是否具有可操作性，是否真的有价值，还需要将其纳入教学情境中进行具体化设计，即思考通过怎样的学习途径让学生掌握“解题套路”，这才是解题教学类论文写作的核心。那么，如何设计教法呢？

第一步，了解学生的已有经验。学生的经验是教育的起点，同时也是论文写作的起点。通过分析学生经验，明确“解题套路”所需要的认知水平与学生已有认知水平之间的差距，从而为解题教学类论文写作起点的确定提供现实依据。

“联立获得特征方程→韦达定理→设而不求，整体代换”是学生解决圆锥曲线综合题的解题经验，但如果不能深入理解题意，即使有解题经验也鞭长莫及。因此，这个现实背景需要在论文中得到明确。

第二步，寻找教学的理论依据。只有实践层面的描述而没有理论层面的论证的论文是不具备科学性的，也不足以令人信服，因为这样的论文只能说明“是什么”，而无法解释“为什么”。因此，为“解题套路”的教学寻找一个可靠的理论依据，不仅可以证明教学设计是有理可循的，而且反过来也可以从教学理论出发来设计相对科学的教学流程。

所选问题的突破口在于学生对于图形位置关系的直观理解，即如何通过感知图形的位置变化来确定圆与椭圆的交点个数，考查的是学生对图形的动态想象能力。2016 年，“核心素养”理论刚刚提出，笔者认为这个问题可以置于直观想象核心素养的视野下进行深入剖析。

第三步，设计教学的流程。教学流程的设计要紧扣教学理论，教学理论中的一些核心理念、关键语句一定要在教学流程中得到凸显，这可以避免论文写作中“说一套，做一套”、理论与实践脱节的现象。

与核心素养相关的教学论文近几年有很多，但很多论文除了题目有“核心素养”四个字外，内容却没有体现核心素养的关键要素，让读者一头雾水。要写好与核心素养相关的论文，首先要理解其内涵。比如，“直观想象”是指借助几何直观和空间想象力感知事物的形态与变化、利用图形理解和解决数学问题的过程。“直观想象”定义中的几个关键词“几何直观”“空间想象”“图形理解”“形态与变化”需要特别关注，它们不仅反映了“直观想象”核心素养的基本特征，同时也暗示了其培养路径。笔者联系解题过程，围绕关键词，提炼出基于“直观想象”核心素养的解题教学流程如下：第一步，利用图形描述，理解问题本质；第二步，挖掘几何意义，建立数形联系；第三步，运用动态想象，揭示运动规律；第四步，深入问题源头，获得直观模型。

第四步，甄选辅助例题。解题套路一般不可能通过一个问题就讲清楚，还需要根据教学的实际需求来选择辅助例题，比如引出研究主题用哪个例题，从哪些例题中提炼方法策略，用哪些例题来实现内化提升等，把例题放到教学流程的对应位置上，让它们各司其职。至此，论文的基本框架就搭建好了。

由于前文所述的“结论”学生比较难以想到，笔者设计了一个相对特殊的问题作为铺垫。此题与所选高考题的类型和解题思路基本一致，也可以看作高考题的“源头”。

辅助例题：若以原点为圆心、椭圆的半焦距长 c 为半径的圆与该椭圆有 4 个交点，则该椭圆的离心率的取值范围为________。

四、撰写心法，分享智慧的成果

最后，进入语言组织与文字撰写环节。有些教师认为自己文字功底不好，很难胜任这个工作，这也是很多教师不敢动手写论文的主要原因。其实，教学论文的写作一般不需要多高的文字技巧，也用不到华丽的辞藻，基本要求就是能够讲清楚所要表达的观点。解题教学类论文的文字要求相对更低，就是围绕问题用概括性的语言描述“解题套路”的教学过程。当然，解题教学类论文的撰写也是有一定的“套路”的。

解题教学类论文的开头一定要阐明研究的背景，比如：为什么研究这类问题，其中蕴含着什么价值；为什么要运用这个理论进行教学设计，具有什么优势；当前解题教学的现状如何，存在什么问题，如何改进……万事开头难，论文写作也是如此，好的开头能够自然引出论文写作的主题，激发读者的阅读兴趣。

笔者是这样写论文开头的："在数学解题中，直观想象是不可或缺的重要思维方法与工具。很多看似复杂、无从下手的数学问题，借助直观想象就很容易获得解题的捷径。"

从宏观上看，解题教学类论文中间部分的撰写都可以按照"呈现问题→提炼策略→推广应用"的顺序进行，但如果大家都这样做，所有的解题教学类论文就会变成"一个模子刻出来的"。因此，需要从微观上紧扣所用到的教学理论，对论文的中间部分进行细致刻画，从而使论文的特色得到凸显。在具体写作中，很多老师喜欢把教学的"细节"，包括"师生对话"都一一描写出来。这样的做法未必值得借鉴，除非这些"细节""师生对话"直接影响文章观点的呈现，否则就没必要浪费文字，因为读者关心的并不是"细节"，而是隐藏在教学背后的诸多"为什么"，以及教学理论、理念与观点。

笔者并没有把写作重心放在"教学细节"上，而是立足"直观想象"核心素养的解题教学流程的四个步骤，结合"直观想象"的内涵阐述教学设计思路；借助"直观想象"，实现对解题方法的优化，获得有用的结论，揭示问题的真相；通过对问题的探究，使学生获得基于"直观想象"核心素养的解题策略。这就是这篇文章的"立意"之所在，显然，比单纯的解题要更加高明。

不难发现，论文写作与课堂教学根本上是一回事，怎么教，就怎么写。唯一差异是论文需要把隐藏在教学中的教学理论、理念、意图用文字的形式加以呈现，让读者能够"知其然"且"知其所以然"。如果教学是完全出于教师个人经验的率性行为，那么教师就很难写出高质量的论文。反过来说，论文写得好，能够提升教师的教学水平，促使教学走向理性、走向科学。

参考文献

[1] 中华人民共和国教育部. 普通高中数学课程标准(2017 年版 2020 年修订)[M]. 北京:人民教育出版社,2020.

[2] 人民教育出版社课程教材研究所,中学数学课程教材研究开发中心. 普通高中教科书数学 A 版[M]. 北京:人民教育出版社,2019.

[3] 吴文尧. 戏说直线和平面中的公理及其推论[J]. 数学通讯,2004(8):45-49.

[4] 毛浙东. 把握动态生成,构建和谐课堂:听"两角差的余弦公式"有感[J]. 中学数学教学参考,2008(9):19-21.

[5] 张奠宙. 张奠宙数学教育随想集[M]. 上海:华东师范大学出版社,2013.

[6] 汪晓勤. HPM:数学史与数学教育[M]. 北京:科学出版社,2017.

[7] 唐恒钧,张维忠. 国外数学课程中的多元文化观点及其启示[J]. 课程·教材·教法,2014,34(4):120-123.

[8] 李士锜. PME:数学教育心理[M]. 上海:华东师范大学出版社,2001.

[9] 马复. 试论数学理解的两种类型:从 R. 斯根普的工作谈起[J]. 数学教育学报,2001,10(3):50-53.

[10] 章建跃. 树立课程意识,落实核心素养[J]. 数学通报,2016,55(5):1-4,14.

[11] 鲍建生,周超. 数学学习的心理基础与过程[M]. 上海:上海教育出版社,2009.

[12] 钱伟长. 关于非线性科学[J]. 自然杂志,1995,17(1):1-3.

[13] 汪晓勤,张小明. HPM 研究的内容与方法[J]. 数学教育学报,2006,15(1):16-18.

[14] 昌明. Dandelin 双球之问[J]. 数学通报,2018,57(2):21-24.

[15] G. 波利亚. 怎样解题[M]. 阎育苏，译. 北京：科学出版社，1984.
[16] 王尚志. 如何在数学教育中提升学生的数学核心素养[J]. 中国教师，2016(9)：33-38.
[17] 史宁中. 数学的基本思想[J]. 数学通报，2011，50(1)：1-9.
[18] 弗赖登塔尔. 作为教育任务的数学[M]. 陈昌平，唐瑞芬，译. 上海：上海教育出版社，1995.
[19] 徐利治. 数学文化教养对人生的作用[J]. 教育研究与评论：中学教育教学，2014(1)：5-7.
[20] 水菊芳. 基于数学核心素养的课堂数学意识的构建[J]. 数学通报，2016，55(11)：6-9.
[21] 冯耀斌. HPM 视角下高中数学若干“核心概念”的回归[J]. 中学数学(高中版)，2014(3)：65-67.
[22] 李文林. 数学史概论[M]. 2 版. 北京：高等教育出版社，2002.
[23] 毛浙东. 构造函数的若干途径[J]. 浙江考试，2020(10)：17-19.
[24] 毛浙东. 基于“三问”的概念教学：以弧度制概念的教学为例[J]. 中小学数学(高中版)，2020(11)：36-43.
[25] 吕增锋. “文献阅读与数学写作”的内涵、功能与评价：研读高中数学新教材引发的思考[J]. 中学数学(高中版)，2021(3)：78-80.
[26] 吕增锋. 打造“何以学会”的专业化学习方案：对高中数学人教 A 版新教材框架结构的解读 [J]. 中学数学教学参考，2020(12)：18-20.
[27] 任伟芳. 问题链数学教学研究的缘起、实践与愿景：唐恒钧教授访谈录 [J]. 中学数学(高中版)，2020(2)：87-89，91.
[28] 任伟芳. 探究教学设计关键在于“度”的把握：以“为什么截口曲线是椭圆”为例[J]. 中学数学教学参考，2021(3)：18-22.